KB093509

다시 국가를 묻는다

일송
학술총서
8

가주의는 민주화 시대에도 여전히 관철된
한국정치의 전통적 관념이고
제왕적 대통령제는 의회와 시민사회의 견제를 우회한
대통령의 통치행위를 통제하기 어려운
현실적 난점을 냉소적으로
표현한 개념이다

오히려 정치권의 실행적 효율성을 떨어뜨리고
통치행위를 자의적 임의적 공간으로 밀어내는 효과를
초래했다

다시
국가를 묻는다

김종학
이정선
이주라
송호근
강정인

일송기념사업회 편

푸른역사

■ 일송학술총서를 발간하며

한림대학교 한림과학원 일송기념사업회는 한림대학교 설립자 고故 일송一松 윤덕선尹德善 선생의 유지를 기리기 위해 2009년부터 매해 가을 학술대회를 개최하기로 했습니다. 일송 선생은 늘 한국의 앞날을 걱정하고 우리 사회의 병폐를 광정하는 데 평생 고민하셨습니다.

일송 선생은 "한국의 형체는 허물어졌어도 한국의 정신은 멸하지 않고 존속해 언젠가는 그 형체를 부활시킬 때가 온다"는 박은식朴殷植 선생의 경구를 자주 인용하면서 올바른 역사인식의 중요성을 강조하셨습니다. 또한 선생은 언제나 초가집 처마 밑에서 밖의 세상을 모르고 읊조리는 제비와 같은 좁은 시야를 하루 속히 탈피하고 국제적인 안목을 지녀야 한다고 말씀하셨습니다. 세계적인 수준에서 우리의 올바른 역사의식을 갖추라는 선생의 이 같은 당부는 오늘날 우리가 시급히 풀어야 할 시대적 과제이기도 합니다.

이에 일송기념사업회는 "한국 사회, 어디로 가야 하나"를 장기 주제로 삼고 이 주제에 부응하는 연차 주제를 매년 선정해 일송학술대회를 개최키로 했습니다. 교육, 역사, 학문, 통일, 문화, 삶과 가치, 인간과 자연과 같은 우리 사회의 근본 문제들을 한국의 역사와 전통, 그리고 미래의 바람직한 발전 방향과 밀접히 연계해 검토하기로 했습니다.

일송학술대회는 이들 문제를 일회적인 학술모임의 차원을 넘어서 한반도에서 인간적이고 한국적인 삶을 영위하기 위해 우리의 시각에서 조망할 것입니다. 또한 시대의 문제를 총체적으로 파악하고 그 대안을 숙고했던 위대한 실학자들의 학문 정신을 계승해 새로운 한국적 학문 전범典範을 세우도록 노력하겠습니다. 이를 위해 국내의 석학들을 비롯한 중견, 소장 학자들을 두루 초빙하여 거시적인 안목에서 성찰하고 실사구시實事求是의 정신에 입각한 방향 제시를 모색하고자 합니다.

일송기념사업회 운영위원장

김용구

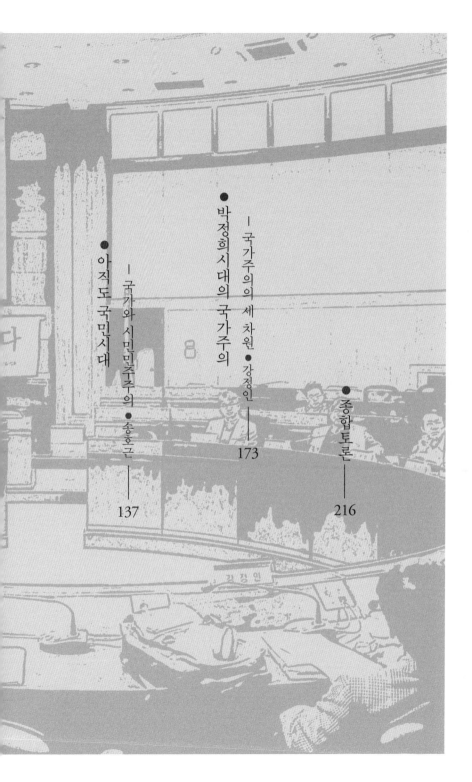

국가주의는 민주화 시대에
한국정치의 전통적

제왕적 대통령제는 의회와 시민
대통령의 통치행위를 통한
헌실적 난점을 냉소적으로
표현한 개념이다.

國=家와 國/家
-왕권을 둘러싼 정치 투쟁과 대한제국

관철된

제를 우회한

려운

자주 거리며 저항해 호 던 것은

김종학

오히려 으로 7 호두 7 호루는
통치행위 자의적 임의적 공간으로 밀어내는 효과를
초래하 정당

정당 부권이 거부되는 상황에서

나와 사회의

절창했던 위기관리 구호엿지만 정파어
국민인지 통치행위를 정당화해 주는
국민인지가 헷갈렸다

위한 국민의 정치는 모든
거부 행사 의적

민주 시대

국민을 호명

국정치의 모습였다

國=家와 國/家
―왕권을 둘러싼 정치 투쟁과 대한제국

왕권의 제한

1886년 조선에 처음 입국한 뒤로 다년간 체류하면서 《독립신문》의 운영에 관여한[1] 미국인 선교사 호머 헐버트Homer B. Hulbert는 《대한제국멸망사*The Passing of Korea*》(1906)에서 독립협회獨立協會에 관해 다음과 같이 기록했다.

한동안 조선인들 사이에 다소 비밀스러운 조직이 존재했는데, 그 정치적 신조의 유일한 강령은 중국과 일본으로부터의 독립, 즉 "조선인을 위한 조선"이었다. 국왕은 일본인에 의해 중국의 종주권으로부터 해방되고 그 자신의 힘으로 일본의 속박에서 벗어났으므로, 이 소규모의 결사는 필립 제이손(서재필―인용자)의 리더십 아래서 이른바 독립협회라는 것으로 성장했다. 이 명칭은 이 단체를 부분적으로밖에 설명해주지 못한다. 왜냐하면 이 단체는 조선의 완전한 독립을 지지하면서도,

---

[1] 김도태, 《서재필박사 자서전》, 을유문고, 1972, 246쪽.

왕실의 특권이 대폭 축소되고 가부장주의paternalism의 요소가 제거된 순수한 입헌군주제 형식의 자유주의적 정부를 훨씬 더 끈질기게 주장했기 때문이다. 처음에는 조선 독립의 일반적 원칙에 더 많은 역점을 두었는데, 바로 이 원칙에 국왕은 그가 새로 찾은 자유의 기쁨 속에서 진심으로 동의했다.……국왕의 진심어린 승인에 눈이 먼 이들은 다음의 사실을 간과했다. 그들 조직의 진짜 목적, 즉 왕실 특권의 제한은 결국 처음엔 국왕의 의심을, 그 다음엔 공공연한 적의를 불러일으키리라는 것, 그리고 이는 유서 깊은 엽관제도獵官制度(spoils system) 말고는 어떤 출세의 기회도 찾을 수 없는 모든 이기주의자들의 슬로건이 되리라는 것이었다.[2]

이에 따르면 독립협회가 표방한 유일한 정치적 강령은 '중국과 일본으로부터의 독립', 즉 '조선인을 위한 조선'을 만드는 것이었다. 하지만 그들이 실제로 더 끈질기게 추구한 목표는 왕실 특권의 제한과 입헌군주제에 기초한 자유주의 정부 설립이었다. 처음에 고종은 독립협회가 내세운 '독립'의 기치를 진심으로 반겼지만, 점차 그들이 추구하는 정치적 목표에 대해 의구심을 품었으며, 마침내는 공공연히 적대시하기에 이르렀다는 것이다.

왕권의 제한은 이보다 앞서 진행된 갑오개혁의 주요 목표 중 하나이기도 했다. 이를 통해 궁중의 기구와 인원이 간소화되는 한편, 궁중과 부중府中의 업무가 분리되어 국왕의 인사권·재정권·군

---

[2]　Homer B. Hulbert, *The Passing of Korea*, London: William Heinemann, 1906, pp. 150~151.

사권은 박탈당하거나 크게 제한됐다.[3] 이사벨라 비숍Isabella B. Bishop은 당시 국왕의 처지를 '급여 받는 꼭두각시salaried automaton'로 묘사했다.[4] 갑오개혁파가 왕권의 제한을 얼마나 중대한 과제로 인식하고 있었는지는, 아관파천俄館播遷 직후 일본에 망명한 유길준俞吉濬이 옛 스승 에드워드 모스Edward S. Morse에게 보낸 영문서한에서도 잘 드러난다.

국가와 왕실 간에 명확한 구분이 그어져야 합니다. 즉, 국왕은 국왕이고 단지 국가의 수반에 지나지 않습니다. 국왕 자신이 국가는 아닙니다. 지금까지 우리 정부조직이나 모든 것이 국가나 국민을 위해 있지 않고 국왕 한 사람을 위해 만들어져 있습니다. 그래서 국왕은 국민의 생사여탈권을 갖고 있었습니다. 이것은 무엇보다 더 악의 원천이 되어 국가가 약해지고 가난해졌던 것입니다.[5]

마찬가지로 서광범徐光範의 묘표墓表에도 "군권君權은 제한하지 않을 수 없고, 민지民志는 통일하지 않을 수 없다"라는 구절이 있다.[6]

김홍집·어윤중·김윤식·유길준·박영효·서광범 그리고 서재필과 윤치호 등 갑오개혁과 독립협회를 주도한 인물들은 일찍이 고종에 의해 발탁되어 곁에서 개화 사업을 보익輔翼한 공통점을 갖

---

[3] 유영익,《甲午更張研究》, 일조각, 1997, 155~158쪽.

[4] Isabella B. Bishop, *Korea and Her Neighbors*, New York: Fleming H. Revell, 1897, p. 261.

[5] "The Reformation We Made", Morse Papers, Peobody Essex Museum Library 소장.

[6] 이광린,〈大韓駐美公使緯山徐公墓表〉,《개화기의 인물》, 일조각, 1993, 205쪽에서 재인용.

고 있었다. 말하자면 1880년대의 개화세력이 1890년대에 이르러 국왕을 중심으로 한 복고적 근왕주의 세력과 왕권을 제한하려는 자유주의 세력으로 분열됐던 것이다.

'개화 대 수구'라는 도식적인 역사 이해는 이러한 현상을 해명하는 데 별 도움이 되지 않는다. 그보다는 '개화'라는 것 또한 다른 정치적 목표를 달성하기 위한 수단에 불과하며, 따라서 우리가 '개화파' 내지 '개화세력'이라고 부르는 정치세력 내에도 다양한 정치적 목표가 병존하고 있었음을 인식할 필요가 있다.[7] 이 글은 이러한 전제하에 고종시대 권력투쟁의 본질과 대한제국에 이르기까지의 정치사를 조망하는 것을 목적으로 한다. 이를 통해 필자가 해명하려는 질문은 다음과 같다. 왜 가장 위급한 국난의 시기에 조선 위정자와 지식인들은 하필 왕권의 문제를 둘러싸고 정치투쟁을 벌였던 것일까? 이러한 갈등은 어디서부터 비롯되었으며, 그것이 한말 정치사의 전개에 끼친 영향은 무엇이었을까? 조선왕조 정치체제의 붕괴라는 거시적 관점에서 볼 때 대한제국의 수립이 갖는 의미는 과연 무엇이었을까?

---

[7] 한말 '개화開化' 개념이 일본에서 수입되는 과정과 그 다의성ambiguity이 갖는 정치적 의미에 관해서는 김종학, 《개화당의 기원과 비밀외교》, 일조각, 2017, 343~362쪽을 참조할 것.

왕권 강화와 '개화'

고종은 1873년 말 친정親政을 시작하면서부터 왕권 강화의 의지를 숨김없이 드러냈다. 재위기간 전반에 걸쳐 그것이 단 한 번이라도 약해졌거나 꺾인 증거는 찾기 어렵다. 고종의 모든 정치적 행위는 그 권력을 강화하고 왕실의 위신을 높이려는 의지에 의해 추동됐다. 특히 고종은 18세기 후반의 위대한 국왕 정조를 모범으로 삼았는데,[8] 여기엔 다음과 같은 이유가 있었던 것으로 보인다.

첫째, 고종과 정조와의 관계이다. 익종翼宗(효명세자)의 비 신정왕후神貞王后는 수렴청정 권한을 갖기 위해 고종을 철종이 아닌 익종의 양자로 입적했다. 이로써 고종의 대통大統은 정조–순조–익종–고종으로 이어졌다. 왕권 강화는 이 선왕들의 숙원사업이었고, 따라서 고종에게 이 일은 선조의 유업을 이룬다는 의미를 가졌다. 또한 정조는 오히려 사후에 더 큰 권위를 인정받아서, 이후 모든 임금과 정파는 자신들의 주장을 내세우려면 반드시 그것에 기대야만 했다.[9] 고종이 정조를 모범으로, 혹은 구실로 내세우면서 왕권 강화를 시도한 것은 자연스러운 일이었다.

둘째, 즉위 과정의 특수성과 권력을 박탈당한 경험이 미친 심리적

---

[8] 노대환, 〈19세기에 드리운 정조의 잔영과 그에 대한 기억〉, 《정조와 정조 이후: 정조시대와 19세기의 연속과 단절》, 역사비평사, 2017; 장영숙, 〈고종의 '정조 계승론'에 대한 검토와 시론〉, 《인문학연구》 제12호, 2009; 이태진, 〈정조의 《대학》 탐구와 새로운 군주론〉, 《회재 이언적의 사상과 그 세계》, 성균관대학교 대동문화연구원, 1992; 이태진, 〈고종시대의 '民國'이념의 전개–유교 왕정의 근대적 '共和' 지향〉, 《진단학보》 제124호, 1992.

[9] 노대환, 〈19세기에 드리운 정조의 잔영과 그에 대한 기억〉.

영향이다. 조선왕조 역사상 고종 이전에 방계 왕족으로서 왕위에 오른 군주는 순조와 인조 그리고 철종뿐이었다. 고종의 즉위는 신정왕후와 흥선대원군, 그리고 안동 김 씨 일문의 정치적 타협에 의한 것이었고, 강한 권력 없이는 그들의 꼭두각시로 전락할 위험이 있었다. 또한 고종은 친정 전까지 10년 동안 사실상의 잠저潛邸 생활을 해야 했다. 마땅히 자신의 것이 되었어야 할 권력을 박탈당한 상실감은 강한 왕권에 대한 강렬한 열망으로 이어진 것으로 보인다.

셋째, 생부 흥선대원군과의 관계이다. 고종은 친정을 선포하는 과정에서 생부를 권좌에서 끌어내렸고, 이 때문에 '불효'라는 윤리적 비난의 굴레에서 자유롭지 못했다. 조선왕조에서 성공한 두 차례 반정反正의 명분이 모두 불효와 패륜이었다는 사실을 감안하면 이는 결코 간단한 문제가 아니었다. 게다가 대원군은 하야한 뒤에도 정권 유지에 가장 큰 위협적 존재였다. 따라서 고종은 대통을 강조하며 통치 정당성을 확보하는 한편, 대원군 세력의 준동을 억제하기 위해 더욱 강력한 왕권을 추구하지 않을 수 없었다.

그런데 고종이 모범으로 삼은 정조의 권위는 정치권력과 학문적 권위의 결합에서 비롯된 것이었다. 정조는 '군사君師'를 자처하면서,[10] 이른바 초계문신抄啓文臣 제도를 통해 소장유위少壯有爲의 신진관료들을 양성해서 왕권을 뒷받침하는 친위세력으로 삼았다.[11] 고전적 의미의 '군사'의 정의는 주자朱子의 〈대학장구서大學章

---

[10] 김문식, 〈정조의 제왕학과 《大學類義》 편찬〉, 《규장각》 제21집, 1998.
[11] 정조는 척신戚臣과 환시宦侍를 국정에서 배제시키기 위해 규장각의 초계문신제도를 통해 직접

본디 하늘이 생민을 내리셨으니, 이미 그들에게 인의예지의 본성을 주지 않음이 없다. 그러나 부여받은 기질이 간혹 균등하지 않다. 그러므로 모두가 그 본연의 본성을 깨달아 온전히 할 수 없는 것이다. 그 사이에 총명하고 지혜로워 그 본성을 다할 수 있는 사람이 한번 나타나면, 하늘은 반드시 그에게 억조의 군사가 될 것을 명하여, 통치하고 교화해서 그 본성을 회복하게 한다蓋自天降生民 則旣莫不與之以仁義禮智之性矣 然其氣質之稟或不能齊 是以不能皆有以知其性之所有而全之也 一有聰明叡智能盡其性者出於其間 則天必命之以爲億兆之君師 使之治而敎之 以復其性.

고종 또한 정조와 마찬가지로 군사를 자처했다. 그런데 그것은 전통적 의미에서의 성군聖君이 아니라 개명군주開明君主로서의 군사였다. 1895년 2월에 반포한 〈교육조령敎育詔令〉에서 고종은 군사의 의미를 새로 정의했다.

아아, 백성들이 교육받지 않으면 국가는 공고해지기가 매우 어렵도다.

인재를 육성해서 자신의 친위세력으로 삼았다. 이에 대해 규장각을 국왕의 사각私閣으로 만들고 조정신료를 사신私臣으로 만들 뿐이라는 비난이 나오고《정조실록》 정조 6. 5. 25. 공조참의 이택징李澤徵의 상소), 초계문신 출신 간관諫官들이 국왕의 눈치만 살피는 탓에 언로가 막히고 간언諫言이 실종되는 폐단이 생겼지만 정조는 끝까지 뜻을 굽히지 않았다. 그 결과 정조가 훙서한 1800년까지 배출된 초계문신은 10선選 138명에 달했고, 마침내 조정이 초계문신으로 가득 차고 공경대부의 태반이 그 출신이라는 한탄까지 나오게 되었다(정옥자, 〈규장각 초계문신 연구〉, 《규장각》 제4호, 1981).

이 세상의 형세를 돌아보건대, 부강하여 독립 주권을 행사하며 남보다 앞서는 여러 나라들은 모두 그 백성들의 지식이 깨어 있다. 지식이 깨어 있다는 것은 교육이 잘 이루어진 것이니, 교육은 실로 국가를 보전하는 근본이 된다. 이 때문에 짐은 군사君師의 자리에 임하여 교육의 책임을 스스로 지고 있도다. 교육에는 또 그 방도가 있으니, 허명虛名과 실용實用을 먼저 분별해야 한다. 글을 읽고 글자를 익히되 옛사람들의 찌꺼기만 주워 모아 세상 형편의 큰 판도를 모르는 자는, 그 글솜씨가 비록 고금에 당할 자가 없다고 하더라도 한갓 아무 쓸모없는 서생에 지나지 않는다. 이제 짐은 교육의 강령을 제시하노니, 허명을 버리고 실용을 숭상해야 할 것이다.[12]

고종은 백성 교육의 요체가 허명을 버리고 실용을 숭상하는 것에 있다고 천명했다. 또 옛사람의 글에 구애되어 국제 정세의 큰 판도를 모르는 자는 한갓 아무 쓸모없는 서생에 불과하다고 폄훼했다. 즉, 고종은 유교 경전이 아니라 국제 정세와 서구 문물에 대한 해박한 지식을 자신의 지적 권위의 근거로 제시했던 것이다.

고종은 처음부터 성군이 되려는 의지가 크지 않았다. 그것은 왕위에 오른 1864년부터 매년 개최된 권강勸講의 횟수가 첫해 210회에서 지속적으로 감소한 끝에 1876년 이후로는 단 한 차례도 열리지 않은 사실로도 짐작할 수 있다.[13] 이는 고종이 군주의 학문인

---

[12] 《승정원일기》 고종 32년 2월 2일.
[13] 김성혜, 《재위전기 고종의 통치활동》, 선인, 2013, 92~103쪽.

성학聖學을 처음 접한 시기가 늦었던 탓도 있지만—고종의 유교 경전 학습이 부진했음은 1870년 4월 지경연사 심승택沈承澤이 외간의 어린아이들은 열다섯 살이 되기 전에 《맹자》를 다 읽는데, 고종은 강독을 시작한 지 1년이 넘었는데도 다 마치지 못했다며 분발을 촉구한 데서도 알 수 있다《승정원일기》 고종 7년 4월 23일)—유교 경전이나 경연經筵이 왕권을 통제하는 기제로 활용하는 것을 싫어했기 때문이라고 생각된다.

고종에게 개화는 왕권 강화라는 정치적 목표에 결부되어 있었다. 고종은 외국으로 파견한 사신이나 유학생의 보고, 도서와 신문의 수입, 외국 외교관의 접견 등을 통해 당대 누구보다도 많은 해외 정보를 신속하게 입수할 수 있었다. 그가 자임한 '군사'의 의미로도 알 수 있듯이 그 지적 권위의 원천은 국제 정세와 시무時務에 밝다는 데 있었다. 현실적으로도 개화는 왕권 강화의 수단이 되었다. 수교통상은 극에 달한 재정난을 구제하려는 절박한 필요에서 추진됐으며,[14] 통리기무아문統理機務衙門과 같은 개화기구의 신설 또한 정조의 초계문신과 같이 신진기예의 사대부들로 친위세력을 양성하려는 의도와 무관치 않았다. 덧붙여 말하자면, 고종은 새 인물을 등용해서 개화 사업을 추진할 때면 기존 정부기구와 기능이 중복되는 기구를 첩설疊設하는 방식을 종종 사용했는데,

---

[14] 김종학, 《개화당의 기원과 비밀외교》, 96~110쪽. 당시 왕실의 재정난에 관해서는 이영훈, 《한국경제사》 상권, 일조각, 2016, 557~559쪽 참조. 특히 고종 친정 직후의 청전淸錢 혁파령은 극심한 재정난의 원인이 되었다(김성혜, 《재위전기 고종의 통치활동》).

이러한 경향은 대한제국 때까지 지속됐다.

개화세력의 분열과 외세에 대한 의존

—무위영: 친정 초기 왕권 강화책

무위소(무위영)의 설치는 친정 초기의 대표적 왕권 강화책이었다. 그것은 왕권 강화에 대한 고종의 강한 의지를 보여줄 뿐만 아니라, 이를 계기로 양반관료들과의 갈등이 초래됐다는 점에서 중요한 의미를 갖는다.

고종이 친정을 시작한 것은 1873년 12월이었다. 그로부터 얼마 지나지 않아 고종은 창덕궁의 원인 미상 화재를 이유로 궁궐 파수군의 신설을 추진했다.[15] 양반관료들은 신설 친위부대가 정조의 장용영壯勇營과 같이 왕권 강화의 수단이 될 것을 우려해서 반발했다. 다음은 1874년 7월 8일(음력 5월 25일) 차대次對에서 있었던 고종과 우의정 박규수朴珪壽 간의 대화이다.

> 박규수: 근일 연석에서 매번 파수군 문제로 여러 차례 성교聖敎를 내리셨습니다. 이는 병졸을 선발해서 숙위를 늘리는 일에 불과하니, 아래서 거행하면 본래 매우 어렵지 않습니다. 군료·복장·무기 등도 절목에 따라 처리할 수 있는 것들입니다. 다만 성의

---

[15] 무위영의 설치 과정에 관해서는 김종학, 《개화당의 기원과 비밀외교》, 153~159쪽 참조.

聖意의 소재를 알지 못하겠습니다. 장차 이 병졸들로 친병親兵을 삼아 스스로 통솔하시려는 것입니까? 아니면 장신將臣에게 그 지휘를 맡겨서 통솔하게 하시려는 것입니까?

고　종: 이는 과연 숙위가 소홀하다는 우려에서 나온 것이다. 작년 겨울 뜻밖의 사건(창덕궁 화재를 가리킴―인용자)에서도 비상시 숙위가 취약한 것의 폐단을 보았다. 그러므로 이처럼 파수를 증설하려는 뜻을 갖게 된 것이다. 기율을 단속하는 일은 마땅히 장신將臣이 주관하게 할 것이다.

박규수: 성교聖敎가 참으로 지당합니다. 숙위 병사는 힘이 세고 날래며 용맹한 장정들로 정선하지 않아선 안 되니, 그리하면 500명의 정병이 또한 적다고 할 수 없습니다.……지금 이 500명은 원래 훈련도감의 병졸들이며, 훈련대장은 융무戎務에 노련한 장수입니다. 그리고 봉령統領에게 절제를 엄하게 하고 기율을 분명히 하게 시킨다면 참으로 사의事宜에 맞을 것입니다. 군료와 복장 등은 장신에게 일임해서 정식定式을 마련하게 하고, 계품啓稟한 후 시행한다면 차례대로 어렵지 않을 것입니다. 신은 참으로 황송하오나, 혹시라도 이로 인해서 장대한 조처가 없겠습니까? 밖에서는 이를 매우 의심하고 있습니다.

고　종: 이미 훈련대장에게 하교하였다. 장대한 조처에 관해서는, 실로 그렇게 할 이유가 없다. 밖에서는 알지 못해서 그렇게 의심하는 말이 떠도는 것이니, 괴이할 것이 없다.[16]

---

[16] 《승정원일기》 고종 11년 5월 25일.

박규수는 숙위군의 규모는 500명 정도로 제한하고, 그 지휘는 훈련대장에게 맡길 것을 주장했다. 당시 훈련대장은 이경하李景夏였는데, 그의 말마따나 이미 64세의 노장이었다. 이어서 박규수는 독립된 친위부대의 창설을 시도하지 않겠다는 다짐까지 받으려고 했다. 고종은 이른바 '장대한 조처'는 없을 것이라고 확언했다.

하지만 그것이 빈말에 불과했음이 드러나기까진 그리 오랜 시간이 걸리지 않았다. 고종은 채 한 달도 되지 않아 숙위군에 '무위청武衛廳'이라는 공식명칭을 부여하고,[17] 8월 15일(음력 7월 4일)에 금위대장禁衛大將 조영하趙寧夏에게 그 대장인 무위소도통사武衛所都統使를 겸임시켰다.[18] 조영하의 나이는 서른에 불과했다. 무위소의 신설과 확대를 둘러싼 갈등은 결국 박규수와 영의정 이유원李裕元의 사직으로 이어졌다.[19]

무위소도통사는 훈련도감·금위영·어영청·용호영·총융청·포도청의 병권을 장악했다. 뿐만 아니라 이른바 별입시別入侍로서 언제든 국왕과 왕비를 독대할 수 있었다. 따라서 이 자리는 예외 없이 고종이 가장 신뢰하는 척신戚臣과 무신으로 채워졌다. 무위소의 재정은 독자적으로 운영되었고, 다른 기관의 재원을 쉽게 이관해 왔다. 이에 따라 무위소의 병력 또한 꾸준히 증가해서 1881년에는 4,200여 명에 달했다.[20]

[17] 《승정원일기》 고종 11년 6월 20일.
[18] 《승정원일기》 고종 11년 7월 4일.
[19] 김성혜, 《재위전기 고종의 통치활동》, 405~406쪽.
[20] 은정태, 〈고종친정 이후 정치체제 개혁과 정치세력의 동향〉, 《한국사론》 제40집, 1988, 169~170쪽.

세간에서는 무위소를 수하친병手下親兵, 즉 국왕의 친위부대로 인식했다. 점차 '수하친병'과 기존의 오군영五軍營 병졸들 간의 차별대우가 심각한 문제로 대두됐다. 1881년 2월 5일 전前 정언正言 허원식許元栻은 다음의 상소를 올렸다.

그런데 이제 또 무위소라는 것을 신설했으니, 세속의 이른바 수하친병手下親兵이라는 것입니다. 그러나 사령使令을 맡을 자들은 전하의 앞에 충분히 있습니다. 만약 오직 사령을 위해서라면 내시가 있고 사알司謁이 있고 무감武監이 있으니, 어찌 무위소 군졸들을 쓸 것이 있겠습니까? 또 한위捍衛(경비)를 위해서라면 오영五營의 군졸이 모두 나의 적자赤子입니다. 신자臣子가 군부君父를 위하는데 어찌 오영과 무위의 구별이 있겠습니까? 하물며 지금 오영의 군졸들은 요미料米를 먹지 못하여 굶주려 죽기를 원하고, 무위의 군졸들은 별도로 후한 하사품을 더해서 배가 불러 살기를 원합니다. 즐거워하는 것은 1개 영이요, 원망하는 것은 5개 영이니, 어찌 일시동인一視同仁의 도에 흠결이 있지 않겠습니까? 신은 무위소의 군졸은 마땅히 오영으로 돌려보내서 똑같이 은혜로 길러야 한다고 생각합니다. 그렇게 하신다면 무위소 1개가 5개 무위소로 될 것이요, 5개의 무위소가 1개 무위소로 합쳐질 것입니다.[21]

하지만 고종은 사안이 왕권이나 왕실의 위신과 관계되는 한 뜻을 굽히지 않았다. 양반관료들의 우려와 정반대로 고종은 1882년

---

[21] 《승정원일기》 고종 17년 12월 17일.

2월 기존 오군영을 무위영武衛營과 신설 장어영壯禦營의 2개 군영으로 통폐합한다는 전교를 내렸다. 그로부터 불과 5개월 후 임오군란이 발발했는데, 그 최초의 봉기는 무위영에 편입된 옛 훈련도감 병졸들이 일으켰다. 김윤식의 《음청사陰晴史》나 윤효정尹孝定의 《풍운한말비사風雲韓末祕史》를 보면, 임오군란의 원인을 무위영과 구식 군대 병졸들 간의 차별대우에서 찾은 것을 알 수 있다.[22] 이것이 실제 군란의 원인이 되었는지의 여부는 차치하더라도, 무위영에 대한 부정적 인식이 적지 않았음을 알 수 있다.

이윽고 청국 군대의 개입으로 군란이 진압된 후 고종은 과오를 자책하는 윤음을 반포했다(이하 '죄기윤음罪己綸音'). 일견 이 윤음은 국왕이 스스로 일신할 것을 다짐하며 민심을 수습하려는 의지를 피력하고 있는 것처럼 보인다. 하지만 이 글은 실제로는 김윤식이 대찬代撰한 것으로, 그 문장의 신랄함은 군란 직후 양반관료들이 국왕의 독단적 국정운영에 대해 갖고 있었던 비판적 인식을 여실히 보여준다.

임금 자리를 계승한 이래 크게 토목공사를 벌여 백성의 재물을 억지로 끌어들임으로써 가난한 자와 부자 모두를 곤경에 처하게 하였으니, 이것이 나의 죄로다. 화폐를 수차례 개혁하고 무고한 이를 많이 죽였으니, 이것이 나의 죄로다. 사당과 서원을 헐어버리고 충현忠賢에게 제사

22　金允植, 《陰晴史》, 국사편찬위원회 한국사료총서 제6집, 《從政年表/陰晴史》, 1955, 193쪽; 尹孝貞, 《風雲韓末祕史》, 秀文社, 1984, 36쪽.

올리지 않았으니, 이것이 나의 죄로다. 신기하고 보기 좋은 것만 구하고 상 내리는 일에 절제가 없었으니, 이것이 나의 죄로다. 기양祈禳의 의례를 지나치게 믿어 내탕금을 허비하였으니, 이것이 나의 죄로다. 널리 인재를 등용하지 않고 종친과 외척에게만 높은 자리를 주었으니, 이것이 나의 죄로다. 뇌물이 공공연히 행해져 탐관오리들이 징벌되지 않은 탓에 가난한 백성의 근심스럽고 괴로운 정상이 위에 도달하지 않았으니, 이것이 나의 죄로다. 나라의 창고가 바닥나 군리軍吏가 배를 곯고, 공가貢價의 빚이 연체되어 시정市井이 폐업하였으니, 이것이 나의 죄로다. 각국과 우호관계를 맺는 것은 시의時宜이거늘 시행한 조치가 방도에 맞지 않아 한갓 백성들의 의심만 더하였으니, 이것이 나의 죄로다. 그리하여 결국에는 신을 노엽게 하고 백성의 원성을 자아내 변고가 백출함에 아랫사람이 윗사람을 능멸하여 재앙이 육친六親에게 미쳤다. 위로는 천자에게 근심을 끼치고 아래로는 만백성의 삶을 어지럽혔으며, 이웃 나라에 신용을 잃고 천하의 웃음거리가 되었나니, 이 또한 나의 죄로다.[23]

—기무처: 신진관료 주도의 대청외교對淸外交

임오군란을 거치며 조선정부의 군사적·재정적 기능은 사실상 마비됐다. 흥분한 난민과 함께 궁궐에 난입해서 왕비를 시해하려고 광분한 군대에 왕성王城의 방위와 치안의 임무를 맡길 순 없었다. 재정 상황도 심각하기로는 그에 못지않았다. 리훙장은 조선

---

[23] 《승정원일기》 고종 19년 7월 20일; 金允植, 〈罪己綸音(壬午七月)〉, 《雲養集》 제9권.

국고에 1개월 비축분도 없는 상황이라고 했는데, 실제와 크게 다르지 않았을 것이다.[24] 게다가 조선정부는 제물포조약에 따라 일본에 배상금 50만 엔을 5년에 걸쳐 상환하고, 조난자 위로금 10만 엔을 별도로 지불해야 했다. 10만 엔이라면 당시 1년 세입의 7퍼센트에 달하는, 적지 않은 부담이었다.[25]

따라서 어떤 나라에서라도 군사적·재정적 원조를 구하지 않을 수 없는 것이 당시 조선의 실정이었다. 그리고 그 대상으로 가장 쉽게 떠올릴 수 있는 나라는 예로부터 조선의 종주국을 자임한 청淸일 수밖에 없었다.

이와 관련해서 주목되는 것이 기무처機務處의 신설이다. 기무처는 임오군란의 와중에 잠시 정권을 잡은 대원군이 통리기무아문을 폐지한 후, 1882년 말 통리아문統理衙門과 통리내무아문統理內務衙門이 복설될 때까지 존속한 임시기구라는 것이 기존 통설이었다. 하지만 그 설치규정을 기록한 〈기무처절목機務處節目〉(이하 〈절목〉)을 보면, 기무처는 처음부터 상당히 강력한 권한을 갖고 출범했음을 알 수 있다.

---

[24] 中央研究院 近代史研究所 編, 《淸季中日韓關係史料》 제3권, 문서번호 554, 臺北: 中央研究院 近代史研究所, 1990.
[25] 김종학, 《개화당의 기원과 비밀외교》, 165~166쪽.

하나, 기무처는 중국의 군기처에 따라 설치함(機務處 以中朝軍機處 設置).

하나, 공사의 출납은 모두 기무처에서 품지하여 시행함(出納公事 皆自本處 稟旨施行). 공사에 관한 명령을 내릴 때는, 기무처에 내려서 여러 신하들이 서명한 후 의정부에 내어 줌. 공사에 관한 사안을 들일 때는, 의정부에서 기무처에 보내서 주상께 상주함(出公事 下于本處 諸臣署名 出給政院 納公事 自政院 呈于本處 以爲入啓).

하나, 출납하는 정령 중에 불편한 것이 있으면 기무처에서 의논해서 타당하게 만들 수 있음(出納政令 有不便者 本處得以爭執 務臻安當).

하나, 모든 기무와 관련된 사안은 기무처에서 미리 상의해서, 반드시 여러 의론들이 일치된 후에 대신에게 가서 상의하고, 주상께 상주하여 재결을 받음(凡係機務 自本處 預爲對商 必待僉議協同後 往議于大臣而稟裁).

하나, 공사와 관련된 사안은 기무처에서 경외각처에 지시할 수 있음(有關公事者 本處得以知委於京外各處).

하나, 인신은 기무처인으로 주조함(印信 以機務處印 鑄成).

하나, 업무에 관계없는 관원은 공사가 아니면 마음대로 들어올 수 없고, 업무에 관계없는 아전과 하인은 더욱 엄금함(閒員 非公事 不得擅入 閒雜吏隸 尤爲嚴禁).

하나, 이곳에 모이는 신하들은 매일 손시巽時(오전 8시 반에서 9시 반)에 출근해서 유시酉時(오후 4시 경)에 퇴근함. 관원 1명이 돌아가면서 입직함(來會諸臣 逐日巽進酉退 一員輪回入直).

하나, 이곳에 모이는 신하들 가운데 궐내에 실직이 있는 자들은 직각을 겸하며, 궐외에 있는 자들은 직각을 면하고 문안問安·종폐從陛 등 모든 궁중행사에 참여하지 않음(來會諸臣 有實職者 闕內則 兼直閣 外則 免直而問安從陛等公故 并置之).

하나, 행하예목行下禮木·계병禊屏·필채筆債·직수패直囚牌 등 각사의 폐규는 모두 거론하지 않음(各司弊規 如行下禮木禊屏筆債直囚牌等事 并勿擧論).

하나, 서리는 6인, 조례는 10인으로 정함(書吏六人 皂隷十人爲定).

하나, 비용은 관세청에서 마련해서 지급함(經用 取給於管稅廳).

26 〈明治一五年朝鮮事關係書類綴〉, 《井上馨關係文書》, 日本國會圖書館 憲政資料室 所藏. 번역은 김종학, 《개화당의 기원과 비밀외교》, 167~168쪽에서 재인용.

이에 따르면 기무처 당상들은 매일 궁궐 내에 설치된 기무처에 모여 회의를 하게 되어 있었다. 또한 국가의 중요한 사무는 기무처 당상들의 합의로 결정하되 국왕은 재결권만을 가지며, 공사公事의 출납도 반드시 기무처를 거치게 했다. 또한 경향京鄉 관아에 독자적으로 공무 지시를 내릴 권한도 갖고 있었다.[27]

여기서 눈에 띄는 것은 제1조의 중국의 군기처軍機處를 모방해서 설치한다고 한 규정이다. 기무처가 군기처를 모범으로 한 것은, 《음청사》에 "궁궐 안에 기무처를 신설했다. 시사時事가 몹시 어렵고 천하가 태평하지 않아서 예전처럼 방만하게 관리들이 집에서 사무를 처리할 수 없었다. 그래서 중국 군기처의 예에 따라 기무처를 설치한 것이다. 항상 궁궐 내에서 숙직하면서 일이 있을 때마다 주상께 아뢰어 지연되는 근심이 없게 했다. 상호군上護軍 김병시와 조영하, 호군護軍 김굉집과 나, 교리校理 어윤중과 신기선이 참여했다"라는 기록을 통해서도 확인된다.[28]

그런데 군기처와 기무처 간에는 근본적 차이가 있었다. 원래 군기처란 1729년 옹정제가 준가르准噶尔·准噶尔部(Dzungar) 원정 당시 군사적 결정을 신속히 내리기 위해 설치한 군기방軍機房에 그 연원을 두는데, 청 말에 이르기까지 점차 내각을 대신해서 황제의 절대권한을 보좌하는 최고 정무기관으로 발전했다. 하지만 기무처는 반대로 왕권을 제약하는 의미가 있었다. 다시 말해 기무처는

---

27 김종학, 《개화당의 기원과 비밀외교》, 168쪽.
28 金允植, 《陰晴史》, 192~193쪽.

'죄기윤음罪己綸音'의 취지의 연속선상에 있었던 것이다. 그럼에도 군이 청의 군기처를 모방해서 설치한다는 명문을 둔 것은, 국왕과 의정부의 전통적 권한을 제약하는 이 전례 없는 기구의 전거를 명시하는 한편, 청을 의식한 결과였다고 생각된다.

기무처는 청의 원조를 구하기 위해 설치된 비상기구였다. 조영하·김홍집·어윤중·김윤식 등 기무처 당상들은 번갈아 청을 왕래하며 원조를 구하기 위한 외교를 충실히 수행했다. 그 결과 1882년 10월 1일에는 초상국招商國과 개평광무국開平鑛務局에서 총 50만 냥의 차관도입을 성사시켰으며, 12월 14일에는 독일인 묄렌도르프Paul Georg von Möllendorff를 고빙해 왔다. 고종은 묄렌도르프의 알현을 받고 불과 30분 만에 외교전담 부서로 통리아문을 창설하라는 전교를 내렸다. 이는 물론 묄렌도르프에게 세관 신설 및 근대적 외교업무를 전담시키기로 한 사전 방침에 따른 것이었다. 다시 말해 통리아문의 신설에는 위인설관의 의미가 있었다. 이로써 본연의 임무를 어느 정도 달성한 기무처 또한 종언을 고했다.[29]

—갑신정변과 한러밀약사건: 왕실의 비선외교

이와 같은 기무처의 활동과 국정주도에 대해 고종은 어떻게 생각했을까? 고종 또한 청의 원조를 구할 수밖에 없는 상황이라는 것은 인정했을 것이다. 그러면서도 한편으로는 기무처 관료들이

---

[29] 묄렌도르프의 고빙과 통리아문 설치 과정에 관해서는 김종학, 《개화당의 기원과 비밀외교》, 215~223쪽 참조.

국정을 좌지우지하고, 청 군대와 장령이 경성에 들어와 간섭하는 상황을 참을 수 없었을 것이다. 따라서 고종은 청 이외의 다른 나라로부터 원조를 얻어 이러한 국면을 일신하고 싶었다. 임오군란 직후 이른바 개화당이 갑자기 중용된 것은 이러한 배경에서였다.

제물포조약 제6관에 따르면 조선정부는 일본에 대신을 파견해서 임오군란에 관해 유감의 뜻을 표하는 국서를 전달해야 했다. 이에 고종은 그때까지 정치신인에 가까웠던 박영효를 파격적으로 수신사(특명전권공사)에 발탁하고, 김옥균과 서광범을 수행원으로 임명해서 일본에 파견했다.[30] 김옥균과 박영효는 일본에서 고종의 밀명에 따라 차관 도입을 시도하고, 일본 외무성과 서양 외교관들을 상대로 조선의 독립승인 운동—국제법의 보호를 통한 청 세력의 구축을 목표로 하는—을 벌였다.

하지만 개화당은 고종이 상상할 수도 없는 엄청난 음모를 꾸미고 있었다. 1871년을 전후해서 처음 결성될 때부터 이들의 목표는 외세의 힘을 빌려 정권을 장악하고 조선사회를 근본적으로 혁신하는 것이었다. 고종의 밀명으로 외채를 얻고 청세력을 구축하려고 한 것 또한 독자적으로 군대를 양성해서 정권을 장악하기 위한

---

[30] 임오군란 전까지만 해도 김옥균은 1872년 알성문과謁聖文科에서 장원으로 급제해서 1874년에 정5품 홍문관교리弘文館校理가 되었지만, 승진은커녕 1880년 12월(음력)에는 종5품 홍문관 부교리로 좌천됐다. 이를 두고 매천 황현은 《매천야록》에서 "과거에 오른 지 10여 년이 지나도록 벼슬길이 열리지 않아 태서학泰西學을 연구하여 부강의 정책을 떠벌리며 명예를 구하려고 했다"라고 평했다(황현黃玹, 《매천야록梅泉野錄》, 임형택 외 역, 《역주 매천야록(상)》, 문학과지성사, 2005, 189~190쪽). 철종의 부마 박영효 또한 비록 정1품 금릉위錦陵尉에 봉해졌지만, 원칙적으로는 왕실의 법도에 따라 현실정치에 간여할 수 없었다.

음모의 일환이었다. 결과적으로 차관 도입 시도는 일본 외무성의 냉대 속에 실패로 끝나고 말았다. 1884년 12월 4일 개화당은 마침내 일본 재야세력 및 조선주재 공사관과 결탁해서 여섯 대신을 암살하고 정권 장악을 시도했다. 이른바 갑신정변이었다.[31]

이 쿠데타는 청 군대의 개입으로 '삼일천하'로 끝났지만, 개화당을 중용한 것이 국왕 자신이었던 이상 책임을 면할 수는 없었다. 2년 전 임오군란 때처럼 김윤식이 윤음을 쓰고 국왕이 낭독하는 상황이 재연됐다. 그 요점은 갑신정변의 원인은 역적 김옥균 등이 간사하게 국왕의 총명을 가렸기 때문이지만, 그 이전에 국왕이 공론公論을 무시하고 스스로 신하들의 일을 관장하려고 한 것에도 큰 잘못이 있다는 것이었다.

여러 소인들이 이를 빌미로 잡다하게 나와서 나의 총명함을 현혹했으니, 난亂의 형체가 날로 두드러지는데도 스스로 깨닫지 못해서 10월의 변고(갑신정변을 가리킴-인용자)를 서서히 초래하여 종사宗社를 거의 위태롭게 했다.……여러 사람들의 지혜를 모아서 군주 한 사람을 보좌하더라도 오히려 부족할까 근심해야 하거늘, 하물며 군주 한 사람의 지혜로 백공百工의 일을 대신하려고 했으니 어찌 난리를 초래하지 않을 수 있겠는가? 지금부터 너희 만민과 약속하노니, 나는 감히 스스로 총명하다고 여기지 않을 것이며, 나는 감히 아랫사람들의 서무에 간여하지 않을 것이다. 또 세인細人을 가까이 하지 않고 사재私財를 축적하지

---

[31] 개화당의 정체와 갑신정변을 일으키기까지의 경위는 김종학, 2017, 앞의 책 참조.

않을 것이며 오직 공론公論만을 따르겠다. 인군人君의 책무는 재상을 간택하는 데 있고, 재상의 직무는 오직 현인을 천거하는 데 있다. 지금부터 국가의 이난理亂을 나는 감히 알려고 하지 않을 것이며, 오직 정부에 책임을 맡기고 위임해서 앙성仰成할 것이니, 너희 정부는 마음을 모아 정치를 보좌하여 알면서도 하지 않음이 없게 하며, 머뭇거리고 관망하거나 윗사람의 뜻에 구차히 영합해서 앞사람의 오류를 답습하지 말라. 너희 여러 신하와 유사有司는 각자 그 직무를 맡았으니 두려워하거나 동요하지 말라. 나는 너희의 일에 간여하지 않겠다. 사람을 쓰고 정무를 처리하는 모든 일은 반드시 공론이 정해진 다음에 나에게 아뢰어라. 나는 모두 윤허하고 따르겠다.[32]

이 윤음을 반포하는 자리에서 김홍집은 임오군란과 갑신정변을 귀감으로 삼고, 오늘 이 자리에서 반포한 효유曉諭를 준거로 삼을 것을 아뢰었다. 말로만 선유하는 데서 그치지 말고, 반드시 마음에 새겨 실천에 옮기라는 신랄하기 짝이 없는 상주였다.

말로 선유宣諭하셨다면, 그 말을 반드시 마음에 반성하고, 마음을 반드시 일에 부응하도록 해야 합니다. 세 가지가 부합해야 비로소 효과가 있을 것입니다. 신은 참으로 황공하옵니다. 전년에(임오군란을 가리킴-인용자) 자책하시는 전교를 내리실 적에 그 윤음이 측달惻怛하여 지당하지 않은 것이 아니었지만, 얼마 되지 않아 지난날처럼 인순因循하여

예전의 변란이 또 발생했으니, 이는 모두 신하들이 성의聖意를 대양對揚하지 못하여 일이 마음에 부응하지 못하고, 마음이 말을 반성하지 못하게 했기 때문입니다.……전하께서는 과거의 일을 귀감으로 삼을 필요도 없이 전년의 일을 경계하시고, 전모典謨를 법도로 삼을 필요도 없이 금일의 효유를 준거로 삼으시옵소서. 하루 이틀 명심하여 오래 유지하고, 한 가지 두 가지 일로 시작해서 광대하게 넓혀 나간다면 종사宗社와 신민의 큰 다행일 것이옵니다.[33]

하지만 고종의 '반성'은 이번에도 진심이 아니었다. 이미 그는 묄렌도르프를 통해 러시아를 끌어들여 청세력을 구축하고 친청파 관료들을 제어할 계획을 세우고 있었다. 한러밀약사건韓露密約事件이 그것이다.

한러밀약사건은 국왕의 비선외교로 추진됐다. 당시 외무 당국자였던 외무독판 김윤식은 러시아와의 밀약이 진행되는 사실을 전혀 모르고 있었다. 이 때문에 제2차 한러밀약설이 폭로되자 1885년 9월 김윤식은 각국 공사에 조회를 발송해서, 설령 각국에 발급하는 문서에 국보國寶가 압인돼 있더라도 통리아문의 인장이 찍혀 있지 않으면 무효로 간주하라고 통보하는 해프닝까지 벌어졌다.[34]

이러한 일련의 과정을 거치면서 국내의 정치투쟁은 점차 국제

[33] 金弘集, 고려대학교 출판부 편, 《金弘集遺稿》(甲申 十一月三十日條), 고려대학교출판부, 1976, 113쪽.
[34] 田保橋潔, 《近代日鮮關係の研究》, 김종학 옮김, 《근대일선관계의 연구》 하권, 일조각, 2017, 58~65쪽.

적 문제로 비화했다. 임오군란을 계기로 청국이 조선의 내정에 간섭할 수 있는 길이 열렸고, 개화당은 일본의 세력을 등에 업고 정권을 장악하려고 했다. 왕실은 러시아 황제의 환심을 사서 그 자주성과 권력을 유지하길 바랐다. 이후 조선의 모든 정파—왕실을 포함해서—는 생존을 위해서 각각 믿음직한 외국세력과 결탁해야만 했고, 이는 조선 진출 혹은 침탈의 좋은 빌미를 제공했다. 열강들의 이해관계가 첨예하게 맞부딪치면서, 한반도는 언제든 강대국 간의 전장으로 전락할 수 있는 취약성을 내포하게 되었다.

양반관료들이 친청·친일·친미·친러 등으로 분열된 상황은 왕권을 유지하는 데 어느 정도 유리하게 작용했는지도 모른다.[35] 하지만 왕실의 비선외교와 연이은 실정은 양반관료와 지식인들을 점점 더 왕실에서 멀어지게 했다. 그 일례로, 1880년대 중반 이후 조선사회에도 자유주의나 입헌민주주의와 같은 서양의 근대 정치사상이 전파되기 시작했다. 하지만 그것은 인민의 자유와 권리에 대한 신념에 기반을 둔 것이라기보다는 전제군주의 권한을 제한하기 위해 동원된 정치적 수사修辭에 가까웠다.[36]

---

[35] 훗날 윤치호는 명성황후의 통치술을 다음과 같이 회고했다. "공사관 통역으로 있었지만 나이 어린 내가 무슨 정치야 알겠소마는, 당시로 말하면 명성황후가 영매하여 신하들 사이에 투쟁을 붙이시며, 신하들은 개혁파와 수구당의 두 파로 나뉘고 그 사이에 김홍집 일파의 중간파가 있어 정계가 혼돈한 때라." 《동아일보》 1930년 1월 12일자 〈韓末政客의 回顧談〉. 이러한 통치술은 일제의 간섭으로 왕권이 극도로 위축되었던 갑오개혁 시기에도 예외 없이 사용됐다. 박진철, 《고종의 왕권 강화책 연구(1873~1897)》, 원광대학교 박사학위논문, 2001, 155~200쪽.

[36] 김석근, 〈개화기 '자유주의' 수용과 기능 그리고 정치적 함의〉, 《한국동양정치사상사연구》 제10집 1호, 2011.

민民의 정치적 동원

—독립협회: 민의 계몽과 정치세력화

서두에서 언급한 것처럼, 갑오개혁의 주된 목표 중 하나는 왕권의 제도적 제한이었다. 하지만 삼국간섭三國干涉(1895. 4. 23)으로 인한 일본세력의 위축은 고종에게 정국 반전의 기회를 주었다. 러시아 세력을 배경으로 고종은 1895년 6월 25일에 "작년 6월 이후의 칙령과 재가는 모두 내 의사에서 나온 것이 아니기 때문에 철회한다"라는 교지를 내려 갑오개혁의 성과를 전면적으로 부정했다. 이에 박영효는 명성황후를 폐위하려는 음모를 세워서 반전을 모색했지만, 사전에 발각되어 일본으로 다시 망명했다. 고종은 7월 12일에 "이제부터 짐이 스스로 재결한다"라는 교지를 내려 친재 권한을 회복했다.[37]

하지만 그로부터 석 달도 지나지 않아 일본인에 의해 명성황후 시해사건이 발생해서 정국이 다시 일변했다. 이제 신변마저 위태로워진 고종은 아관파천(1896. 2. 11)이라는 극단적 선택을 감행하지 않을 수 없었다. 고종은 러시아 공사관으로 이어한 당일 김홍집·유길준·정병하鄭秉夏·조희연趙羲淵·장박張博을 역적으로 규정하고 처형을 명했다. 총리대신 김홍집은 "천명이다"라는 마지막 말을 남기고 스스로 광화문 앞으로 걸어 나가 군중에게 타살打殺당하는 길을 택했다. 정병하와 어윤중도 달아나던 중에 비참한 운

---

[37] 김성혜, 〈고종시대 군주권 위협사건에 대한 일고찰〉, 《한국문화연구》 제18호, 2010.

명을 맞았다. 유길준과 조희연 등은 일본으로 망명했다. 김윤식은 체포되어 유배당했다. 이는 일본의 위세를 배경으로 왕권에 도전한 갑오개혁파에게 고종이 러시아의 힘을 빌려 내린 응징이었다. 그 참담한 광경은 고종의 증오심의 깊이를 보여준다.

그 후 다섯 달이 지난 1896년 7월 2일, 갑신정변의 생존자 서재필은 독립협회를 창설했다. 그는 1895년 말 미국에서 귀국할 때부터 '위로부터의 개혁'이 갖는 한계를 절감하고 있었다. 당시 조선 사회에서 '위로부터의 개혁'을 하려면 현실적으로 외부의 원조가 필요했다. 하지만 갑신정변의 뼈아픈 실패 경험, 그리고 갑오개혁 이후 급진적 개혁과 외국인에 대해 악화된 여론을 고려하면 이러한 방식의 개혁은 불가능했다. 이에 서재필은 미국 체류의 경험에 기초해서 교육과 언론을 통해 민民을 계몽하고 그들을 정치세력으로 동원하는 방법을 최초로 시도했던 것이다.

특히 서재필은 독립문과 독립공원의 건설이라는 독립현양사업을 통해 당파를 초월하는 국민적 지지를 획득하고자 했다. 이 사업은 왕실과의 긴밀한 교감 속에서 시작됐다.[38] 《독립신문》 1896년 7월 4일자 논설에서는 "누구든지 조선 독립을 경사로이 여기고 대군주 폐하의 성덕을 감격히 여기고 문명 진보하는 것을 사랑하는 사람들은 다소간에 보조금을 속속히 조선 은행소로 보내기를 우리는 바라노라"라고 못을 박고, 이후 기부금 찬조자의 명단과 기부금액을 게재했다. 독립문 건립에 기부금을 내지 않는 사람은

---

[38] 주진오, 〈독립협회의 대외인식의 구조와 전개〉, 《학림》 제8호, 1987, 81~82쪽.

조선독립을 경사롭게 여기지 않고, 대군주 폐하의 성덕에 감격하지 않으며, 문명 진보하는 것을 사랑하지 않는 사람임을 자인하는 것과 다를 바 없었다. 왕실은 물론 신기선申箕善과 같은 복고적 근왕주의자마저 기부금을 내지 않을 수 없었다.

하지만 왕권에 대한 서재필의 생각은 갑오개혁파, 더 나아가 임오군란이나 갑신정변 직후 양반관료들의 그것과 다르지 않았다. 이와 관련해서 1896년 9월 6일자 《독립신문》의 논설을 살펴보면 다음과 같다.

> 오늘날 우리는 어떻게 하여야 충신이 되는 법을 말 하노라.……군주국에서는 군권이 있어야 하는 고로 조선도 대군주 폐하께서 권세를 모두 잡으셔야 나라가 잘 되어 갈 터이나 조선 인민들이 임금의 권세가 어떠한 것인지 모르는 고로 임금의 권세를 이왕 세도하던 재상이 가졌던 권세와 같이 생각하여 세세한 일과 주임 판임관 내는 것까지라도 대군주 폐하께 번거히 말씀을 하여 침식이 불안하시게 하니 이것은 몰라서 그러한 것이나 실상인즉 임금의 권세를 높이는 것이 아니라 도로 임금의 지위를 낮추는 것이라 임금의 권세는 국가에 법률과 큰일을 총찰하서 나라가 강하여지고 백성이 천은을 입도록 하시며 각 부 대신들과 칙임관들을 친히 뽑으셔 임금의 성의를 받아 법률을 지키고 그 외 세세한 규칙과 주임관 판임관 뽑는 것을 대신들에게 맡기셔 만일 어느 대신이 사람을 잘못 뽑아 쓰거드면 그 대신을 벌을 주시고 대체를 총찰 하시고 적은 일들은 믿으시는 대신들에게 맡기셔야 성체가 안강하

실 터이요 침식이 불안하지 안 하실 터이라 대신이 되어 미소 세사를 모두 대군주께 번거히 말씀하여 괴로우시게 하는 것은 임금을 무례하게 섬기는 것이요 대신이 대신의 직무를 못 하는 것이라.

즉, 군주는 칙임관만 직접 선발하고 그 아래 주임관·판임관의 인사권은 대신에게 위임한다. 그리고 대신은 장정과 규칙에 따라 공무를 공정하게 처리해서 군주의 간여를 차단함으로써 그 체통을 보전하고 심려를 끼치지 않는 것이 진정한 충성이라는 것이다. 이는 비록 '충군애국'이라는 수사를 내세우고 있지만, 실제로는 국왕의 인사권과 국정 간여를 제한하는 의미를 담고 있었다. 이제 왕권에 대한 투쟁은 여론을 동원하는 단계에 접어들었다.

유교의 사상적 전통은 여전히 강고했다. 게다가 외세와 결탁한 전력이 있는 개혁세력은 일부러라도 충군애국을 더 강조하지 않을 수 없었다. 이 때문에 서재필은 충군애국을 내세우되 그 의미를 새로 정의하는 방식으로 주장을 정당화했던 것이다. 서재필과 독립협회 회원들이 실제로 고종의 충신이었는지 따지는 것은 별 의미가 없다. 중요한 것은, 서재필과 같은 개혁주의자들이 입버릇처럼 충군애국을 표방한 결과 그 투쟁의 본질이 종종 은폐됐다는 사실이다. 이는 신기선과 같은 복고적 근왕주의자가 '동도서기東道西器'라는 정치적 수사를 사용한 것과 본질적으로 다르지 않았다.

—만민공동회: 군중집회를 통한 정치투쟁

1897년 8월 27일부터 '토론회'를 개최하면서 독립협회는 대중 정치단체로 변모했다. 《윤치호 일기》에 따르면, 8월 5일 윤치호가 서재필에게 독립협회는 이제 쓸모없는 것이 되었으므로 강의실· 도서관·박물관을 갖춘 대중교육협회General Knowledge Association 로 재조직할 것을 제안했다. 그리고 8월 8일에 윤치호와 서재필이 다시 독립협회를 유용한 기구로 바꿀 것을 제안한 결과, 독립협회 를 일종의 토론단체debating society로 재구성하기로 하고 권재형· 박세환·윤치호가 3인 위원회를 꾸려서 규칙을 정했다고 한다.[39]

그렇다면 윤치호와 서재필은 왜 독립협회가 쓸모없는 것이 되었 다고 판단했던 것일까. 또 굳이 정치적 위험을 무릅쓰고 인민을 교 육하고 토론을 시킨 이유는 무엇이었을까.[40]

처음 서재필의 구상은 독립현양사업을 통해 국민여론을 결집하 고, 이를 개혁의 원동력으로 삼으려는 것이었다. 그런데 독립문 건립사업에 대한 호응은 예상보다 훨씬 뜨거워서, 1896년 11월 21 일에 열린 독립문 정초식은 5,000명 이상의 군중이 운집하는 대성 황을 이루었다. 《독립신문》과 독립협회의 사회적 영향력이 커짐 에 따라 1897년 5월 이후 독립협회에는 근왕주의 세력과 수구관 료들이 대거 가입해서 심지어 위원으로까지 선출되는 상황이 발

---

[39] 《윤치호 일기》 1897년 8월 5일; 1897년 8월 8일.
[40] 7월 초에 러시아 공사 베베르는 서재필에게 인민의 교육은 불만을 키우고, 인민의 권리 계몽은 혁명의 관념을 조장할 것이라고 경고했다고 한다(《윤치호 일기》 1897. 7. 2).

생했다.[41] 그 결과 1897년 7월 말이 되면 독립협회에는 이완용파, 대원군파, 친러파, 친일파, 근왕주의 세력 등 온갖 정파들이 잡다하게 섞여 있어서, 윤치호의 표현을 빌리면 일종의 소극笑劇(farce)이 되어 있었던 것이다.[42]

두 번째 이유로는 1897년 2월 고종이 러시아 공사관에서 경운궁慶運宮으로 환궁한 뒤로 국왕의 전제권력을 강화하고 독립협회 활동을 견제하려는 반동적 움직임이 현저해진 것을 들 수 있다. 1897년 8월 5일자《윤치호 일기》에는 왕실이 몇 차례나 미국 공사관에《독립신문》의 폐간을 요청했으며, 왕실과 궁내부가 독립문 건립사업을 방해하고 있다는 서재필의 발언이 기록되어 있다. 독립협회를 대중교육협회로 재조직하자는 윤치호의 제안은 바로 이 대화 속에서 나온 것이었다. 1897년 10월 12일자《윤치호 일기》에 기록된 슈페이에르의 발언은 당시 고종이 얼마나 서재필을 증오하고 있었는지 잘 보여준다. 이날은 바로 고종이 환구단에서 천제天祭를 올리고 황제에 등극한 날이었다.

국왕께선 제이손(서재필-인용자)을 대단히 미워하신다. 전하께서 그를 너무나 증오하기 때문에 나는 지금까지 그에 대해서나, 그의 악영향에 대해 어전에서 아뢸 생각을 한 번도 한 일이 없다. 나는 국왕께서 제이

---

[41] 신용하,《신판 독립협회연구: 독립신문 · 독립협회 · 만민공동회의 사상과 운동》상권, 일조각, 2006, 120~121쪽.
[42]《윤치호 일기》1897년 7월 25일.

손에 관해 하교하실 때처럼 분노하는 일을 본 적이 없다. 평소엔 그토록 온화하고 조용하시던 전하께서 분노로 용안이 시뻘개지신다.[43]

세 번째는 러시아인과 친러파의 득세이다. 개혁세력의 관점에서 볼 때 러시아의 득세가 갖는 문제점은 조선의 내정개혁이나 경제발전에는 전혀 관심이 없고, 이권 획득과 일본세력의 구축에만 골몰한다는 데 있었다. 이를 위해 러시아인들은 기꺼이 황실 및 복고적 근황주의 세력의 후원자가 되었다. 독립협회가 유독 러시아인들의 이권침탈에 대해 민감하게 반응했던 이유 또한 여기에 있었다. 이들은 이권의 양여, 즉 외국 자본을 도입해서 국내 자원을 개발하는 것 자체를 반대하지는 않았다. 그들이 러시아의 이권 획득을 반대한 이유는 그들이 과도한 징세, 매관매직, 재정문란, 정부의 부패와 비능률, 황실 측근의 권력남용 등 대한제국의 비정秕政을 방조하기 때문이었다.[44]

1898년 2월 21일 독립협회는 회원들의 투표를 거쳐 처음으로 고종황제에게 상소문을 봉정했다. 일주일 뒤인 2월 28일에는 외부대신서리 민종묵閔種默에게 서한을 보내서 러시아의 절영도 조차租借 소문에 대해 그 기간과 법적 근거, 결정 절차 등을 공개할 것을 요구했다. 이에 민종묵은 독립협회에 변명하는 답서를 보내고 황제에게 사직 상소를 제출했으나, 러시아 공사관의 압력을 받은 고

---

43 《윤치호 일기》 1897년 10월 12일.
44 《윤치호 일기》 1897년 9월 22일.

종은 면직 하루 만에 민종묵을 정식으로 외부대신에 임명했다. 독립협회는 3월 7일에 다시 외부대신·탁지부대신·의정부에 각각 1통의 서한을 보내서, 일본이 절영도에 설치한 석탄고의 철거, 러한은행의 철폐, 간신과 역적의 처벌 및 민종묵의 해임을 요구했다.[45]

한편, 독립협회가 항의서한을 전달한 날 슈페이에르는 조선조정에 장문의 조회를 보내서 조선정부가 과연 러시아의 군사교관과 재정고문을 필요로 하는지 여부를 24시간 내로 회신할 것을 요구했다.[46] 이에 대해 조선정부에서는 회답 시한을 사흘로 연장해줄 것을 요청했다.[47]

이 소식을 들은 독립협회는 이를 기회로 러시아 세력을 완전히 몰아내야 한다고 판단했다. 이들이 택한 방법은 대규모 군중집회였다. 조선조정에서 최종 결답을 주기로 예정돼 있던 3월 10일의《윤치호 일기》를 보면 다음과 같은 기록이 있다.

이날 아침 이완용이 나를 찾아왔다. 그는 자신과 서재필이 종각 근처에서 대중집회를 열기로 결정했다고 했다. 또 독립협회는 배후에 물러서 있을 것이며, 러시아 고문과 관련한 현재 상황에 대해 인민들에게 설명하기 위해 많은 연사들이 들어와 있다고 했다. 또 인민 대표가 대신들에게 러시아 교관들의 추방을 촉구할 예정인데, 만일 정부가 이를

---

[45] 신용하(2006) 상권, 353~363쪽.
[46] 고려대학교 아세아문제연구소 편, 《구한국외교문서: 俄案》 문서번호 997, 고려대학교출판부, 1967.
[47] 《구한국외교문서: 俄案》 문서번호 1000.

받아들이지 않는다면 인민은 그것을 정부로 간주하지 않을 것이라고 했다. 나는 이완용에게 이런 종류의 대중집회에 숨겨진 중대한 위험에 관해 말했다. 인민은 의회 규칙이나 어떤 종류의 규칙도 알지 못한다. 만약 연사가 김홍륙의 사형이나 국왕의 환궁과 같은 말을 꺼내서 대중의 타당한, 하지만 쉽게 흥분해버리는 열정에 호소한다면 인민은 즉각 폭도로 변할 것이며 정부는 정당하게 범법자로 처벌할 것이다.……서재필을 찾아가서 내 우려를 말했다. 하지만 그는 웃으면서 조선인민은 정부 당국에 대해 봉기할 용기가 없다고 했다.[48]

이날 종로에서 열린 첫 번째 만민공동회에는 무려 1만여 명의 백성들이 자발적으로 모였다. 당시 서울 인구의 20분의 1을 넘는 숫자였다. 이처럼 많은 사람이 운집했음에도 불구하고 집회는 평화롭게 마무리됐다. 독립협회 회원들은 전면에 나서지 않고 주로 뒤에서 질서를 유지하는 역할을 담당했으며, 연설의 대부분은 배재학당과 경성외국어학교의 나이 어린 학생들이 맡았다.[49]

만민공동회가 끝난 후 두 가지 뜻밖의 사태가 발생했다. 하나는 정부가 바로 그 다음날 러시아 공사관에 답신을 보내서 대한제국은 앞으로 모든 문제를 자주적으로 처리하고 결코 타국의 고문관을 고용하지 않겠다는 대담한 서신을 발송한 것이고,[50] 다른 하나

---

[48] 《윤치호 일기》 1898년 3월 10일.
[49] 《윤치호 일기》 1898년 3월 10일.
[50] 《윤치호 일기》 1898년 3월 12일.

는 러시아가 재정고문과 군사교관의 소환, 절영도 석탄기지 조차 요구 철회, 러한은행 철폐를 통고한 것이었다.[51]

러시아 세력의 철수, 그리고 한반도를 둘러싼 열강 간의 세력균형 또는 힘의 공백[52]은 내정개혁의 절호의 기회로 인식됐다. 윤치호는 이를 '마지막 황금 기회last golden opportunity'로 보았다. 다만 이 황금 기회의 가장 큰 장애물은 황실과 복고적 근황주의 세력이었다.

조선은 이제 황금 기회를 잡았다. 어떤 나라도 간섭하지 않는다. 민족의 복지를 염두에 둔 강력하고 분별 있는 정부라면 이 마지막 기회를 조선과 세계의 굳건하고 영원한 평화를 이룩하는 데 활용할 수 있을 것이다. 하지만, 아아! 왕과 그의 총신寵臣들이 가장 먼저 한 일은 구체적인 기소起訴가 아니라 막연한 원칙에 의거해서 무고한 사람들을 체

---

[51] 러시아가 한국에서 물러간 것은, 실제로는 1897년 12월 11일에 러시아 해군이 여순을 점령한 결과 한반도에서 부동항을 획득하려는 유인이 떨어졌고, 또 러시아의 만주·한국 동시진출을 경계한 영국 및 일본과의 마찰을 피하려는 전략적 고려에 따른 것이었다(최문형, 《러시아의 남하와 일본의 한국침략》 289~293쪽). 한편, 윤치호는 그레이트하우스Greathouse를 통해 러시아가 예기치 않게 교관을 철수한 이유를 비교적 정확히 파악하고 있었다(《윤치호 일기》 1898. 3. 19)).

[52] 1898년 4월 25일 도쿄주재 러시아 공사 로젠R. R. Rosen과 일본 외상 니시 도쿠로 간에 니시-로젠 협정이 조인됐다. 이 협정의 제1조에서는 양국이 조선의 독립을 인정하고 그 내정문제에 개입하지 않을 것을 보증하고, 제2조에서는 군사교관과 재정고문관 임명에 관해 반드시 사전에 상호 협의할 것을 명시했다. 제3조에서는 "조선에서 일본의 상공업이 크게 발전한 점에 비추어, 그리고 조선에 거주하는 일본인들의 수가 상당한 점도 고려해서, 러시아 정부는 일본과 조선의 상공업 관계의 발전을 방해하지 않는다"라고 하여 조선의 상공업에 대한 일본의 특수한 이해를 처음으로 공식 인정하였다(니시-로젠 협정의 성립 배경에 관해선Andrew Malozemoff, *Russian Far Eastern policy, 1881~1904: with special emplhasis on the causes of the Russo-Japanese War*, 석화정 역, 《러시아의 동아시아 정책》 161~166쪽).

포한 것이었다. 그리하여 반反개혁 시대의 혐오스러운 전제정치로 회귀하고 말았다. 모두 끝나버렸다![53]

러시아 세력이 물러간 뒤에도 독립협회는 계속해서 정부 대신들에게 요구서한을 전달하는 한편, 가두에서 군중집회를 여는 방식으로 정부에 압력을 가했다. 그 요구사항은 실로 다양해서 사실상 반정부투쟁이라고 봐도 무방할 정도이다. 《대한계년사大韓季年史》에 기록된 것만 정리해도 대략 다음과 같다.

● 이원긍李源兢·여규형呂圭亨·지석영池錫永·안기중安沂中의 체포·귀양에 대한 항의(3월)
● 서재필의 해고에 대한 항의(4~5월)
● 러시아의 목포 조차지 설정 및 프랑스의 평양 탄광 이권 요구에 대한 반대(5월)
● 홍재욱洪在旭의 공정한 재판 요구(5~6월)(법부대신 겸 고등재판소 재판장 이유인李裕寅이 독립협회 회원 홍재욱의 가옥을 강탈하려고 시도한 사건이다. 독립협회 측은 공개재판 및 공정한 절차에 따른 재판 진행을 요구했다. 결국 이유인은 조병직으로 교체됐다.[54]
● 탁지부의 화폐 남조濫造 반대(6월)
● 최학래崔鶴來의 석방 청원(6월)(경무사 신석희가 평민 최학래가 동전을 주

---

[53] 《윤치호 일기》 1898년 3월 19일.
[54] 정교鄭喬, 《대한계년사大韓季年史》, 변주승 역주, 《대한계년사》 제4권, 65~72쪽.

조하는 기계를 사유하고 있다는 이유로 체포하고 재산을 몰수한 사건이다. 독립협회는 그 법적 근거를 밝힐 것을 요구하는 서한을 신석희와 박정양에게 보냈다. 결국 신석희는 이에 굴복해서 최학래의 재산을 반환했다.[55]

- 홍범 14조의 준수 및 간신의 축출과 인재 등용을 청하는 상소(7월)

- 독일 총영사 크리엔Krien이 외부대신 유기환俞箕煥을 모욕한 일에 대해 항의(7월)

- 홍범 14조의 준수 및 간신의 축출과 인재 등용을 다시 청하는 상소(7월)

- 의정부 참정 조병식趙秉式의 사임 요구(7월)

- 이용익李容翊의 고발(7월)

- 외부外部에서 외국인에게 이권을 양여한 현황에 대해 직접 조사(9월)

- 무당·점쟁이 등 잡인의 궁궐 출입금지 요구(9월)

- 법부 고문관 그레이트하우스가 독립협회를 진압하기 위해 상하이上海에서 외국인 30명을 고용해 온 것에 대해 항의(9월)

- 노적율拏籍律 폐지 요구(9월)

- 신기선·이인우李寅祐의 고발과 해임 요구(10월)

- 신기선·이인우·이재순李載純·심상훈沈相薰·민영기閔泳綺의 처벌 및 갑오개혁 당시 제정된 기무처 의안議案과 홍범 14조의 준수를 청하는 상소(10월)

- 신기선·이인우·이재순·심상훈·민영기·심순택·윤용선 등 7대신의 처벌을 청하는 상소(10월)

- 관민공동회 개최 요구(10월)

---

[55] 《대한계년사》 제4권, 66~78쪽.

이 과정에서 독립협회는 개국기원절開國紀元節(9. 1), 만수성절萬壽聖節(9. 10), 계천기원절繼天紀元節(10. 31) 행사를 크게 열었다. 이는 서재필이 독립문 정초식을 성대하게 개최한 전례를 답습한 것으로, 자신들의 세를 과시하고 '충군애국'의 명분을 놓치지 않으려는 의도였다. 이러한 행사가 반정부투쟁이 본격적으로 전개된 9월과 10월에 연달아 개최된 것에 주목할 필요가 있다.

독립협회의 공세에 대한 정부의 대응은 수세 일변도였다. 10월 말에 이르러 신기선 등 고종의 심복 대신 7인을 일시적이나마 관직에서 쫓아냈다. 정부 대신들을 거리로 불러내 관민공동회官民共同會(1898. 10. 28.~11. 3)를 열고 고종에게 헌의6조와 중추원 관제의 재가를 받아내면서 독립협회의 기세는 절정에 달했다. 당시 관민공동회에 관해 윤치호는 다음과 같이 회상했다. "광무光武 2년(1898) 10월 30일에는 지금 종로 네거리 그때의 운종가雲從街 광장에 시민, 학생, 노동자 할 것 없이 수만 명 사람이 회집하여 당시의 비정秕政을 공격하고 시국을 탄개하는 극적 광경을 연출하였습니다. 그때, 그것은 독립협회가 주동하여 한 것이고, 정부를 탄핵彈劾하는 데 각 대신과 주요 관리가 와서 관민공동회의 기관奇觀을 이룬 것은 그들이 본심으로 나라를 사랑하는 맘이 있어서 참석한 것이 아니라 여론이 무서워서 참석하였든 것은 그 후의 행동을 봐서 역력히 알 수 잇습니다".[56]

이에 정부에서는 기습적으로 독립협회 지도자 17인의 체포와

---

[56] 윤치호, 〈독립협회의 활동〉, 《동광東光》 제26호, 1931년 10월.

독립협회의 강제해산을 명하였다(11. 4). 독립협회 지도자 석방을 요구하는 만민공동회가 다시 개최되어 6일간 철야로 지속됐다(11. 5~11. 10). 이에 굴복한 황제는 결국 독립협회 지도자들의 석방을 명했다(11. 10). 하지만 독립협회는 여기서 물러서지 않고 다시 헌의6조의 실시, 조병식 등의 추방, 독립협회 복설 등을 요구하면서 만민공동회를 계속 열었다. 정부는 보부상으로 구성된 황국협회를 동원해서 만민공동회를 습격했지만(11. 21), 군중의 분노에 기름을 붓는 결과만 초래했다. 결국 황제는 독립협회의 복설을 허가하지 않을 수 없었다(11. 22). 만민공동회는 요구사항을 수용한다는 정부의 약속에 따라 19일 동안 지속된 시위를 일시 중단했지만(11. 23), 약속 시한인 25일까지 가시적 조처가 없자 다시 수만 명의 백성이 종로 네거리에 집결했다(11. 26). 이날 황제는 만민공동회 대표 200명을 경운궁 내로 불러들여 조병식 등 다섯 대신의 처벌을 약속하고, 보부상 단체의 해산 등을 친히 약속했다. 하지만 10일이 지나도록 시정개혁의 기미가 보이지 않자 독립협회 급진파의 주도로 만민공동회가 재개됐다(12. 6). 이 만민공동회는 12월 23일에 황제가 군대로 진압하기까지 18일 동안 지속됐다.[57]

수만 명의 인민이 자발적으로 모여 추위와 보부상들의 습격을 무릅쓰고 수십 일을 버티던 만민공동회가 삽시간에 해산한 이유

[57] 만민공동회의 활동과 해산 과정에 관해서는 신용하, 《신판 독립협회연구》 하권, 〈만민공동회의 자주민권자강운동〉 참조.

는 무엇이었을까. 이에 대해 윤치호는 아직 대중의 공분이나 동정을 구할 수 있는 충분한 명분을 마련하지 못한 채 급진주의자들이 12월 6일에 서둘러 집회를 연 것, 보부상의 습격에 맞서기 위해 700명에서 1,000명의 투석꾼을 고용했는데 부유한 백성들에게 헌금을 거두는 과정에서 미움을 산 것, 최정덕·이승만 등의 급진주의자가 박영효를 귀국시키려고 한 탓에 민심이 이반된 것 등을 들었다.[58]

이 중에 가장 큰 이유는 아마도 세 번째였을 것이다. 서재필 이래 독립협회는 충군애국이라는 명분을 놓치지 않기 위해 부단한 노력을 기울였지만, 과격파에 의해 그 충군애국의 실체가 적나라하게 드러나는 순간 대중의 지지는 물거품처럼 사라져버렸던 것이다. 그렇게 본다면 개혁세력이 마지막까지 극복하지 못했던 가상 큰 장애물은 황실의 권력도, 일본과 러시아의 간섭도 아닌 조선인민의 심성에 깊이 각인된 국왕과 왕권에 대한 전근대적 충성심과 동경이었던 것이다.

'國/家'와 '國=家' 그리고 '民國'

1899년 8월 17일 고종은 〈대한국국제大韓國國制〉를 통해 스스로 '무한한 군권'을 보유한 전제군주가 되었음을 선언했다. 황제는

---

[58] 《윤치호 일기》 1898년 12월 27일.

군통수권·계엄 선포권·입법권·행정권·사면권·관료 임면권·사신 파견권·선전 및 강화 포고권·조약 체결권 등을 총람하고, 이를 침해하거나 그럴 의도를 가진 자는 신민이 아니라고 규정했다. 재정적 견지에서 봐도 대한제국은 명실상부 황제의 나라가 되어 갔다. 정부 재정은 위축되어 그 실질규모가 19세기 전반기의 2분의 1에도 못 미칠 정도로 퇴락한 반면, 궁내부·내장원·궁방·별고別庫 등으로 구성된 황실 재정은 공적 재원의 이관과 매관매직, 불법 징세, 백동화의 주전鑄錢을 통해 극히 비대해졌던 것이다.[59]

이에 대해선 왕권의 강화는 국가주권을 지키기 위해 불가피했다는 변론도 있다. 하지만 고종은 친정을 시작하면서부터 왕권강화를 추구했다는 점에서 이런 설명은 설득력이 없다. 그렇다면 비정상적 즉위 과정과 유년 시절의 경험 그리고 주변 환경이 빚어낸 고종의 비정상적인 권력욕이 모든 문제의 근원이었을까? 그 구조적 원인은 군주와 양반관료 간의 견제와 균형의 원리 위에서 작동한 조선의 고유한 정치 시스템과 전통적 정치 윤리가 18세기 말 영·정조의 탕평정치와 19세기 전반기의 세도정치 그리고 흥선대원군의 집정을 거치면서 붕괴하고 타락한 데서 찾을 수 있다.

성리학적 세계는 비유하자면 국가와 가족(개인)이라는 두 개의 중심을 가진 타원형의 세계와도 같다.[60] 조선왕조에서 오랫동안

[59] 이영훈, 《한국경제사》 상권, 635쪽.
[60] 島田虔次, 《朱子學と陽明學》, 東京: 岩波書店, 1967, p. 28.

이 타원이 원으로 변형되거나 둘로 나뉘지 않았던 것은 국왕과 양반관료 간에 세력균형이 성공적으로 유지됐기 때문이다.[61] 하지만 고종시대에 이르면 그것은 이미 형해화된 상황이었다. 고종은 국가를 왕가와 동일시했지만[國=家], 양반관료들은 왕권의 제한을 올바른 통치와 개혁의 전제조건으로 간주했다[國/家]. 별다른 권력 자원을 갖지 못한 국왕과 양반관료들은 각각 주장을 관철하고 생존하기 위해 외세에 의존하거나 끌어들이지 않을 수 없었고, 이는 다시 정치적 갈등을 증폭시키고 외세의 침투를 용이하게 만드는 원인이 되었다. 고종시대를 관통하는 정치적 갈등의 기조는 개화 대 수구의 대결이 아닌, 왕권을 둘러싼 투쟁이었다.

이러한 관점에서 볼 때 대한제국의 선포는 고종의 길고도 치열한 투쟁이 마침내 보상을 받은 것이라고 할 수도 있다. 하지만 이는 전통적 지배계급인 사족士族이 몰락한 현실을 반영하는 것이기도 했다. 대한제국은 황제(황실)를 국가와 동일시했다는 점에서 결코 성리학적인 것은 아니었으며, 그 건국 원리는 의식적으로 조선의 그것에 반하고 있었다.[62] 그럼에도 불구하고 주권자이자 정치적

---

61 James Palais, *Politics and policy in traditional Korea*, Cambridge, MA: Havard University Press, 1915.
62 예를 들어 팔레James B. Palais는 조선왕조의 긴 수명과 안정성을 가능케 한 요인으로 ① 외세에 의 순응, 즉 중화질서 내에서 자국의 열등한 지위를 인정하는 대신 외부 침략으로부터 보호를 받은 것, ② 실세의 외관facade으로서의 왕의 정통성, ③ 베버Max Weber적 의미에서의 전통적 정당성traditional legitimacy, 특히 사회엘리트(양반)들의 왕에 대한 승인을 든 바 있다(제임스 팔레, 〈조선왕조의 관료적 군주제〉, 《동양 삼국의 왕권과 관료제》, 1998). 이 기준에 비춰보더라도 대한제국은 조선과 다른 원리에 의해 건국됐음을 알 수 있다. ①의 경우 대한제국은 청에의 예속을 거부하고, 근대 국제법적 의미에서의 독립국임을 주장했다. ②와 관련해서는, 왕이 정치적 권위의 상징으로서만 존재하는 것이 아니라 실제 정치권력을 독점했다. ③의 지배 정당성과 관련해서는, 이미 몰락한 사회엘리트(양반)가 아니라 외국의 주권자의 승인에서 이를 구했다. 〈대

권위의 상징으로서 고종의 인격적 동일성이 지속되는 한, 대한제국은 결코 조선과 다른 나라일 수 없었다. 대한제국의 수립을 조선왕조의 붕괴라는 관점에서 고찰해야 하는 이유가 여기에 있다.

마지막으로 '민국民國'의 정치적 의미에 한마디 덧붙이고자 한다. 만민공동회 운동이 정점을 향해 치닫고 있던 1898년 10월 26일 전前 궁내부 참서관 안태원安泰遠은 다음과 같은 상소를 올렸다.

옛말에 이르길, "비루한 사람과는 함께 군주를 섬길 수 없다"라고 했으니, 부귀를 얻기 전에는 그것을 얻으려 안달하고 얻은 뒤에는 그것을 잃을까 노심초사해서 못하는 일이 없다는 뜻입니다. 의리를 알지 못하고 오직 이익만을 좇아서, 권權이 종실宗室과 척리戚里에게 있으면 그들을 따르고, 권이 환관과 궁첩에게 있으면 그들과 결탁하며, 심지어 권이 외국에 있으면 외국과 내통하는 자들도 있고, 권이 외적에게 있으면 외적과 연대하는 자들도 있습니다. 지난 역사를 상고해 보면 어느 시대든 그런 자들이 없었겠습니까마는, 근년 이래로 새 것을 기뻐하고 우원한 것에 힘쓰는 무리가 우리의 양법미규를 버리고 저들의 기기교예만을 좋아하여 위로는 군심君心을 좀먹고 아래로는 백성을 현혹시켜서, 다른 나라의 민주공화民主共和의 풍속으로 우리나라의 군주전제君主專制의 규범을 일변시키려다가 끝내 갑오·을미의 변고가 생겼습

한국국제〉 제1조의 "대한국은 세계만국의 공인되온 바 자주독립하온 제국帝國이니라"라는 명문이 이를 뜻한다.

니다. 이에 군권君權과 민권民權의 이름은 비록 눈에 띄게 나타나지는 않았지만, 군권과 민권의 실제는 은연중에 나뉘어 번갈아 진퇴를 거듭하고 있습니다. 그렇다면 오늘날 이러한 무리를, 마치 옛날에 부귀를 얻고 잃을까 안달해서 척리에 굽실대고 환관과 결탁하고 외국과 내통하고 외적과 연대한 자들처럼, 권이 민에 있다고 여겨서 민에게 달려가는 자들이라고 하지 않을 수 있겠습니까?[63]

여기서 주목되는 것은 '민권民權'이라는 개념이다. 이는 군권君權과 나란히 민권이라는 말이 공공연히 사용될 정도로 당시 대한제국 정부가 만민공동회에 의해 궁지에 몰려 있었던 정치 현실을 반영하고 있다. 안태원은 독립협회의 의도가 '민주공화의 풍속'으로 '군주전제의 규범'을 바꾸려는 데 있으며, 그 수단으로 권이 민에 있다고 여겨서 그들에게 달려간 것으로 보았다.

이즈음 고종 또한 '민국民國'이라는 말을 자주 사용했다. 몇몇 논자들은 이를 영·정조 등 탕평군주의 소민보호의식을 계승한 것으로, 사족과 사대부만이 아니라 온 백성의 군주가 되고자 한 염원을 반영한 것이자 근대적 공화제로의 지향성을 내포한 왕정의 새로운 경향이라고 보았다.[64] 하지만 〈대한국국제〉에서 보듯이 고종의 민에 대한 인식은 전근대적 수준을 넘지 못했다. 고종의 의도 또한 독립협회가 권이 민에게 있다고 여겨 달려간 것과 마찬가지

[63] 《승정원일기》 고종 35년 10월 26일.
[64] 이태진, 2015, 앞의 논문; 한영우, 《명성황후와 대한제국》, 효형출판, 2006, 74~78쪽.

로, 정치적으로 성장한 민을 자신의 충량한 신민으로 만들어 권력을 더욱 강화하려는 데 있었을 것이다. '제국'을 선포하면서 동시에 '민국'을 운위하는 역설은 이로부터 비롯되었다.

국가의 가족, 가족의 국가
-'조선인사조정령'을 통해 본 가족보호 정책의 이중성

이정선

국가의 가족, 가족의 국가

– '조선인사조정령'을 통해 본 가족보호 정책의 이중성

국가의 가족, 가족의 국가

현행 대한민국 헌법은 혼인과 가족생활의 보호를 국가의 의무로 규정하고, 국가를 통해 이를 보장받는 것을 국민의 기본권 중 하나로 명시하고 있다. 제36조 제1항에 "혼인과 가족생활은 개인의 존엄과 양성의 평등을 기초로 성립되고 유지되어야 하며, 국가는 이를 보장한다"고 하고, 다시 제2항에 "국가는 모성의 보호를 위하여 노력하여야 한다"고 규정한 것이다.[1] 독일이 바이마르 헌법(1919)에 처음으로 혼인과 가족에 대한 보호규정을 포함시킨 이래 제2차 세계대전 이후 일본(1946), 프랑스(1946), 영국(1947), 독일(1949) 등도 관련 규정을 헌법에 명문화했으며, 그 외에도 많은 국가들이 개별 법률에서 가족을 보호한다는 입장을 표방하고 있다.

그런데 혼인 및 가족이 다른 공동체들과 달리 국가의 특별한 보호를 받는 이유는 무엇일까. 이에 대한 국가의 접근 방식은 크게

---

[1] 헌법 제10호 대한민국헌법(1987. 10. 29. 전부 개정, 1988. 2. 25. 시행).

두 가지로 나눌 수 있다. 하나는 국가주의적 관점에서 혼인·가족 제도를 보호하는 경우이고, 다른 하나는 보편적 인권·기본권의 일환으로서 혼인·가족을 보호하는 경우이다.[2] 단순화해서 말하자면, 전자는 가족의 형성·유지가 국가에 도움이 되기 때문에 국가가 그를 보호한다는 입장으로서, 보호 대상이 되는 혼인 및 가족의 범위 역시 국가에 도움이 되는지 여부를 기준으로 판단하게 된다. 이를 '국가의 가족'이라고 한다면, 반대로 '가족의 국가'라고 부를 만한 후자의 입장에서는 모든 개인이 보편적 인권으로서 혼인할 권리와 가족을 구성할 권리를 갖는다고 이해되므로, 국가와 사회는 그를 보호해야만 한다. 이러한 시각에서 가족은 국가의 이익이 아니라 개인의 행복을 위한 장소가 되며, 따라서 개인은 자신이 선택한 혼인·가족에 대한 보호 및 보장을 국가에 요구할 수 있는 여지가 생긴다. 최근 동성 간 혼인을 합법화하는 국가가 늘어나는 것도 후자의 입장이 강화되는 추세이기 때문이다. 이처럼 가족과 국가의 관계를 어떻게 설정하는지에 따라 보호해야 할 또는 보호받을 수 있는 '혼인'과 '가족'을 결정하는 주체가 달라지고, '가족보호'의 성격도 현저히 달라진다.

대한민국 역시 1948년 제헌헌법에서부터 혼인과 가족을 보호한다는 뜻을 명문화했으나, 가족보호 정책의 성격은 '국가의 가족'에서 '가족의 국가'로 변화되어 왔다. 그 과정에는 지난한 가족법 개

2 　고보혜, 〈헌법상 국가의 혼인과 가족 보호 의무와 그 실현 방안에 관한 연구〉, 전남대 법학과 박사학위논문, 2011, 44~58쪽.

정운동의 역사가 있었다.[3] 그 결과 1980년 개정 헌법은 '개인의 존엄'과 '양성의 평등'을 가족생활의 전제로 삼았고(제34조 제1항), 현행 1987년 개정 헌법은 그에 대한 국가의 보장의무를 명시했다.[4] 또 이 조항을 근거로 동성동본 금혼제도(1997)와 호주제도(2005)가 위헌 판결을 받으면서 보호받을 수 있는 혼인과 가족의 범위도 확대되었다.[5] 나아가 호주제도의 폐지와 함께, 가족을 국가의 구성 단위로 중시하는 사고방식을 거부하고 개인의 인권 차원에서 다양한 가족·공동체를 구성하고 영위할 권리를 요구하는 목소리도 높아졌다.[6] 가족을 보호한다는 원칙 자체를 논박하기보다는 가족의 재개념화를 통해서 국가가 보호해야 할 개인의 권리 범위를 실질적으로 넓히는 전술을 사용해 온 것이다. 이러한 점에서 '국가의 가족' 차원에서 도입된 가족보호 정책이라도 실제 양상에서는 늘 '가족의 국가'의 성격을 겸비한다.

그러나 마찬가지로 그 역방향도 가능하다. 대한민국은 호주제도의 폐지 이후에도 정상가족 이데올로기를 전제로 이혼율 증가와 출산율 감소라는 가족의 비정상적인 '위기'를 해결하기 위해,

---

[3] 이태영, 《가족법 개정운동 37년사》, 한국가정법률상담소, 1992.

[4] 대한민국 헌법에 규정된 혼인·가족보호의 기본권적 성격과 보호 범위의 가변성에 대해서는 고보혜, 〈헌법상 국가의 혼인과 가족보호 의무와 그 실현 방안에 관한 연구〉; 김영수, 〈기본권과 제도적 보장〉, 《헌법학연구》 5-2, 1999; 김은철, 〈혼인과 가족에 대한 헌법적 보호〉, 《법학논총》 21-1, 2014 등 참조.

[5] 양현아, 〈제3부 현대 한국 가족법에서 전통과 근대성〉, 《한국 가족법 읽기》, 창비, 2011; 소현숙, 〈부계혈통주의와 "건전한" 국민 사이의 균열〉, 《법과 사회》 51, 2016.

[6] 다양한 가족형태에 따른 차별 해소와 가족 구성권 보장을 위한 연구모임·민주노동당, 《대안적 가족제도 마련을 위한 기초자료집》, 2008 등.

'건강가정기본법'(2004)을 제정했다.[7] 뿐만 아니라 2016년 보건복지부의 낙태죄 처벌 강화 시도나 행정자치부의 '대한민국 출산지도' 홈페이지 개설 등에서 적나라하게 드러나듯이, 저출산 고령화 현상에 대한 대책으로 혼인과 출산을 장려하고 인구를 늘려야 한다는 이유에서 국가주의적 시각의 가족 담론과 가족보호 정책이 다시 강화되고 있는 실정이다. 대한민국은 지금 가족과 국가, 나아가 개인, 가족, 국가의 관계를 재정립해야 하는 기로에 서 있다.

이에 이 글에서는 근대 한국에서 실질적인 가족보호 정책이 처음 도입되었던 일제 말 전시체제기로 돌아가, 바람직한 개인·가족·국가관계를 구축하기 위한 실마리를 탐색해보고자 한다. 이는 단순히 이때가 가족보호 정책의 첫 단추를 끼운 시기이기 때문만은 아니다. 현재 대한민국이 가족보호 정책을 강화하려는 가장 큰 이유가 출산율을 높이기 위해서라고 할 때, 이 상황은 전시체제기의 제국일본과 가장 유사하다. 그 이전은 물론 이후에도 오랫동안 과잉 인구가 문제였으며, 대한민국이 가족계획으로 대표되는 인구 증가 억제정책을 공식 폐지하고 인구의 자질 향상과 복지정책에 역점을 두는 쪽으로 정책을 전환한 것이 1996년의 일이었다.[8]

인구의 감소가 문제시되는 다소 낯선 상황에서, 과거의 경험을 타산지석으로 삼으려는 시도가 무의미하지는 않을 것이다. 이를 위해 먼저 전시체제기에 가족보호 정책이 '국가의 가족'의 시각에

[7] 강희경, 〈'건강가정' 담론의 불건강성〉, 《경제와 사회》 65, 2005.
[8] 박상태, 〈인구쟁점에 대한 가치관의 변화〉, 《한국인구학》 22-2, 1999, 13~17쪽.

서 도입되는 과정을 살펴보고, 그중 '조선인사조정령'(1939)의 적용 양상을 중심으로 가족보호 정책의 '가족의 국가'를 위한 활용 가능성과 한계를 짚어 본다.

전시체제기 가족보호 정책의 도입

—가족국가관의 형성

국가주의적 관심에서 가족을 보호하려는 정책은 동아시아의 근대적 국가관과 깊게 관련되어 있다. 19세기 중엽 이후 서구 제국주의의 확장에 대항해 자국의 독립을 수호하고 근대화를 추진해야 했던 동아시아 삼국에서는, 정도의 차이는 있지만 국가(민족)를 대외적 생존경쟁의 단위로 설정하고 대내적으로는 국민을 최고의 유기체인 국가의 아래에 두는 국가관이 유행했다. 국가가 생존경쟁에서 승리하기 위해서라면 국민의 권리를 제한·희생할 수 있다고 본 것이다.[9]

국가의 일치단결을 위해 국민의 권리보다 국가의 권리를 우선시하려는 국가관 아래서, 가족은 국가의 구성 원리이자 기본적인 구성 단위로서 개인보다 중요성을 갖는 것으로 부각되었다. 천황제를 정점으로 하는 근대 일본의 가족국가관은 그 전형적인 예이다. 일본에서는 1895년 청일전쟁에 승리한 이후 황실은 일본 국민

---

[9] 전복희, 《사회진화론과 국가사상》, 한울아카데미, 1996.

의 총본가(종가)이고 국민은 분가·말가이므로, 국민은 총본가의 가장인 천황을 따르는 것이 당연하다는 국체론이 급속히 확산되었다. 이는 만세일계萬世一系의 천황이 통치해 왔으며 그를 중심으로 국민(민족)이 강력히 단결할 수 있다는 점을 세계 어디에도 비할 바 없는 우월성으로 내세우는 내셔널리즘이 형성되는 과정이었다.[10]

이와 같이 국가를 하나의 커다란 가족으로 보고 국가에 대한 국민의 충성을 강조하는 가족국가관은 개인보다 가족, 다른 가족구성원보다 가장을 중시하는 가족제도의 제정으로 이어졌다. 일본은 서구 열강과의 조약 개정에 대비해 법전을 제정하면서, 당초 프랑스 민법을 모델로 삼아 개인제도를 기초로 한 '구舊 민법'(1890)을 공포했다. 하지만 이 법률은 호즈미 야쓰카穗積八束의 "민법이 나옴으로써 충효가 무너진다"는 유명한 말로 대표되는 강력한 반대에 부딪혀 시행되지 못했다. 호즈미는 일본은 조상을 믿는 나라이자 이에家 제도의 고향으로서, 권력과 법은 이에에서 나온다고 주장했다. 황실이 신하를 대하는 것과 가부장이 가족을 다스리는 것은 같은 근원에서 나오는 권력이므로, 이에 제도를 파괴하는 정신으로 구성된 개인 본위의 민법이 시행된다면 국가를 무너뜨릴 것이라는 주장이었다. 결국 1898년 제정된 민법 친족·상속편은 가족제도와 개인제도를 혼합하되, 가족법 부분은 이에 제도

---

[10] 鈴木正幸, 《皇室制度》, 류교열 역, 《근대 일본의 천황제》, 이산, 1998, 88~93쪽.

를 근간으로 삼았다.[11]

메이지明治 민법은 이처럼 일본이라는 국가가 가족을 토대로 형성된다는 원칙을 분명히 했을 뿐 아니라, 가족의 정의와 가족구성원의 변화를 국가가 결정하고 개입할 수 있게 했다는 점에서도 중요하다. 먼저 민법 제732조는 "호주의 친족으로서 그 이에에 있는 자 및 그 배우자는 그를 가족으로 한다"고 하여, 가족 즉 이에를 혈연과 혼인으로 구성되는 공동체로 정의했다. 이는 동거 여부와는 무관했고, 호적법을 통해 이에의 구성원들을 호주를 필두로 하는 같은 호적에 등록함으로써 가족의 범위를 확인할 수 있게 했다. 또한 혼인과 입양 등은 관청에 신고해야만 성립하게 하고, 그밖에도 다양한 가족관계의 변동 요인과 그로 인한 효과를 세세히 규정했다.

호주에게는 가족과 이에의 재산을 다스릴 수 있는 권한을 부여했는데, 이로써 모든 일본 국민은 하나의 이에에 속하면서 호주를 매개로 국가와 관계를 맺게 되었다. 그리고 메이지 민법은 호주가 사망하거나 호주권을 행사할 수 없게 되었을 때는 호주권을 상속시켜 원칙적으로 이에가 영속될 수 있게 했다. 이는 국가의 구성단위로서 일종의 말단 행정기구 역할을 하던 이에가 필요했다는 실용적인 이유 때문이기도 했지만, 이념적인 측면에서 만세일계라는 천황가의 모델을 확대한 것이기도 했다. 이러한 구도를 통해

---

[11] 鈴木正幸, 류교열 역, 《근대 일본의 천황제》, 70~71쪽; 星野通, 《明治民法編纂史研究》, ダイヤモンド社, 1943, 117~149쪽.

천황을 구심점으로 하는 현재의 개인-가족-국가관계를 과거부터 미래까지 종적으로 연결하여, 가족과 국가의 일체화를 꾀했다. 그에 따라 이에는 "건국 2천여 년의 관념과 밀접한 관계를 가져 확고부동한 지반을 가진 가족제도"이며, "건국 이래 천황과 신민의 관계는 가족적인 성격"을 띠고 있다고 설명되었다.[12] 가족을 자연적인 혈연·혼인공동체로 상정하고, 일본이 건국 이래 그러한 가족관계에 기초해서 이어져 왔다는 비역사적인 이해방식이야말로 맹목적인 애국심을 부추길 수 있는 요소였다.

이와 같은 일본의 가족국가관과 가족제도는 한국에도 영향을 미쳤다. 먼저 국가관을 살펴보면, 대한제국이 일본의 피보호국이 된 1905년 이후 계몽지식인들은 국민의 애국심을 고취하기 위해 작성한 논설들에서 국가와 가족의 관계를 자주 언급했다.[13] 《대한매일신보》의 1908년 7월 31일자 기사 〈국가는 곧 한집 족속이라〉는 둘 사이의 관계를 다음과 같이 설명했다.

시조 단군이 태백산에서 탄생하사 이 나라를 개창하사 후세 자손에게 깨쳐 주시니 삼천리 강토는 곧 그 집 산업이오, 사천년 역사는 곧 그 집 족보며, 역대 제왕은 곧 그 집 종통이오, 지경을 둘러있는 산호는 곧 그

12
　飯島喬平 講述, 《民法要論》, 早稲田大學出版部藏版, 1911, 700~703쪽; 大越愛子, 《近代日本のジェンダー》, 전성곤 역, 《근대 일본의 젠더 이데올로기》, 소명출판, 2009, 174~186쪽; 홍양희, 〈조선총독부의 가족정책 연구〉, 한양대 사학과 박사학위논문, 2004.

13
　전복희, 《사회진화론과 국가사상》, 164~184쪽; 전미경, 〈제1장 근대적 가족은 어떻게 만들어지는가〉, 《근대계몽기 가족론과 국민 생산 프로젝트》, 소명출판, 2005.

집 울타리라. 오직 이 이천만 자손이 여기서 나서 여기서 자라고 여기서 함께 살고 여기서 함께 의지식지하고 여기서 즐기고 싫어함을 함께 하나니 집과 나라가 무엇이 다르리오.

즉, 일본의 가족국가관과 마찬가지로, 국가와 국민의 관계를 가족과 가족구성원의 관계에 비유하는 동시에, 현재의 국민을 국가의 시조인 단군의 후손으로 설명하면서 종적으로도 연결시킨 것이다. 나아가 국가를 부모에 비유하며, 어버이에 대한 효도를 국가에 대한 충성으로 연장시키려고도 했다. 하지만 한편에서 '몸–가족–국가'의 위계적 질서를 상정하고, 몸·가족(=사적 영역)을 위하는 시대에서 국가(=공적 영역)를 위하는 시대로 진보해 갈 것을 주장했다. 가족을 사회의 기본단위이자 국민 생산기관으로 중시하면서도, 가족과 가족주의의 가치는 개개인과 가족구성원이 아니라 국가를 지탱한다는 당위를 충족시킬 때만 인정한다는 것이었다.

일본풍 가족제도인 호주제도도 '민적법'(1909) 이래 식민지 조선에 도입되어 부계·남계 혈통을 중심으로 한 가족 관념을 확산시켰다. 기존의 호적제도에서는 동거하는 사람을 하나의 호적에 등록했기 때문에, 노비나 고용인까지 호주의 호적에 등록되었던 반면 호주의 아들이라도 다른 곳에 거주하면 별도의 호적에 등록되었다. 그러나 민적법에서는 노비, 고용인 등을 부적附籍으로 분리하고, 그 외에 호주와 같은 호적에 등록되는 사람들을 '가족'으로 명명했다. 또한 조선총독부는 '조선민사령'(1912)에서 조선인의 친족·상속에는 관습을 적용하기로 했다. 이를 명목으로 제사상속자(장남)가 호주를 상속하도록 장남이 기존 호적에서 분가하는 것을 금지하고, 1915년경에는 호주와 동성동본이 아닌 남성을 아들 또는 사위로서 호적에 들이는 이성양자異姓養子와 초서招婿 제도를 인정하지 않기로 했다. 이로써 조선의 가家는 일본의 이에家와 달리 부계 혈통 종족宗族의 분파가 되었다. 조선총독부는 조선의 양반층을 의식해 제도를 이처럼 변형했지만, 법령과 제도를 통해 혈연과 혼인을 기초로 하는 가족 관념이 확산되었고 부계·남계 혈통의 제사 상속을 통해 호주상속제도가 정착되면서 조선의 가도 영속되었다. 아울러 혼인, 이혼, 입양, 파양 등 사실 발생 10일 이내에 신고하게 했던 가족 변동 요인들도 1923년부터는 행정관청에 신고해야 성립하게 하는 등, 국가의 개입도 강화되었다.[14]

이처럼 근대 일본과 식민지 조선에서는 기본적으로 개인보다는 가족을, 가족보다는 국가를 우선시하는 동시에, 가족을 국가의 구성원리 겸 기본단위로 중시하는 가족국가관이 형성되었다. 하지만 그렇다고 개인이 완전히 무시된 것은 아니었다. 근대 일본의 헌법사상은 '천황=국체=국가'라는 절대가치를 공유하면서도 서로 다른 두 개의 축을 중심으로 전개되었는데, 호즈미 야쓰카로 대표되는 군권주의 학파가 일본적 가치에 저촉되는 서양의 헌법사상 일체를 배척했다면, 미노베 다쓰키치美濃部達吉로 대표되는 입헌주

[14] 이정선, 〈한국 근대 '호적제도'의 변천〉, 《한국사론》 55, 서울대 국사학과, 2009; 이정선, 〈식민지 조선·대만에서의 '家制度'의 정착 과정〉, 《한국문화》 55, 2011.

의 학파는 일본 헌법의 입헌주의적 부분을 최대한 확대해석했다.[15] 또한 민법 친족·상속편의 기초자들은 가족제도가 당시 일본에 존재함을 인정하여 법률에 규정했을 뿐, 이에에 절대적 가치를 부여하지는 않았다. 우메 겐지로梅謙次郎는 호주제를 "사회의 진보와 동시에 점차 소멸해야 할 사항"이라고 보았고,[16] 호즈미 노부시게穗積陳重 역시 사회가 진화할수록 사회조직은 씨족→이에→개인으로 분화되고, 상속의 중심도 제주권祭主權→호주권→재산권으로 바뀐다는 진화설을 주장했다.[17] 가족이 국가의 토대가 된 과도기적 사회에서 개인을 중심으로 한 사회로의 진화를 예상한 것이다.

이러한 사회진화론의 서구 중심성을 비판할 수도 있겠지만, 실제로 일본에서는 이미 1910년대 이전에 가족제도의 쇠퇴를 우려하는 소리가 빈번히 들려왔다. 러일전쟁 이후 국가의 이익과 국민의 복리가 일치하지 않음을 깨달은 국민들 사이에서 개인주의적인 사고방식이 폭발했고, 학자나 여성들의 가족제도 비판도 거세졌기 때문이었다. 가족 위주의 사회라 할지라도 가족 밖의 개인, 혹은 다른 가족과 이해관계가 충돌하는 구성원은 항상 존재하기 마련이었다. 그러자 일본 정부는 국민에 대한 윤리교육을 강화하는 한편, 1919년 8월에는 임시법제심의회를 설치해 이에라는 관

---

[15] 김창록, 〈일본에서의 서양 헌법사상의 수용에 관한 연구〉, 서울대학교 법학과 박사학위논문, 1994.
[16] 梅謙次郎, 《初版 民法要義: 卷之四 親族編》, 和佛法律学校, 1899, 13쪽.
[17] 권철, 〈日本 明治民法 相續編의 家督相續과 遺産相續〉, 《성균관법학》 21–2, 2009, 83~86쪽.

념상의 조직을 실질적 단체로서 견고히 할 수 있도록 현행 민법 중 "우리나라 고래의 순풍미속淳風美俗에 부합하지 않는 점"을 개정할 방안을 모색하게 했다.[18]

하지만 1920년대까지도 개인주의의 가치는 부정되지 않았다. 1927년에 조선총독부 법무국장이었던 마쓰데라 다케오松寺竹雄는 조선인의 사회생활 상태가 향상되고 권리사상이 발달함에 따라 가족의 신분 변동도 빈번해졌다고 보았다. 남편에 대한 처의 이혼 청구, 사생자 인지, 파양 등의 현상을 보면, 조선인들이 구래의 인습에서 벗어나 현대의 자유로운 개인주의적 사상을 포섭했고 개인의 권리사상이나 법적 관념도 현저히 발달했음을 알 수 있다고 평가한 것이다.[19]

또한 호즈미 노부시게의 아들이기도 했던 도쿄제대 교수 호즈미 시게토穗積重遠는 1929년에 일본의 가족제도가 약해져 가는 현상을 우려하는 사람도 있고 당연하다고 생각하는 사람도 있다고 지적한 후, 앞으로 정말로 좋은 가족제도를 세워 가려면 가족제도와 개인주의·개인제도의 관계를 재정립해야 한다고 주장했다. "일가의 사람들이 서로 자기의 인격을 충분히 인식하고, 동시에 또 일가에 속한 다른 사람들의 인격을 충분히 인정하는 것에서 비로소 진정한 가족생활이 생기므로 그러한 방향으로 나아가야 한

---

18 磯野誠一, 〈民法改正(法體制再編期)〉, 《講座 日本近代法發達史》 2, 勁草書房, 1979.
19 松寺竹雄, 〈朝鮮の慣習觀〉, 《朝鮮》 140, 1927.

다"고 한 것이다.[20] 가족제도와 개인제도는 양립 불가능한 것이 아니며 개인주의를 통해 실제 가족공동체가 더 견고해진다는 주장이었다.

─가족국가관의 절대화와 가족보호 정책의 도입

가족과 개인의 공존은 근대사상이 '질식' 과정을 겪었다고 이야기되는 만주사변(1931) 이후의 이른바 '15년 전쟁기'에 소멸되었다. 경기침체가 계속되는 가운데 전쟁에 돌입하면서, 국가주의가 강화된 것이다. 만세일계·신성불가침의 천황이 주권자로서 일본을 통치한다는 '만방무비萬邦無比'의 국체를 명확히 하자는 운동이 일어났고, 결정적으로 천황기관설사건(1935)과 2·26사건(1936) 이후 일본 군부가 정치의 실세로 등장하며 영미식 자유주의와 개인주의는 배격 대상이 되었다.[21] 또한 일본은 국체 관념을 널리 선전하고 그에 어긋나는 언설을 단속하기로 결정했다. 이로써 그때까지 정설이었던 입헌주의 학파의 헌법 해석을 금지하는 한편, 문부성은《국체의 본의》(1937)를 발행하여 다음과 같이 충효일체의 가족국가관을 선전했다.

---

[20] 穗積重遠,〈家族制度の発達と個人主義〉,《朝鮮及滿洲》265, 1929. 호즈미 시게토는 후술할 '인사조정법'(1939)과 관련된 가사심판소에 관한 법안이 1927년 10월 가결되는 과정에서, '가사심판소법 조사사항'을 정리한 소위원회 3인 중 1인이기도 하다.

[21] 김창록,〈일본에서의 서양 헌법사상의 수용에 관한 연구〉, 121~132쪽; 家永三郎 編,《近代日本思想史講座》, 연구공간 '수유+너머' 일본근대사상팀 옮김,〈근대사상의 질식 과정〉,《근대 일본 사상사》, 소명출판, 2006.

천황과 신민의 관계를 단지 지배 복종, 권리 의무와 같은 상대적 관계로 해석하는 사상은 개인주의적 사고에 입각해 모든 것을 대등한 인격 관계로 보는 합리주의적 사고방식이다. 개인은 그 발생의 근본인 국가, 역사에 이어지는 존재로서 본래 그것과 일체를 이룬다.……우리나라의 효는 인륜 자연의 관계를 더욱 고양시키며 국체에 잘 합치한다는 점에 진정한 특색이 있다. 우리나라는 하나의 대가족 국가로서, 황실은 신민의 종가이며 국가생활의 중심이다. 신민은 조상을 경모敬慕하는 정으로써 종가인 황실을 숭경崇敬하고, 천황은 신민을 자식처럼 사랑하는 것이다.……국國은 즉 이에家를 의미한다. 우리의 조상은 역대 천황의 천업회홍天業恢弘을 익찬翼贊했으므로, 우리가 천황에 충절을 다하는 것은 곧 조상의 유풍을 드러내는 것이며, 이는 마침내 부조父祖에게 효도하는 것이다. 우리나라에는 충을 벗어난 효는 존재하지 않고, 효는 충을 근본으로 삼는다.[22]

자유주의·개인주의를 배격하고 가족주의를 강조하는 국가관은 인구정책의 측면에서도 강화되었다. 과잉 인구의 처리 방법에 골몰하던 일본의 인구정책은 전쟁이 장기화되며 노동력·병력으로 활용할 수 있는 인적 자원이 부족해지자 양질의 인구를 증식하는 것을 목표로 삼았다. 이를 위해 1938년 신설된 후생성은 〈그림 1〉과 같이 국민들의 위기의식을 부추기면서, 국가의 인구정책에 동참할 것을 촉구했다. 도판들은 일본의 출산율이 인접한 인도, 소련, 중국

---

[22] 文部省, 《国体の本義》, 1937, 35쪽, 46~47쪽.

보다 낮아서 국운을 신장하기 어렵고, 건전자보다 불건전자의 출산율이 더 높아서 그대로 방치하면 머지않아 불건전자의 수가 압도적으로 증가해 국민의 소질이 저하될 것이라는 내용이다.

〈그림 1〉 일본인의 저출산과 소질 저하를 경고하는 후생성의 도판(1941).

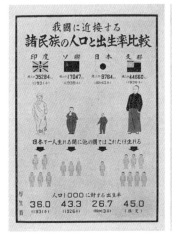 

출전: 厚生省 豫防局,《國民優生圖解》, 國民優生聯盟, 1941, 19쪽, 23쪽.

일본 정부가 일본인의 인구 증식을 목표로 결정한 '인구정책확립요강'(1941)에서도 출생 증가, 사망 감소, 자질의 증강을 달성하기 위해서는 특히 일본인의 자각이 필요함을 강조했다. "개인주의 사상을 배척하고, 민족 본위, 이에 본위의 생각을 확립하는 것"이야말로 민족 증가의 근본방책이라는 판단이었다.[23] 이는 자유주의

---

[23] 美濃口時次,〈人口政策確立要綱に就て〉,《人口政策と国土計画》, 人口問題研究所, 1942, 8쪽.

적·개인주의적 사상의 유입으로 산아제한(피임)이 증가하고 만혼 경향이 확산된 것을 일본의 출산율이 감소하게 된 2대 원인으로 보았기 때문이었다. 특히 상층 지식계급의 산아제한 풍조가 문화 민족을 멸망하게 할 것이었다. 따라서 "민족 생명의 확보"를 위해 개인주의를 청산하고 가족제도를 옹호해야 한다고 주장했다.[24] 이러한 사고방식에서 가족주의에 대비되는 개인주의, 자유주의는 '이기주의'에 다름 아니었다.

몇몇 실질적인 가족보호 정책이 이와 같은 분위기 속에서 도입되었다. 우선, 일본의 '인사조정법'과 그를 토대로 한 식민지 조선의 '조선인사조정령'과 같이 가정 분쟁을 조정하기 위한 법령이 제정되었다. 이들 법령은 "도의道義를 기초로 하야 온정으로써 사건을 해결하는 데 근본정신"을 두었다.[25] 이념적 측면에서 인륜도덕을 강조하며 가족국가 이데올로기를 뒷받침한 것이다. 조선인사조정령은 1939년 8월 10일 시행되었다. 신문들은 조선이 원래 가족제도를 기본으로 하는 만큼, 가정에 관한 분쟁은 개인주의적 권리 의무보다 동양의 고유 미덕인 윤리와 겸양의 정신하에서 해결해 가정생활의 원활을 기하려는 법령이라고 설명했다.

하지만 인사조정법령이 이 시기에 도입된 이유는 그를 통해 "비상시국에 제회하야 골육상쟁의 참극을 공정 원만히 해결하야 총후 가정의 생활에 안정을 도모"하고 "총친화의 실적"을 거두기 위

---

[24] 古屋芳雄, 〈民族国策の諸問題(一)〉, 《優生学》 189, 1939.
[25] 《동아일보》 1939년 1월 30일자 〈가정분쟁을 완화하고저 인사조정법성안〉.

해서였다.[26] "일단 감정이 폭발되어 뒷수습을 잘 하지 못하면 세상에 제일 무서운 원수가 부부 사이"이므로,[27] 사회 안정을 위해 가족구성원 사이에 생긴 이해관계의 충돌을 무마하고, 또 재판과는 달리 조정 과정을 비공개함으로써 가족 갈등을 드러내지 않으려는 심산이었다.[28]

다음으로 가족수당제도가 시행되었다. 가족수당은 프랑스를 시작으로 1930년대부터 1950년대까지 유럽에 급속히 확산되어 서구 복지국가의 가족지원 체계에서 중심을 차지했다. 유럽의 가족수당제도는 아동의 빈곤과 양육문제를 국가가 분담한다는 취지로 도입되어, 일차적 양육자로서 어머니를 수급자로 규정하는 경우가 많았다.[29] 일본 중앙사회사업협회 사회사업연구소 역시 "모자부조제도를 법제화하고자 하는 여론"이 일어나자, 1936년에 참고자료로 구미 각국의 선례를 조사한 책사를 간행했다.[30] 다만 사회사업연구소는 각국의 사례를 모성연금, 가족수당제도, 모성부조사업으로 분류했다. 모성연금은 과부연금에서 시작된 것에서 알 수 있듯이, 주로 남편이 없고 부양자녀가 있는 모자가정의 빈곤, 가족의 이산, 요구호 아동의 수용 구호 방지를 목적으로 지급되었다. 그에 비해 가족의 수에 따라 일정 금액을 지급해 노동자의 임

---

[26] 《동아일보》 1939년 7월 8일자 〈家庭紛爭은 家庭的으로 解決하라〉.

[27] 《동아일보》 1939년 1월 30일자 〈가정분쟁을 완화하고저 인사조정법성안〉.

[28] 《동아일보》 1939년 9월 7일자 〈骨肉의 싸움調停은 法廷골방에서 解決〉.

[29] 김수정, 〈복지국가 가족지원체계의 구조변화에 관한 일연구〉, 서울대학교 사회학과 박사학위논문, 2002, 32~71쪽.

[30] 中央社會事業協會 社會事業研究所, 《母性年金及び家族手當制度に關する調査》, 杉田屋印刷所, 1936.

금을 보조하는 가족수당제도는 1차 세계대전 직후의 경제 침체기에 노동자 가족의 궁핍을 방지하기 위해 일시 도입된 것이어서, 경기가 회복됨에 따라 거의 중단되었다. 그런데 프랑스, 벨기에 등에서 가족수당과 그와 관련된 복지사업이 출산율의 증가, 유아 사망률의 감소, 아동의 일반적 복지 증진에 대체로 긍정적인 효과를 가져왔다는 결과가 보고되었다.

이 시기 일본 본토와 조선에 도입된 가족수당제도는 정확히 이러한 효과를 의식한 것이었다. 일본에서는 1940년 2월부터 14세 미만의 부양가족이 있는 월수입 70엔 이하의 노동자에게 임시수당을 지급하기 시작했고,[31] 조선에서도 마찬가지였다.[32] 이는 전시 인플레로 물가가 상승하는 반면 임금 인상은 정지되어서 생계를 위협받는 하급 임노동자 가족을 구제하기 위한 생활안정책이었다.[33] 하지만 동시에 "전시하 인구정책의 신방향과 가장 밀접한 관련을 가졌다는 점에서 일층 중대한 시대성"을 지닌 정책이기도 했다. 인적 자원을 함양하고 생산력을 확충 유지하기 위해서는 노동력을 배양하고 차세대 노동력을 공급하는 원천인 가족의 건전한 유지 발전이 필수불가결한데, 가족수당제는 가족의 형태에 따라 '보충적 임금'을 지급하는 것인 만큼 자혜적이며 보호적인 측면 이외 인구증식 정책과 밀접히 관련된 측면이 있다는 것이었다.[34] 〈인구정

---

[31] 《동아일보》 1940년 2월 17일자 〈手當보다도 必要實物給與〉.
[32] 〈彙報〉 勞動者家族手當の支給實施決定〉, 《朝鮮》 299, 1940.
[33] 《동아일보》 1940년 1월 23일자 〈停止된 賃金에 解放令?〉.
[34] 《동아일보》 1940년 2월 24일자 〈家族手當實施의 意義〉.

책확립요강〉에서도 가족수당제도의 확립을 인구증가 방책의 하나로 꼽았고,[35] 아울러 10인 이상의 우량 다자녀 가족을 표창하던 것에서 한걸음 더 나아가 1941년부터는 다자녀 가정의 부담을 낮춰주기 위해서 다자녀 가정 자녀의 교육을 장려하기로 결정했다.[36]

그러나 모든 가족이 '보호'의 대상이 된 것은 아니었다. 일본은 1940년 5월 '국민우생법'을 제정했는데, 이는 건전한 소질을 갖는 자를 증가시키기 위해 임신중절을 불법화하는 한편, 악질 유전성 질환의 소질을 갖는 자의 증가를 막기 위해 단종시술을 합법화하는 법이었다.[37] 양질의 인구를 증식하겠다는 국가의 의도에 따라 출산의 강제와 금지가 선택적으로 이루어졌고, 보호받지 못하는 가족도 보호받는 가족도 피임, 임신중절, 출산에 대한 통제권을 박탈당했다.

또한 조선인 지식층 중에도 강제 단종시술에 지속적으로 관심을 보인 이들이 있었고 국민우생법이 조선에도 그대로 혹은 조선 사정을 참작해서 실시될 수 있다고 예측하기도 했지만,[38] 일본은 이 법을 조선에 시행하지 않았다. 관련해서 일본 정부가 같은 국민이라면서도 조선인 인구는 증식시킬 의도가 없었다는 점이 흥미롭다. 당시 내무성은 조선인의 동화를 촉진하려면 조선 민족을 자극해 도리어 동화를 곤란하게 하지 않는 선에서 인구의 증가를

---

[35] 美濃口時次, 〈人口政策確立要綱に就て〉, 8쪽.

[36] 中村敬之進, 〈人口政策の実施対策に就て〉, 《人口政策と国土計画》, 人口問題研究所, 1942, 10쪽.

[37] 藤野豊, 《日本ファシズムと優生思想》, かもがわ出版, 1998, 262~342쪽.

[38] 《동아일보》 1939년 3월 25일자 〈중의원을 통과한 단종법이란 어떤 것〉.

억제하고 초과 인구는 조선 밖으로 이주시킬 것을 제안했다.[39] 실제로 조선총독부는 1939년 내무국 사회과에 "모성 및 아동의 보호에 관한 사항"을 담당하게 한 이래, 1941년에는 후생국 보건과로 "모성 및 유유아乳幼兒의 보건에 관한 사항"을 이관했지만,[40] 1942년에는 후생국을 폐지하고 다른 담당 관서를 지정하지 않았다. 일본인의 질적·양적 발전이 국가적 과제가 된 시기에, 조선인 인구의 증가는 필요하지 않거나 오히려 억제해야 할 것으로 간주된 것이다. 식민 지배라는 상황에서, 이 역시 국가가 보호할 만한 가족의 범위를 선택한 사례의 하나라 할 수 있다.

결국 일본이 전시체제기에 도입한 가족보호 정책은 명백히 국가를 위해서 가족을 동원한 것이었다. 그런데 공적 영역의 압도적인 확대로 인해 가족(사적 영역)과 국가(공적 영역)의 구별이 사실상 무의미해졌다. 그리고 이러한 상황은 역설적으로 일단 보호될 만한 가족으로 인정받을 수 있는 가족이기만 하다면, 공공의 이익을 위해서라는 명분을 앞세워 가족의 필요를 국가에 요구할 수 있는 근거가 되었다.[41] 인사조정법령의 경우, 개인 간의 사적인 문제로 방치되었던 가족 갈등이 국가·사회가 관여해 해결할 수 있는 사항으로 전환되었다고 해석할 수 있는 것이다. 《동아일보》도 인사

<hr>

39 《本邦內政關係雜纂·植民地關係·第2卷》(일본 외교사료관, A.5.0.0.1) 〈6. 朝鮮人ノ現在ノ動向ニ就テ〉
40 《朝鮮總督府官報》1939년 2월 6일자 〈訓令 第7號 朝鮮總督府事務分掌規定 改正〉;《朝鮮總督府官報》1941년 11월 19일자 〈訓令 第103號 朝鮮總督府事務分掌規定 改正〉.
41 식민지 조선에서 식민 당국이 제기한 지배적 공공성 담론을 조선인이 자기 것으로 전유하려 한 시도들에 대해서는, 윤해동·황병주 엮음, 《식민지 공공성, 실체와 은유의 거리》, 책과함께, 2010을 참조.

조정령을 소개하면서 '인사'는 가정에 관한 쟁의 일반을 가리키는 말이므로, 이혼, 사생아, 정조유린, 혼인예약 불이행, 첩문제 등등 법령을 적용할 수 있는 범위가 한없이 넓다고 설명했다. 인사조정령을 통해 기존의 재판소보다는 적은 비용으로, 경찰서 인사상담소보다는 법률적이고 공정한 판단을 받을 수 있다는 점에 기대를 건 것이다.[42]

가족수당에 대해서는 부양가족의 범위를 넓히고 지급액을 올리라고 주장했다. 《동아일보》는 먼저 당국에 기업이 가족수당제를 제대로 실행하는지 여부를 철저히 감독할 것을 당부했다.[43] 그리고 월 70원 이하의 "말 못할 박봉"에 부양가족까지 있는 회사원의 생활 유지를 돕겠다는 취지는 좋지만, 부양가족 1인당 2원 정도의 수당은 과자 값에 불과하고 어린이의 양육비를 보조하면서 노가족의 부양비를 포함하지 않은 것은 내용이 너무 빈약한 것이라고 비판했다.[44] 이에 조선총독부는 70원, 2원이라는 제한을 지방관의 재량으로 완화해 증급할 수 있도록 했는데,[45] 그러자 가능한 한 최고액을 지급하게 할 것을 요구하며 공사公私 기관들에게 "공동 생존의 의무"를 실행하라고 촉구했다.[46] 이후 1940년 10월부터 시행된 하급공무원 임시가족수당제도에서는 실제로 월수입 150원 이하인

---

[42] 《동아일보》 1939년 7월 11일자 〈새로 실시될 인사조정령(上)〉.
[43] 《동아일보》 1940년 2월 24일자 〈家族手當實施의 意義〉.
[44] 《동아일보》 1940년 3월 22일자 〈橫說竪說〉.
[45] 《동아일보》 1940년 6월 25일자 〈生計困窮한 勞務者에 家族手當을 增給하라〉.
[46] 《동아일보》 1940년 6월 26일자 〈家族手當의 增給〉.

자로 대상을 확대하고, 본인과 동일 호적에 있는 배우자, 만 60세 이상의 부모, 만 18세 미만의 자녀, 장애인不具癈疾者까지 부양가족에 포함시켰다.[47] 국가가 '국가의 가족'을 위해 도입한 가족보호 정책들이었지만, 제도가 마련된 이상 가족이 활용하기에 따라서는 '가족의 국가'를 위한 정책으로 전환될 여지는 상존했던 것이다.

가족보호 정책의 이중성: '조선인사조정령'을 중심으로

—인사조정법령의 구상

가족보호 정책이 '가족의 국가'를 위한 정책으로 전환될 수 있는 가능성 여부를 확인하기 위해서, 조선인사조정령의 사례를 좀 더 구체적으로 살펴보자. 일본에서 가정 분쟁을 도의와 온정으로 해결하자는 발상은 이미 1920년대 임시법제심의회의 논의에서 폭넓은 공감을 얻었다. 임시법제심의회는 1927년 '민법 친족편 상속편 개정 요강'을 완성했다. 이때 주요 가족제도 개정 방침으로, 분가의 용이화를 통한 민법상의 이에와 실제 생활가족의 일치, 호주권 또는 부모의 권리 강화, 장남 단독상속제도 또는 처의 무능력 규정 완화를 통한 가족구성원의 권리 신장을 든 동시에, 가족 간의 분쟁 등을 처리하기 위해 가사심판소를 설치할 것을 제안했다. 심

---

[47] 《동아일보》 1940년 8월 10일자 〈下級官吏 待遇改善案 決定〉; 市丸个, 《臨時家族手當詳解》, 會計法規研究會, 1940.

의회를 설치하게 된 동기와 달리, 약화되어 가는 구래의 가족제도를 다시 강화하는 것이 아니라 표면적으로는 '반동적' 언사를 구가하면서도 실질적으로는 메이지 민법보다 '진전'된 요소들을 포함해서 가족제도를 변형시키는 길을 택한 것이다.[48] 바꿔 말하면, 호즈미 시게토의 주장처럼 이에 제도를 강화하기 위해 가족제도와 개인제도를 동시에 강화하려는 구상이었다.[49]

그러나 이는 메이지 민법의 이에 제도 전반을 수정해야 하는 작업이었으므로 쉽게 이루어질 수 없었다. 가사심판소법안도 1927년 10월에 가결정되었지만, 1939년 3월 17일에야 법률 제11호로 일본 '인사조정법'이 제정되었다. 제국의회가 가사심판제도의 입법화를 기다리지 못하고 서둘러 동일한 취지의 인사조정법을 제정한 이유는, "사변事變에 따른 총후의 가정 친화·강화책을 마련"하는 것이 초미의 급무가 되었기 때문이었다. 전쟁에서 사망한 장병의 유족들 사이에 연금이나 부조료를 둘러싼 다툼이 빈번히 벌어졌던 것이다. 혼인 신고를 하지 않은 사실혼 상태에서 남편이 전사한 경우, 아내가 아니라 남편의 아버지(호주)가 유족 연금과 부조료를 수령하고서 며느리를 부양하지 않거나, 유복자로 태어난 자녀들이 혼외자녀로 취급될 수밖에 없는 것 등이 전형적인 사례였다.

일본 정부는 제국의회에서 인사조정법의 제정 취지를 설명하기 위해 이들 사례를 언급했던 것으로 추정되는데, 해당 부분은 속기

---

48 磯野子誠一, 〈民法改正(法體制再編期)〉, 275~283쪽.
49 養輪明子, 〈1920年代의「家」制度改正論〉, 《一橋社會科學》 5, 2008.

를 중단했을 정도로 출정 군인 가정에서 갈등이 생기는 것과 그것이 일반에 알려지는 것을 극도로 꺼렸다.[50] 하지만 조선총독부 법무국장도 출정자를 둘러싸고 인사의 우환이 생기면 제거해서 뒷날에 대한 걱정을 없애고, 유족 간의 다툼이 생기면 공정 원만히 해결해서 호국 영령의 명복을 비는 것이 총후의 가정생활을 안정 강화하고 총친화의 성과를 거두기 위한 급무라고 설명했다.[51] 국가가 가족구성원의 갈등을 원만히 해결하는 데 관여해서, 병사들은 전선에서 마음 놓고 싸우고 다른 구성원들은 총후의 가정에서 총친화·총협력 태도로 전쟁을 완수한다는 구상이었다.

이에 인사조정법은 "가족·친족 간의 분쟁, 기타 가정 일반에 관한 사건"에 대해서 당사자가 인사조정법에 의거해 조정을 신청申立하거나(제1조), 소송 중인 사건이라도 관할 재판소가 직권으로 조정에 부칠 수 있게 하고(제8조), 재판과 달리 조정 과정은 비공개로 처리하도록 했다. 그런데 '가족', '친족'과 달리, '가정'은 메이지 민법이나 다른 법률에 정의된 법률상의 용어가 아니었다. 제국의회에서는 그에 대해서 내연관계를 포함한 '실제의 가정'을 뜻한다고 설명했다. 사람이 혈족관계를 중심으로 영위하는 집단적 생활을 '가정'이라고 하고, 그로부터 파생되었거나 그에 관련된 문제를 '가정사건'이라고 한 것이다. 이를 '가사'로 표현하지 않은 이유는 가정에서 고용하는 하인·하녀문제도 포함한다고 오해될 소지가 있기

50　佐野福藏, 《人事調停法講話》, 松山房, 1939, 54~60쪽.
51　宮本 法務局長 談, 〈朝鮮人事調停令の制定に就て〉, 《朝鮮社會事業》17-8, 1939, 13쪽.

때문이었다. 또한 '가족·친족 간의 분쟁'이라도 가정적 성질을 갖지 않는 사건은 당사자가 조정을 신청했더라도 각하하도록 했다. 인사조정법은 사실혼 관계의 처와 자녀를 구제하려 했던 만큼, 기존 가족법의 개념에 구애받지 않고 가급적 넓은 범위를 포괄하기 위해서 비법률적인 '가정'이라는 용어를 선택하고, 가족법에 규정된 관계를 포함한 '가정 사건' 일반을 다루기로 한 것이다.[52]

또한 인사조정법은 가정사건을 역시 법률이 아니라 '도의'에 기초하고 '온정'으로 해결하겠다는 취지를 밝혔다(제2조). 기존 법률의 근저에는 개인주의·유물 만능의 사고방식이 복류伏流하고 있어서, 극단적인 경우 인정에 반해 법령에 따라야 할 때도 있다는 비판이었다. 특히 가정사건에서 법률의 적용은 더욱 문제적이었다. 가정은 "국가의 가장 작은 단위, 세포"이므로, 개인은 가정의 한 구성원으로 출발하지 않으면 "훌륭한 국민", "좋은 국민"이 될 수 없다. 부부 중심인 서구의 가족제도와 달리 부모 자녀 중심인 일본의 가족제도는 부모에서 자녀에게로 가정의 생활을 대대로 계승함으로써 문화와 국민성을 배양하고, 이러한 연계 위에서 부모 자녀, 부부, 형제 간의 사랑이 싹튼다는 점에서 일본 국민의 우수성을 찾았다.[53] 따라서 법률상의 권리 의무를 다투는 재판 소송보다, 당사자가 타협하여 법률상 권리가 있어도 반드시 관철시키지 않고 법률상 당연한 의무가 아니어도 책임지는 방식으로 원만

---

[52] 佐野福藏, 《人事調停法講話》, 103~112쪽, 120~121쪽.
[53] 佐野福藏, 《人事調停法講話》, 5~8쪽, 33~38쪽.

하게 분쟁을 해결하는 조정이 가정사건을 해결하는 방식으로서는 더 적절하다고 본 것이다.

같은 맥락에서 당사자는 반드시 법률상의 권리가 아니어도 조정을 신청할 수 있고, 신청서에서도 법률적 주장을 이론적으로 구성하기보다 분쟁 상황을 자세히 설명하기만 하면 되었다.[54] '도의'와 '온정'이라는 도덕적인 용어는 그야말로 인사 조정 고유의 정신을 대변하는 것이었다. 또한 재판소가 '순풍淳風'에 부합하지 않는 조정 신청은 각하할 수 있다고 했을 때(제5조), '순풍' 역시 기존에 사용되던 번역어 '공서양속公序良俗'을 일본적 표현인 '순풍미속淳風美俗'으로 대체한 것이었다.[55] 서구의 개인주의, 권리 의무 관념에 기초한 법률이 아니라 서로 사랑하며 도의와 인정이 넘치는 일본 고유의 가족주의 정신에 호소해서 가정 내 갈등을 해결하겠다는 입장이었다.

따라서 조정 과정에서는 당사자 상호 간의 양보와 타협이 중시되었다. 당사자들끼리 "무릎을 맞대고 서로의 심정을 털어놓으며" 이야기할 수 있도록 당사자와 이해관계자 본인이 출두하게 하고 (제6조),[56] 아직 마음에 앙금이 남아 있을 당사자들이 보다 쉽게 화해할 수 있도록 재판소 또는 3인 이상으로 구성된 조정위원회가 중재하게 했다. 조정위원회는 판사 1인이 조정주임을 맡고, "덕망

---

[54] 佐野福藏, 《人事調停法講話》, 77~88쪽, 153~154쪽.
[55] 佐野福藏, 《人事調停法講話》, 67~73쪽, 178~183쪽.
[56] 佐野福藏, 《人事調停法講話》, 88~90쪽.

있는 자, 기타 적당하다고 인정되는 자"로서 지방재판소장이 매년 미리 선임한 자 또는 "당사자의 합의로 선정된 자" 가운데 2인 이상을 조정주임이 지정해서 구성했다(제9조). '덕망'이 있는 사람이란 지위와 재산이 있으면서 도의와 온정으로 타인을 지도할 만한 훌륭한 사람을 말하며, 권리 의무, 민법에 근거해서 주장하는 사람이어서는 안 되었다. 법률적인 판단이 아니라, "민중적인 재판관"으로서 친절과 호의를 바탕으로 자신의 경험과 상식, 지혜를 총동원해서 분쟁을 원만히 해결할 것이 기대되었기 때문이다. 사실 인사조정법에 따라 이루어진 조정의 결과는 원칙적으로 재판상의 화해와 동일한 효력을 가졌지만(제7조), 조정 과정 자체에는 강제성이 없었다. 그러므로 "당사자가 진심으로 열복悅服하는 조정"을 목표로 하는 인사조정제도는 위원의 인선에 사활이 달렸다고 해도 과언이 아니었다. 동시에 여성이 제기하는 가정사건이 많은 만큼 여성을 조정위원에 임명할 필요가 있음도 인정했다.[57]

요컨대 인사조정법은 가정 갈등을 법률에 기초한 권리 의무의 다툼이 아니라 도의와 온정에 기초한 상호 간의 양보와 타협으로 해결하겠다는 법률이었다. 이러한 점에서 기존의 법률과는 완전히 취지를 달리하는 새로운 제도였고, 제도의 가장 중요한 목적은 "해결 후의 융화融和"였다. 당사자 간에 승패가 엇갈리는 소송은 아무리해도 불쾌한 감정을 남기기 마련이다. 하지만 조정은 당사자들을 싸우게 하는 것이 아니라, 서로 충분히 이해하고 납득할

---

[57] 佐野福藏, 《人事調停法講話》, 240~252쪽.

수 있는 선에서 공정 타당하게 사건이 정리되도록 당사자들이 자발적으로 양보, 타협하게 하는 것이므로 원망이 남지 않는다는 것이었다. 나아가 "비 온 후에 땅이 굳어진다"는 속담처럼, 불쾌한 분쟁을 일으킨 당사자 가정의 관계가 조정을 통해서 나중에는 오히려 다른 사람들보다 친밀한 교정交情을 회복하고 상부상조하며 인정미를 발휘할 수 있게 되리라고 기대했다. 타협을 통한 빠른 분쟁 해결이야말로 국민들이 명랑한 기분으로 생활하기 위한 '전화위복'의 방법이었다.[58]

이러한 인사조정법의 취지와 운영방식은 '조선인사조정령'에도 거의 그대로 적용되었다. 특히 조선에서는 매년 약 4,000건에 달할 정도로 "골육 간의 가정 쟁의"가 많았으므로, 조선총독부는 도의와 온정으로 해결해야 하지만 종래 민사재판으로 해결해 온 이들 사건을 "호양互讓으로써 윤리상도에 적절한 관습에 의해 처리 해결"해야 한다며 가사조정령을 기초했다.[59] 상속을 둘러싸고 적서嫡庶 간에 격심한 분쟁을 일으키는 등 가정관계가 복잡하지만, 친족·상속법령이 성문화되지 못한 채 고등법원 판례에 준거해 분쟁을 해결하고 있는 상황인 만큼, 조선의 인사조정 법령은 12개조로 구성된 일본 인사조정법과 달리 30개조 이상이 될 것이라고도 예상되었다.[60]

---

[58] 佐野福藏, 《人事調停法講話》, 98~102쪽.
[59] 《동아일보》 1938년 12월 11일자 〈法廷서 骨肉相爭 말고 倫理常道 解決하라〉 總督府 家事調停令制定〉.
[60] 《동아일보》 1939년 3월 14일자 〈待望의 三調停令案 遂完成〉; 《동아일보》 1939년 4월 28일자 〈家族的 紛爭解決코저 專門判事 六名配置〉.

실제로 1939년 7월 8일 제령 제8호로 제정된 '조선인사조정령'은 38개조로 구성되었는데,[61] 조선총독부는 이 법령이 조선에서 조선인과 일본인 모두에게 적용되며, 대체로 인사조정법과 유사하지만 조선의 특수 사정에 비추어 독특한 규정도 두었다고 설명했다.[62] 하지만 추가된 조항들은 인사조정법 제8조에서 '차지차가조정법借地借家調停法'을 준용하겠다고 나열한 차지차가조정법의 조항들을 조선인사조정령의 개별 조항으로 규정한 것이 대부분이다. 다만 조정에 실패해 소송으로 이어질 경우, 조정 과정에서의 진술이 민사재판에 증거로 채택되지 않게 한 제32조를 추가한 것이 특이하다. 조정 결렬과 소송 가능성을 유념하면서도, 그렇기 때문에 더 당사자들이 안심하고 조정에 임하게 하려 한 의도를 엿볼 수 있다.

─조선인사조정령의 이중성과 한계

인사조정법령은 전술한 것처럼 '국가의 가족' 차원에서 도입되었지만, 가족 구성원 간의 갈등을 개인 간의 민사소송보다는 국가·사회의 중재로 원만히 해결해 가정을 유지·강화하려 한 점에서 지위가 낮거나 법률로 보호받지 못하는 가정 구성원이 기댈 수 있는 제도이기도 했다.

---

[61] 《조선총독부관보》 1939년 7월 8일자 〈제령 제8호 조선인사조정령〉. 부칙에 의거하여, 조선인사조정령의 시행기일은 조선총독부령 제120호를 통해 1939년 8월 10일로 공포되었다(《조선총독부관보》 1939년 8월 2일자).

[62] 宮本 法務局長 談, 〈朝鮮人事調停令の制定に就て〉, 14쪽.

그렇다면 조선에서 조선인사조정령은 어떻게 적용되었는가. 1939년 8월 10일의 법령 시행에 대비하여, 경성지방법원은 먼저 "무엇보다도 주요한 조정위원"을 내정하고 당국의 인가를 기다렸다.[63] 변호사 10명, 경성제대 3명, 이왕직 3명, 일반 사회 유지 덕망가 10여 명, 군인 3명, 승려 1명, 재판소 3명이었다. 법률 전문가와 일반 사회유지 덕망가에 가장 큰 비중을 두었음을 알 수 있다. 공개된 명단에 따르면, 일반 사회 측 조정위원은 조선인 김사연, 원덕상, 조병상, 오긍선, 장우식, 한익교, 일본인 나리마쓰 미도리成松綠, 고에즈카 쇼타肥塚正太였다. 체육인 장우식 외에는 모두 경성부협의회·경성부회 의원 경력 소유자였다.[64]

이처럼 경성지방법원이 준비하는 와중에도 조정을 신청하려는 사람들이 법원에 몰려들었다. 기존에도 경찰서 인사상담소에서 가정 분쟁을 조정해 주는 제도가 있었지만,[65] 법률상의 판단을 제공하는 것이 아니라 당사자 사이의 타당한 처치를 가르쳐 주며 훈시하는 정도로 인식되었기 때문에, 사람들은 경찰서 문을 나서 집으로 돌아가는 도중에 싸움을 되풀이하고는 했다.[66] 그에 비해 법원이 관장하는 인사조정제도는 소송보다 빠르고 저렴하면서도 조정 사항을 강제집행할 수도 있어서, "철저하게 법률적으로 결말"[67]

---

[63] 《동아일보》 1939년 8월 10일자 〈骨肉相爭을 「常識和解」 人事調停 明日부터 開始〉.
[64] 서울역사편찬원 편, 《일제강점기 경성부윤과 경성부회 연구》, 지엔피링크, 2017, 부록 참조.
[65] 소현숙, 《이혼 법정에 선 식민지 조선 여성들》, 역사비평사, 2017, 125~129쪽.
[66] 佐野福藏, 《人事調停法講話》, 50쪽.
[67] 《동아일보》 1939년 7월 11일자 〈새로 실시될 인사조정령(上)〉.

을 지을 수 있는 방법으로 기대를 모았다. 도의와 온정을 강조한 입안자의 의도와 달리, 일반인들은 간이소송 정도로 받아들인 것이다.《동아일보》도 경성지방법원에서 안내한 조정 신청 절차를 소개하면서, 일반인들에게 가정사건을 간편하게 해결할 수 있는 조선인사조정령의 절차를 알아둘 필요가 있다고 설명했다.[68]

이후 지방법원은 기존에 제기된 소송을 조정으로 돌리거나 당사자들의 조정 신청을 받았고, 법원 또는 조정위원회를 구성해서 조정을 시작했다. 조선인사조정령의 시행 이후 최초로 열린 조정 심리는 1939년 9월 6일 경성지방법원 인사조정실에서 열린 개성부 호 부자父子 간의 토지대금 청구사건이었다.[69] 조정 신청 이후의 처리 결과는 네 가지로 대별 가능하다. 신청 내용이 조정에 적합한 가정사건이 아니라고 판단되면 법원이나 조정위원회는 신청을 '각하'할 수 있고, 상황에 따라서는 신청자가 '취하'할 수도 있다. 또한 조정에 실패해 '불성립'으로 결렬되거나 성공해서 조정이 '성립'될 수도 있었다. 이때 조선총독부는 조정에 성공했더라도 혼인, 협의이혼 등 당사자가 신고서를 제출하지 않으면 성립하지 않아서 집행을 강제할 수 없는 인사사건에도 최대한 실효성을 부여하기 위해, 조정 석상에서 신고서를 작성하게 했다.[70] 조선총독부 법무

---

[68] 《동아일보》1939년 8월 11일자〈人事調停令實施로 蕭墻內訌을 簡便하게 解決〉.

[69] 《동아일보》1939년 9월 7일자〈骨肉의 싸움調停은 法廷골방에서 解決〉.

[70] 宮本 法務局長 談,〈朝鮮人事調停令の制定に就て〉, 17쪽. 후술한 국가기록원 소장 자료에서 실제로 이러한 사례들이 확인된다. 예컨대, ①의 7번 사건에서는 신청자(며느리)의 실가實家 복적에 동의하기로 한 상대방(시아버지)이 조정 성립 즉시 재판소 앞에서 신청자의 실가복적 신청서에 날인 이행했음이 기록되어 있다.

국은 1939년 8월부터 1940년 4월까지 각 재판소에서 수리한 인사조정사건의 종류와 결과를 조사하고, 이혼(56건), 재산분배(35건), 부양료(28건), 위자료(26건), 혼인(16건), 기타(47종 52건) 등 254건의 신청을 수리하여 80퍼센트가 원만히 해결되었다고 발표했다.[71]

그런데 인사조정에 관한 실제 자료들을 보면 상황은 꽤 다르다. 국가기록원에는 1939~1940년 사이의 ①《쇼와昭和 14년 인사조정사건보고》(CJA0004173), ②《쇼와 14년~쇼와 15년 인사조정사건보고서류》(CJA0004196), ③《쇼와 14년~쇼와 15년 인사조정사건보고철(2)》(CJA0004197) 서류철(이하 각기 ①, ②, ③으로 약칭한다) 및《쇼와 16년 인사조정월표재료》(CJA0004201)가 소장되어 있다. 이들 자료에서 확인되는 1939~1940년 조선인사조정령의 적용 양상은 다음과 같은 특징을 보인다.

첫째, 조선인은 아직 징병 대상이 아니었기 때문에, 조선인이 인사조정을 신청한 분쟁들은 출정 군인 가정의 갈등처럼 전쟁이 야기한 새로운 문제가 아니라 그때까지 가족관계에서 발생한 문제가 대부분이었다. 남편과 아내 사이의 갈등이 상당한 비중을 차지하는데 주로 축첩문제와 결합되어서, 혼인예약이나 동거의 이행, 혹은 혼인예약 불이행에 대한 위자료·부양료 지불을, 법률혼인 경우에는 이혼의 결정 등을 요청했다. 또한 조선인의 친족·상속 관습에서 기인한 갈등도 상당했다. 재산분배사건은 대개 적자와

---

[71] 《동아일보》 1940년 6월 14일자 〈現代人은 離婚을 즐긴다 財産分配가 그 다음으로 만타〉. 일본인 사이의 분쟁이 25건, 조선인 사이의 분쟁이 228건, 일본인과 조선인 사이의 분쟁이 1건이었다.

서자, 장남과 차남 이하의 형제 사이에 상속재산의 분배를 요청하는 형태였고, 양자와 양모·친딸·사위가 대립하거나 사후양자 선정을 둘러싼 충돌도 많았다.

1938년 12월 조선고등법원 민사부에서 아내의 동의 없이 남편이 축첩생활을 하며 별거하는 경우는 이혼의 조건이 된다는 새로운 판결을 내린 것 등에 비추어볼 때,[72] 이미 소송으로 해결 가능하거나 지속적으로 소송 제기되고 있는 사례로서 판례의 변경을 기대할 수 있는 경우도 적지 않았던 것으로 보인다. 이러한 상황에서 조선인들은 가정 구성원 간 이해관계의 충돌을 해결하기 위한 간단한 소송으로서 인사조정제도를 활용하려 했고, 조정이 성립되지 못한 경우에는 정식 소송을 제기했다. 이는 가족보호 정책이 실제 개인의 구제 수단으로 활용되는 이중성을 잘 보여 주는 현상이다.

하지만 한계도 명확했다. 조선인사조정령의 적용 양상에서 확인되는 두 번째 특징은 조정이 성립된 비율이 신문에 보도된 것보다 훨씬 낮았다는 점이다. ①은 110건, ②는 65건(진행 중인 사건 포함 117건), ③은 23건(진행 중인 사건 포함 29건)의 종결사건에 관한 서류들을 편철했는데, 가장 늦은 종결일이 1940년 4월 11일이다. 이를 감안하면, 이들 자료가 법무국이 1940년 4월 말까지의 인사조정 결과를 발표할 때 사용한 자료였을 가능성이 높다. 일부 누락된 자료는 있지만, ①~③의 목록을 보면 이 시기에 접수된 사건

[72] 《동아일보》 1938년 12월 16일자 〈女權伸張의 好範例! 안해의 同意 없는 蓄妾은 離婚條件이 成立된다〉.

은 총 259건이며 그중 종결된 사건은 198건(76.4퍼센트)이었다. 이는 법무국이 발표한 수치와 거의 비슷한데, 그렇다면 "원만히 해결"되었다던 80퍼센트는 실제로는 단순히 종결된 사건을 가리킬 따름이었던 것이다. 종결된 사건들의 처리 결과를 정리한 〈표 1〉을 보면, 조정이 성립된 비율은 그 절반 수준인 44퍼센트였다.

다만 39퍼센트에 달하는 취하건 중에서 당사자끼리 화해해 취하한 경우에는 원만히 해결되었다고 볼 수 있을 것이다. 취하 서류에는 대개 사유가 명기되지 않아서 그 비율을 확인할 수는 없지만, 쌍방이 합의해서 취하했다고 기록한 사례가 있다(①의 45번 이혼, ③의 4번 재산분배). 그러나 6시간에 걸친 조정에도 당사자 간의 의견이 좁혀지지 않아서 취하했다거나(①의 40번 이혼), 의견 조율에 실패했지만 신청자가 취하하지 않아서 불성립으로 종결시켰다는 사례가 있음을 볼 때(①의 59번 재산분배), 사실상 불성립인 취하가 더 많았을 것으로 추정된다. 기타로 집계한 ②의 48번 사건은 남편이 간통한 처와 이혼할 수 있게 해 달라는 것과 호적상의 자녀는 사실처가 데려온 아이이므로 자신의 친자가 아님을 확인해 달라는 것, 두 가지 사건으로 구성되었는데, 후자는 취하하고 전자는 불성립으로 종결되었다. 그 외 ①의 기타 중 10건이 '불조不調'인데, 이는 대개 상대방이 출석하지 않아서 조정을 개시하지 못한 경우였다. 이렇게 본다면, 쌍방의 자발적인 합의에 의미를 부여한 인사조정 법령은 조정 과정에 대한 강제력을 갖지 못했기 때문에, 오히려 원만하게 해결되지 못한 사건이 더 많았다고 할 수 있다.

〈표 1〉 조선인사조정령의 가정사건 처리 결과(1939. 8~1940. 4)

	① 1939년	② 1939~ 1940년	③ 1939~ 1940년	계 (퍼센트)
성립	49	27	11	87 (44)
취하	38	30	10	78 (39)
불성립	9	5	2	16 (8)
각하	2	0	0	2 (1)
기타	12	3	0	15 (8)
계	110	65	23	198 (100)

사실 상대방의 비협조로 조정이 시작되지도 못하는 것은 어느 정도 예상 가능한 결과였다. 그러나 입수 가능한 자료를 망라해 인사조정법에 관한 대중적 해설서를 쓴 사노 후쿠조佐野福藏는 "가령 조정이 성질상 하등의 강제력을 갖지 못하는 것이었다고 하더라도, 재판소의 배경에는 국가의 권력이 대기"하고 있으므로, 대부분은 호출에 응해서 출두하고 조정 성립율도 상당히 높다고 낙관했다. 따라서 비교적 드문 사례 때문에 "이 온화하고 온건한 인사조정을 필요 이상으로 모나게 하는 것을 피했다"는 것이다. 조정에 등장하는 재판소, 즉 국가는 어디까지나 "친절과 호의의 주체", "인정미 넘치는 온정의 주체"이므로, "냉정한 권력"을 휘둘러 상대방에게 출두를 강제하지는 않았다.[73] 정확한 것은 일본에서의 인사조정 사례까지 확인해 봐야 알 수 있겠지만, 자료 ①·②·③에 등장하는 일본인 사이의 인사조정은 실제로 비교적 원만히 해결되는 편이다. 그렇다면 조선인의 조정 성립율이 낮은 이유는 국가

---

[73] 佐野福藏, 《人事調停法講話》, 226~227쪽.

권력을 의식해 출두는 하더라도 식민지배 당국과 조정위원의 친절과 호의를 신임하지 못한 때문일 수 있다.

또한 세 번째로, 조정 성립으로 종결되었다고 해서 모두 신청자의 요청대로 조정된 것은 아니었다. 특히 별다른 잘못이 없는 신청자가 배우자에게 동거나 혼인예약의 이행을 요청했지만 상대방이 완강히 거부하는 경우에는, 원래의 바람을 포기하고 이혼이나 혼인예약의 취소를 받아들이는 대신 일정액의 위자료·부양료를 받는 수준에서 조정된 사례가 적지 않다. 일례로 ②의 50번 사건에서는 아내가 학생이던 남편과 결혼한 후 1년에 몇 번 만나지도 못했을 뿐 아니라 남편이 첩과 따로 생활하고 있다면서 부부 동거의 결정을 요청했지만, 결국 남편에게 약정 기한 내에 이혼 신고서를 건네주는 조건으로 돈을 받고 이혼하기로 했다. 또한 재산분배, 위자료·부양료 지불 등을 요청한 사건에서 상대방이 지불하기로 조정된 금액은 여지없이 신청자가 제시한 희망 금액보다 2분의 1 내지 10분의 1 정도로 줄어들었다. 통상 소송에서도 가능한 한 최대치를 제시하는 경향이 있으므로 신청자가 애초에 과도한 금액을 불렀을 가능성이 높지만, 서로 양보한다는 조정의 취지에 따라 양보했을 수도 있다. ②의 57번 사건은 첩이자 동업자로서 20여 년간 사업을 공동 경영하던 여성이 약속한 이익을 배당하지 않는 남편을 상대로 제기한 부당이득금 반환소송이었는데, 재판소의 직권으로 조정에 부쳐졌다. 소송에서 여성은 1일 평균 1원 이상에 상당하는 노동을 제공했지만 대폭 감액해서 1일 평균 60

전으로 계산했다고 주장했지만, 남편이 지불해야 할 금액은 여성이 계산한 부당이득금의 3분의 1 정도로 낙착되었다.

사건별 조정위원의 이름은 개인정보 보호를 위해 공개되지 않아서, 여성이 조정위원으로 선정되어 특정한 사건 해결에 참여한 적이 있었는지 확인할 수는 없지만, 적어도 여성의 입장에 공감하면서 여성 약자를 보호한다는 시각에서 사건이 처리되지 않았다는 것은 분명해 보인다. 통상 억울한 사정이 있어 국가에 조정을 신청한 입장에서는 상대방이 조정에 응해 빠르게 해결할 수 있는 것만으로도 감사하면서, 요구 조건을 '양보'하지 않을 수 없었을 가능성이 높다.

마지막 네 번째로, 그럼에도 불구하고 조정의 불성립뿐 아니라 성립 역시 대개 가정의 해체, 관계의 소멸로 귀결되었다. 물론 조정위원이 당사자들의 관계 회복 또는 구축을 위해 노력한 흔적은 곳곳에서 엿보인다. '도의'와 '온정'에 입각해서 당사자들을 훈계하는 경우가 대표적이다. ①의 56번 사건에서는 사실혼 관계의 아내가 남편을 상대로 혼인 신고를 해 주거나 아니면 위자료를 달라고 요청했는데, 혼인 신고하고 동거하는 것으로 조정되었다. 그리고 조정의 요지에 "신청자는 정숙하게 남편을 따르고 부모에 대한 효도·봉양孝養을 다하며 부도婦道를 지킬 것", "상대방은 신청자에 대해 친애의 정으로 대하고 지도유액指導誘掖하여 평화로운 가정을 실현하기 위한 노력을 아끼지 않을 것"이 포함되었다. ②의 5번 사건에서는 내연의 처가 남편을 상대로 위자료 지불, 즉 결별을 요구했는데, 역시 혼인 신고하고 동거하는 것으로 조정되었다. 이 때도 "상대방은 신청자를 사랑하고 신청자는 상대방인 남편과 그 어머니를 성실히 견디며 일가의 화합을 도모하고 장래 가운의 융성을 주지늘로 삼을 것"이라는 내용이 조정 요지에 포함되었다. 조정위원은 신청자도 설득해 가며 가정 유지에 힘쓴 것이다.

그런데 가정의 유지가 단순히 형식적으로 갈등을 봉합했을 뿐인 경우도 있었다. ②의 25번 며느리와 시어머니 사이의 분쟁에 대해서는 양자가 별거하되 며느리는 시어머니에게 효도·봉양을 다하고 시어머니는 며느리를 애호하기로 하는, 어딘가 모순적인 조정이 이루어졌다. 아내가 남편과 시댁을 상대로 동거를 청구한 ②의 43번 사건에서도, 시댁이 동거를 받아들이는 대신 아내는 근무지에서 첩과 동거하는 남편이 "직업상" 그곳에 거주하는 것을 용인하기로 했다. 이와 같이 조정된 결과로 유지된 가정이 과연 얼마나 화목한 관계를 맺었을지는 미지수이다.

또한 조정으로 귀착된 대부분의 사건들은 조정 요지의 마지막에, 거의 관용구라고도 할 수 있을 정도로 신청자 또는 쌍방이 서로 더 이상 요구하지 않겠다는 약속을 포함시켰다. 조정이 성립되고 재판소가 인가하면 재판상의 화해와 동일하게 강제 집행도 가능한 효력이 발생하고, 그에 대해서는 불복 신청할 수 없었으므로(제29~31조), 분쟁에 쐐기를 박으려 했던 것이다. 그렇지만 이혼 및 위자료·부양료 지불, 재산분배 등으로 귀결된 사건에서 이러한 조정은 앞으로는 완전히 인연을 끊겠다는 약속에 다름 아니었다. 그러한 의도 때문인지, 아내가 남편에게 자녀의 부양료를 요구하거나 나이든 부모가 자녀에게 부양료를 요구할 때는 대개 일정 금액을 매달 지불해 주기를 바라지만, 결국 약정된 금액을 한 번에 수령하는 것으로 끝난 경우가 많다.

이와 같은 조선인사조정령의 적용 양상들은 분쟁을 빠르게 '해소'한 점에서는 가정의 안정에 기여했을지도 모른다. 하지만 구성원 간의 갈등을 사회에 드러나지 않게 함으로써 인심에 미치는 영향을 최소화하고, 가족국가관에 입각해서 법률이 아니라 당사자의 상호 이해와 양보에 의지해 분쟁을 해결하겠다는 지극히 '이상적'인 화해 방식은 첨예하게 대립하는 이해관계를 중재하는 데 실패했다. 뿐만 아니라 힘의 논리가 작동하는 조정 과정에서, 불리한 위치에 있던 가족 구성원은 양보라는 미명 아래 권리 의무를 수상하지 못하고 오히려 포기하곤 했다. 조선인사조정령은 국가를 위해 가족 이데올로기와 가족제도를 지켜냈을지는 몰라도, 바로 그 목적을 위해 가족 구성원의 갈등 해결에 적극 개입하지 않거나 약자의 양보를 강요한 것이다.

다시 국가·가족·개인의 관계를 묻는다

이 글은 지금까지 근대 한국에서 실질적인 가족보호 정책이 도입되기 시작한 전시체제기를 중심으로, 특히 조선인사조정령의 적용 양상을 통해 '국가의 가족' 시각에서 도입된 정책이 '가족의 국가'를 위해 활용될 수 있는 가능성과 그 한계에 대해서 살펴보았다. 그러나 해방 이후 대한민국은 일제시기의 가족국가관과 호주제도를 자기 것으로 전용해 새로운 국민국가를 건설하는 데 다시 활용했다.[74] 조선인사조정령도 효력을 지속하다가 1961년 '인사조정법'의 제정으로 폐지되었는데, 이 역시 "가족 및 친족 간의 분쟁, 기타 가정에 관한 일반적인 사건을 도의에 의하여 온정으로 해결함으로써 가정의 평화와 건전한 친족 공동생활의 유지를 도모함"(제1조)이 목적이었다. 인사조정법은 1963년 "인격의 존엄과 남녀의 평등을 기본으로 하여 가정 평화와 친족 상조의 건전한 공동생활의 유지에 기여함"(제1조)을 목적으로 하는 '가사심판법'에 흡수되었고, 1991년에는 다시 '가사소송법'으로 대체되었지만 인사조정제도 자체는 여전히 존재하고 있다.[75] '국가의 가족'이라는 시각은 여전히 깊은 흔적을 남기고 있는 셈이다.

그렇지만 본문에서 살펴본 것처럼 가족은 사적이면서도 공적인 영역이고, 개인과 국가가 마주하며 경합하는 장場으로서 경합 양상에 따라 그 성격도 다종다양한 유동적인 개념이다. 그리하여 초두에 언급한 것처럼, 한국 가족제도와 가족정책에서 가족과 개별 가족 구성원의 지위는 향상되어 왔다. 반면 현재 대한민국은 저출

---

[74] 김은경, 〈1950년대 가족론과 여성〉, 숙명여대 사학과 박사학위논문, 2007.

[75] 이상 법령의 연혁은 국가법령정보센터 홈페이지(http://www.law.go.kr)에서 확인했다. 또한 세계 각국에 가족보호 정책이 보편적인 만큼 인사조정제도도 널리 존재한다. 그에 대한 간략한 소개와 비교는 김용욱, 〈가정법원과 가사소송의 비교법적 소고〉, 《가족법연구》 5, 1991을 참조할 것.

산 고령화 사회에 직면해, 임신·출산 보조금을 지급하거나 영유아 보육 분야의 공공성을 강화하려는 등 가족보호 정책을 확대하고 있다. 이러한 복지정책의 확충이 아이를 낳아 기르고자 하는 가족에게 실질적인 도움이 됨은 물론이다. 하지만 이면에서 결혼하지 않는 개인이나 결혼하고도 아이를 낳지 않는 부부는 비정상적이거나 이기적인 집단으로 매도하면서, '정상가족·건강가족'을 지속 확대하려는 전술이 구가되고 있다. 기시감마저 느껴지는 이러한 상황 속에서 바람직한 개인·가족·국가의 관계를 다시 모색하려 할 때 일제 말 전시체제기의 경험에서 발견되는 실마리를 거론하며 글을 마치려 한다.

첫째, 가족국가관 아래에서 가족이 민족 또는 국가 정체성의 기반으로 강조되었지만, '가족'을 혼인·혈연공동체로 정의한 것은 근대에 일어난 변화였다. 이전에는 동거 '세대'가 중시되었고, 일제시기에도 추상적인 가족家을 현실의 동거 세대와 부합하게 하려는 시도가 있었다. 이는 혼인·혈연·입양 이외의 계기로 형성되는 가족·생활공동체를 상상할 수 있는 힘이 된다.

둘째, '국가의 가족' 시각의 가족보호 정책은 가족의 해체, 인구의 감소 또는 자질 저하 등이 우려되는 상황에서 도입되어, 위기 담론을 부추기며 개인과 가족을 선택적으로 보호했다. 개인보다 가족, 가족보다 국가에 우선순위를 부여하는 가운데, 국가에 도움이 되지 않거나 오히려 부담이 된다고 판단되는 개인이나 가족은 보호는커녕 방기, 절멸하기도 했던 것이다. 보호받을 수 있는 '혼인'과 '가족'의 범위를 결정할 수 있는 주체를 국가로 상정하고, 정상가정과 비정상가정을 나누면서 정상가정만 보호하려는 사고방식을 경계하는 이유도 여기에 있다.

셋째, '국가의 가족' 시각의 가족보호 정책이라도 '가족의 국가'의 성격으로 전환될 가능성이 있음은 분명하지만, 가족 구성원 간의 갈등이나 이해관계의 충돌을 인정하지 않고 가정을 동일한 이해관계를 갖는 '공동체'로만 바라볼 경우에는 결국 약자의 양보와 희생으로 귀결될 수밖에 없다. 따라서 가족의 중요성을 전제하면서 개인의 가족구성권을 인정하고 그에 대한 보호를 요구하며 가족을 재개념화하는 전술도 현실적으로 필요하지만, 동시에 가족·가정을 상대화하며 가족·가정 밖에 존재하는 개인을 인정하고 보호하려는 접근도 필요하다. 나아가 국제결혼과 가족 구성원의 해외 이주가 확산되는 가운데, 국가 대 가족의 틀을 넘어 개인·가족·국가의 삼각관계를 고려하면서 국가의 구성단위가 아닌 가족의 이념을 함께 모색해야 할 때이다.[76]

---

[76] 양현아, 〈한국 가족과 국가의 관계 고찰〉, 《젠더법학》 1-1, 2009; 양현아, 〈한국 친족상속법의 변화에 관한 사회학적 해석〉, 《가족법연구》 23-1, 2009.

국가주의는 민주화 시대에 한국정치의 전통적 관철된

제왕적 대통령제는 의회와 시민사회의 견제를 우회한 대통령의 통치행위를 통제하기 어려운 현실적 난점을 냉소적으로 표현한 개념이다

건전 국가를
월경越境하는 명랑 시민

이주라

통치행위 자의적 임의적 공간으로 밀어내는 효과를 초래한 정당 부권이 거부되는 상황에서 자주 거리낌없이 저항해 호던 사회의

오히려 정치권의 실행적 효율성을 떨어뜨리고 의회의 강화된 거부권은

절창했던 위기관리 구호였지만 정파에 동원되는 국민이지 통치행위를 정당화해 주는 국민인지가 헷갈렸다

그를 위한 국민의 정치는 모든 정당들이 의적 통치행위로 국민을 명분으로 행사도 행사되 민주 거리적 시대도 모두 국민을 명분으로 국정치의 모습이었다

건전 국가를 월경越境하는 명랑 시민

1960년대 국가주의와 웃음의 존재방식

어느 사회든 국가주의 이데올로기가 작동하는 사회에서 웃음은 쉽게 사라진다. 국가주의 이데올로기는 융통성 없는 진지함을 요구한다. 한국에서 국가주의 이데올로기가 강화되던 1960년대 웃음은 존재할 수 있었을까. 그 시절에도 웃음의 감각이 기능할 수 있었다면 어떤 방식으로 작동했을까. 이 글에서는 1960년대 웃음의 감각이 어떻게 존재했으며, 그 시대 주체에게 무엇을 가능하게 했는지를 살펴볼 것이다.

1960년대 웃음의 감각을 상징적으로 표현했던 대표적인 개념은 '명랑'이라는 기표이다. 명랑이라는 기표는 통시적 차원에서도 공시적 차원에서도 다층적인 기의를 가지고 있다. 명랑의 의미는 전근대부터 근대에 이르기까지 역사적으로 변화했으며, 1960년대 정치·사회적 담론의 차원 및 문화적 차원에서도 각각 다른 의미를 내포하며 활용되었다. 명랑은 정치·사회적 영역에서 국가주의 규율 담론이 요구하는 '건전성'을 전달하는 개념이었지만, 대중문화 속에서는 '순응과 저항의 양가성'을 보여 주는 개념이었다.[1] 웃음이라는 감각이 순응과 일탈의 양가적 기능을 수행하듯이 1960년대 명랑 또한 양가적 기능을 수행했다. 하지만 1960년대 명랑의 양가적 기능 중 일탈과 저항의 측면은 아직까지 큰 주목을 받지 못했다. 1960년대 웃음의 감각을 온전히 이해하기 위해서는 명랑이라는 개념 속에 내포된 양가성을 동시에 고찰할 필요가 있다. 이를 위해 이 글에서는 1960년대 대표적인 대중 잡지《명랑》속에 나타난 명랑소설과 기사를 통해 일상적 문화의 차원에서 명랑이라는 개념이 어떤 역할을 수행했는지 알아보고자 한다.

　명랑이라는 개념은 역사적으로 한정적인 기간에 집중적으로 통용되었으며, 그로 인해 의미 변화의 자장이 넓은 편이다. 현재는 유쾌하고 활발한 상태나 성격을 가리키는 의미[2]로, 개인의 상태나 성격을 나타내는 명사나 형용사로 활용되고는 있다. 그러나 사회적 활용 빈도는 낮은 편이다. 최근에는 유쾌하며 활발한 성격을 가진 사람들을 설명할 때, '밝다', '긍정적이다' 등의 표현을 쓰지, '명랑하다'라는 표현은 잘 쓰지 않기 때문이다.[3] 이와 달리 일제강

---

[1]　김지영, 〈'명랑'의 역사적 의미론―명랑 장르 코드의 형성과정을 중심으로〉,《한민족문화연구》 47, 한민족문화학회, 2014, 360쪽.

[2]　국립국어원 편,《표준국어대사전》, http://stdweb2.korean.go.kr (검색일: 2017년 11월 20일).

[3]　2000년에서 2013년까지 주요 일간지를 중심으로 명랑의 공기어를 분석해 보면, 명랑이라는 단어는 일상의 영역 속에서 자주 활용되는 단어라기보다는 만화나 어린이와 관련된 특정 영역에서만 통용되는 단어로 활용되고 있다. 만화나 어린이 관련 서적이나 문화를 설명할 때 활용되기도 하고, '명랑만화'나 '명랑한 어린이'와 같은 용법으로도 자주 쓰인다. 단어 출현 빈도도 2002년에 〈명랑소녀 성공기〉라는 드라마의 시작과 더불어 늘어날 뿐, 그 외의 기간에는 연간 100문

점기부터 1980년대 중반에 이르기까지의 시기에, 명랑은 사회적 활용 빈도가 높은 단어였다. 명랑 관련 기사는 중일전쟁 발발 직후인 1938년과 5·16군사쿠데타 직후인 1962년에 신문 지상에 자주 등장하다가, 민주화 항쟁이 일어났던 해인 1987년을 기점으로 줄어든다.[4] 명랑이라는 개념이 전시체제기와 군사정권하에서 사회적인 담론으로 널리 통용되었다는 것은 이 개념이 국가주의 이데올로기와 친연성을 가진 개념으로 활용되었음을 짐작케 한다. 국가주의 이데올로기를 담지했던 개념이 개인의 성격을 나타내는 의미로 바뀌기까지, 한 시기의 유행어가 그 효용성을 잃어버리기까지, 명랑이라는 개념은 어떤 변화를 겪은 것일까.

명랑은 근대 이전부터 '밝음'과 '긍정성'이라는 기본적인 의미를 바탕으로 자연환경 및 인간 성격 및 상태에 이르기까지 다양한 범위에서 활용되었고,[5] 특히 기후나 날씨를 나타내는 표현으로 자주 쓰였다.[6] 그러나 1930년대 후반 전시체제기로 접어들면서 명랑이

장에서 200문장 정도에만 포함되어 사용될 뿐이었다. 그만큼 일상어로서의 기능을 잃고 있는 단어라 할 수 있다(고려대학교 민족문화연구원, 〈트렌드 21 코퍼스〉, http://corpus.korea.ac.kr (검색일: 2017년 11월 20일)).

4 네이버 뉴스 라이브러리의 데이터만 보더라도, 명랑이라는 단어와 관련된 기사는 1938년에 418건, 1962년에 505건으로 이 시기 가장 많이 쓰인다. 이 시기를 전후로 명랑이라는 단어의 사용 빈도는 늘 250~300건 정도를 기록하며 자주 활용되지만, 1987년 이후 92건으로 활용 빈도가 급감한다. 특정 텔레비전 프로그램을 소개하는 기사를 제외하면, 그 이후로 명랑과 관련된 기사는 매년 줄어든다.

5 김지영, 〈'명랑'의 역사적 의미론—명랑 장르 코드의 형성과정을 중심으로〉, 336~337쪽 참조.

6 소래섭과 박숙자는 전근대 명랑의 용법이 날씨와 관련되어 사용되었다는 것을 밝히고 있으며, 김지영은 전근대 명랑의 용법이 다양했다는 것을 보여 주지만 가장 활용 빈도가 높았던 용법은 역시 날씨와 관련된 표현이었다는 점에 동의한다(소래섭, 《에로 그로 넌센스—근대적 자극의 탄생》, 살림, 2005; 박숙자, 〈'통쾌'에서 '명랑'까지: 식민지 문화와 감성의 정치학〉, 《한민족문화

라는 기표의 의미는 변화한다. 명랑이라는 개념이 일제의 통치 이데올로기의 일환으로 활용되었던 것이다. 전시체제기로 들어서면서 일제는 국가적 시책과 명령을 잘 따르는 '건전한 국민'을 양성하기 위해 모든 국민들에게 명랑한 태도와 생활을 유지할 것을 요구했다.[7] 이때 명랑은 체제가 요구하는 규율과 도덕으로서의 역할을 담당하게 되며, 국가주의적 의미체계 안에서 코드화되었다.[8]

일제시기 국가주의 이데올로기를 전달하던 개념으로 활용되었던 명랑이라는 단어는 1960년대 다시 정권의 이데올로기를 전달하는 도구로 이용되었다. 1960년대 박정희 정권은 군부 독재하에서 생겨나는 국민들의 불만을 억제하며 경제개발계획을 단기간에 달성시키기 위해 '명랑한 태도와 생활'을 요구했다. 관 주도로 이루어진 '명랑생활운동'은 국민의 생활개선을 강제하여 건전사회를 이룩한다는 목표를 달성하기 위한 국가적 사업이었다.[9] 이는 결국 현실에 불만을 품지 않고, 성실히 노력하며, 국가주도 사업에 긍정과 희망을 가지는 태도를 가질 것을 요구한 것이며, 건전

연구》30, 한민족문화학회, 2009; 김지영, 〈'명랑'의 역사적 의미론-명랑 장르 코드의 형성과정을 중심으로〉).

[7] 미나미 총독은 "반도 청년의 지도에 관해서 일언일행일치의 명랑한 인격을 양성할 것"을 요구했다. 《삼천리》1938년 12월호 (南總督이 尹致昊翁에게 逆한 書).

[8] 소래섭, 《에로 그로 넌센스-근대적 자극의 탄생》; 채석진, 〈제국의 감각: '에로 그로 넌센스'〉, 《페미니즘 연구》5, 한국여성연구소, 2005; 박숙자, 〈'통쾌'에서 '명랑'까지: 식민지 문화와 감성의 정치학〉).

[9] 쿠데타 이후 정부는 재건국민운동본부를 설립하고 공보부, 국방부 그리고 서울시와 함께 전국적으로 '명랑한 생활' 운동을 전개하기 시작했다. 《동아일보》1961년 7월 18일자 〈'명랑한 생활' 운동 전개〉. 이것을 시작으로 국가 주도의 명랑생활운동과 관련된 기사들이 증가하며, 명랑의 사용 빈도도 높아진다.

한 국민이 될 것을 요구한 것이었다. 이처럼 명랑은 국가주의적 구호로 활용되며, 당대를 주도하는 개념으로 자리 잡았다. 사실 명랑이라는 개념이 1970년대에 이르기까지 시대의 이념을 대표하는 단어로 쓰일 수 있었던 것은 이 개념이 이러한 국가주의적 이데올로기 전달에 용이하게 활용되고 있었기 때문이다.

그러나 이러한 국가주의적 구호를 대중들이 쉽게 받아들일 수 있었던 것 그리고 이 용어가 대중문화에까지 널리 퍼지면서 대중적 유행어가 된 것은 이 개념의 의미 자장이 국가주의적 의미체계를 넘어서는 어떤 지점을 가지고 있었기 때문이다. 그것은 명랑이라는 개념에 대중의 욕망이 자발적으로 호응할 수 있는 어떤 지점이 있었다는 것을 의미한다. 대중들은 자신들의 욕망을 투사할 수 있는 부분이 전혀 없다면, 아무리 강압적인 이데올로기라 하더라도 쉽게 받아들이지 않는다. 1950년대에서 1960년대 초반까지 명랑이라는 단어는 새 사회 건설의 기대와 소망을 수렴하는 기표로 작동했다[10]. 대중들은 자유민주주의를 바탕으로 한 새로운 사회 건설에 대한 열망을 명랑한 사회와 국가를 만들 수 있다는 표현으로 나타내었다. 이 시기 명랑은 대중들이 희망하는 새로움, 건전성, 미래에 대한 낙관을 담아 낸 개념이었다. 이러한 분위기는 1960년 4·19혁명 이후 1963년 박정희 군부가 민정 이양의 약속을 폐기할 때까지 이어졌다.

1950년대에서 1960년대 초반까지 사회적 담론 속에서 명랑의

---

[10] 김지영, 〈'명랑'의 역사적 의미론―명랑 장르 코드의 형성 과정을 중심으로〉, 344쪽.

개념이 대중 사이에 유행하면서, 문화적으로도 명랑이라는 개념을 적극 수용했다. 대중문화에서 명랑이라는 개념은 명랑소설이라는 장르를 통해 정착했다. 명랑소설은 웃음을 유발하는 코미디 장르를 통칭하는 용어였다. 근대적 코미디 장르는 일제시기부터 발달했는데, 그 당시 웃음을 유발하는 서사는 '유모어소설'이라는 명칭으로 불렸다.[11] 그러나 1950년대 이후 명랑이라는 개념이 국가적으로도 대중적으로도 주요한 개념으로 활용되기 시작하면서 코미디를 기반으로 하는 소설의 장르 명칭은 명랑소설로 바뀌게 되었다.

명랑이라는 개념의 인기처럼 이 시기 명랑소설은 1970년대에 이르기까지 한국 코미디 장르를 대표하는 역할을 하며 큰 인기를 끌었다. 명랑소설은 한국 코미디 장르의 역사적 전개 과정을 보여 주기 때문에도 중요하지만, 1950년대와 1960년대의 사회적 분위기와 시대정신을 대표하고 그 극적인 변화를 보여 주는 명랑이라는 개념을 대중들이 어떻게 수용하고 있었는지를 나타내주기 때문에도 중요하다.

1960년대 명랑소설 속에서 명랑의 개념은 사회적 담론 속에서 통용되던 건전성과 문화적 양식인 코미디에서 나타나는 특징이 결합되면서 형성되었다. 이로 인해 명랑소설에 나타난 명랑의 의미는 사회적 담론이 흘러간 방향과 조금 다른 경로를 걷게 되었

---

[11] 이주라, 〈식민지시기 유머소설의 등장과 그 특징〉, 《현대소설연구》 51, 한국현대소설학회, 2012, 227쪽.

다. 사회적 담론 속에서 명랑은 건전성과 미래에 대한 낙관이라는 기존 의미를 유지했고, 이는 1960년대 중반 이후에는 국가주의 이데올로기로 직접적으로 수렴되었다. 하지만 문화적 영역에서 작동한 명랑소설 속 명랑은 코미디 장르의 기본적인 속성을 유지하면서 명랑이라는 개념의 보수화 과정에 균열을 일으키고 저항하는 모습을 보여 주었다. 이 글은 1960년대 중반 이후 명랑소설이라는 장르 그리고 명랑이라는 개념을 분석하며 명랑소설 속 명랑이 당시 사회적 담론과 거리를 두는 부분에 주목하고자 한다.

명랑의 개념이나 명랑소설에 관한 기존의 연구에서는 1950년대 형성된 명랑의 건설적 가능성이 1960년대로 들어서면 정권 주도의 규율체제와 접속하면서 보수화되는 경향을 보인다고 정리하고 있다.[12] 김현주와 이선미는 1950년대 대중잡지 《아리랑》에 실린 명랑소설을 분석하면서, 1950년대의 명랑소설 속 명랑성은 전후 사회를 재건하고자 하는 대중의 낙천적이고 능동적인 감각을 드러내었지만, 1960년대로 접어들면서 체제가 요구하는 현실에 긍정하고 순응하는 건전한 삶을 대표하는 방식으로 보수화되었고, 이로 인해 명랑소설의 창작 동력이 약화되었다고 정리했다. 김지영은 전근대에서 1970년대까지 명랑이라는 개념의 역사적 변화

---

[12] 김현주, 〈1950년대 잡지 《아리랑》과 명랑소설의 '명랑성': 가족서사를 중심으로〉, 《인문학 연구》 43, 조선대 인문학연구원, 2012; 이선미, 〈명랑소설의 장르인식, '오락'과 '(미국)문명'의 접점—1950년대 중/후반 《아리랑》의 명랑소설을 중심으로〉, 《동악어문학》 59, 동악어문학회, 2012; 김지영, 〈'명랑'의 역사적 의미론—명랑 장르 코드의 형성 과정을 중심으로〉; 김지영, 〈'명랑성'의 시대적 變移와 문화정치학—통속오락잡지 《명랑》의 명랑소설(1956~1973)을 중심으로〉, 《어문논집》 78, 민족어문학회, 2016.

과정을 분석하는 동시에 대중잡지 《명랑》을 중심으로 1950년대에서 1970년대까지의 명랑소설 속 명랑성의 특징을 분석했다. 명랑의 역사적 의미론을 분석한 논문에서는 정치·사회적 담론 속 명랑의 의미와 상업적인 대중문화 속 명랑의 의미를 다층적으로 분석했다. 여기에서 김지영은 대중문화 속 명랑이라는 개념이 순응과 저항의 양가적 기능을 한다고 결론적으로 정리했으나, 대중문화 속에서 명랑의 개념이 저급성을 획득한 과정을 분석하는 데 초점을 맞추어서, 명랑 개념에 내포된 저항적 기능을 실질적으로 분석하지는 못했다. 또한 명랑소설 속 명랑성을 분석한 논문에서는 1960년대 중·후반 명랑소설 속 명랑성이 기형적 욕망을 배설하거나 엽기적이고 기괴한 그로테스크한 웃음을 전달하면서 명랑성이 1950년대의 건전성 지표를 유지하지 못하고 좌초된다고 했다.

한국사회에서 명랑이라는 개념이 건전성이라는 성격을 중심으로 작동했음은 분명하다. 하지만 명랑소설 속에 나타나는 명랑의 개념과 이를 통해 나타나는 웃음의 감각 속에는 건전성만으로는 설명할 수 없는 다른 감각들이 내포해 있다. 1960년대 중·후반 명랑소설은 건전성과 정상성을 뛰어넘은 비정상적인 타자의 출현으로 이질적이고 엽기적인 상상력이 틈입하며 웃음의 기능을 상실한 것처럼 보이지만, 다른 한편으로는 정상과 비정상의 경계 위에서 웃음의 거리 감각을 유지하며 웃음의 기능을 유지하고 있었다. 이를 살펴보기 위해서는 명랑이라는 개념에서 가장 두드러지게 나타나는 '건전성'이라는 의미 외에 명랑의 또 다른 기의인 '거리감'에 주목해야 한다. 따라서 이 글에서는 1960년대 중·후반 대중 잡지 《명랑》 속 명랑소설을 통해 웃음의 거리 감각이 기능하는 방식을 살펴보고, 이러한 거리 감각이 당대 대중들의 일상과 문화에 어떠한 영향을 미치면서, 대중들을 어떤 주체로 작동하게 했는지 알아볼 것이다.

현모양처의 거부와 웃음의 포용

명랑소설은 식민지시기 유머소설에서부터 장르적 관행을 마련해 왔던 장르이다. 유머나 명랑이 의미하는 바처럼, 명랑소설은 일련의 갈등들이 웃음을 통해 궁극적 화해를 이루어 해피엔딩으로 끝난다는 관행을 가지고 있다.[13] 명랑소설은 크게는 코미디라는 대중예술 양식에 속하며, 그 핵심은 웃음을 통해 얻는 즐거움이다. 웃음은 주어진 사회적 규율과 기준의 완고함이 일시적으로 깨지는 순간 발생하며, 이를 통한 해피엔딩은 이 일탈을 너그럽게 포용해 줄 수 있는 사회적 합의가 작동하는 선에서 마련된다. 그러므로 명랑소설은 일탈에 대한 허용과 그것이 더 나은 미래로 통합될 수 있다는 낙관을 바탕으로 창작된다.

1960년대 중·후반 명랑소설이 쇠락하게 되는 이유는 군부독재가 시작되면서 일탈과 낙관이 가능하지 않은 사회가 시작되었기

---

[13] 이주라, 〈식민지시기 유머소설의 등장과 그 특징〉, 226쪽.

때문이다. 기존 연구자들은 이 시기에 들어서면 명랑소설의 게재율이 하락하며,[14] 가부장적 이데올로기가 강화되어 성차별적인 소재를 통해 여성을 희생자로 만들어 웃음거리로 삼는 서사가 증가한다고 정리했다.[15] 그 예로 로맨틱 코미디의 구조였던 명랑소설이 이 시기로 들어서면서 그 소재가 엄처 혹은 공처가로 바뀌기 시작하는 것을 보여 주었다. 1950년대 후반 대중문화 속에 드러났던 여성들의 적극성을 엄처나 공처가 소재로 활용하면서 조롱하거나 비하하는 방식으로 웃음을 유발한다는 것이다.

확실히 1960년대 중·후반 명랑소설은 젠더적 관점에서 보수적이다. 이 시대의 전반적인 분위기도 그러했다. 1960년 코미디 영화 〈로맨스 빠빠〉에서 경제적으로는 위기에 처했지만 가정적으로는 민주적이며 다정했던 아버지 역할을 맡았던 김승호가 1961년 코미디 영화 〈언니는 말괄량이〉에서는 힘으로 딸을 제압하는 강한 가부장의 표상으로 재편되는 것이 바로 1950년대와 1960년대의 차이를 단적으로 보여 준다.[16] 〈로맨스 빠빠〉에서 말괄량이 딸들의 주장을 너그럽게 웃으며 들어 주던 아버지 김승호는 〈언니는 말괄량이〉에서 자신에게 배운 유도로 남편을 두들겨 패는 큰딸을

---

14 김지영, 〈'명랑성'의 시대적 變移와 문화정치학—통속오락잡지 《명랑》의 명랑소설(1956~1973)을 중심으로〉.

15 이선미와 김현주는 《아리랑》에 실린 1950년대 명랑소설을 대상으로 이러한 분석을 했고, 김지영은 《명랑》에 실린 1960년대부터 1970년대 명랑소설을 분석하면서 1960년대 명랑소설의 보수화와 젠더적 차별화가 강화된다는 점, 그래서 웃음이 더 이상 가능해지지 않으면서 명랑에 나타나는 웃음이 1970년대로 넘어가면서 그로테스크한 성격으로 바뀐다는 점을 지적했다.

16 오영숙, 〈왜 코미디인가: 1950년대 코미디 영화에 대한 소묘〉, 대중서사장르연구회, 《대중서사장르의 모든 것 4-코미디》, 이론과실천, 2013.

유도로 제압하여 얌전하게 만든 후 남편에게 돌려보낸다. 자기 주장을 자유롭게 펼치던 여성들은 글자 그대로 힘을 가진 드센 여자로 변하고, 그 드센 여자들을 가부장의 권위에 굴복시키는 지점에서, 1950년대의 시대정신이 1960년대 시대정신으로 변화하는 변곡점을 그대로 드러낸다.

1960년대 《명랑》의 명랑소설에도 이렇게 힘을 가진 여자들이 자주 등장한다. 하지만 이들의 존재는 조롱당하거나 가부장의 권위에 굴복당하지 않는다. 1961년 〈무술부인〉과 1965년 〈골목 안의 춘정〉을 비교해 보자. 전자는 1960년대 초반의 사회적 분위기 속에서 창작되었으며, 후자는 1960년대 중반의 분위기 속에 위치한다. 이 두 작품 모두 여주인공이 호신술 혹은 유도 능력자인 것으로 설정되어 있다. 이는 아마도 〈언니는 말괄량이〉의 인기에서 영향을 받았을 것이다.

1960년대 초반은 1950년대의 영향 아래에서 여성의 적극성이 긍정적으로 받아들여지며 여성의 능력이 가정 속에서 조화롭게 받아들여진다. 〈무술부인〉의 아내는 자신의 몸을 지키기 위해 익힌 호신술로 남편을 가볍게 제압하기 때문에 남편은 심히 곤란함을 느낀다. 그래서 아내 앞에서 자신의 능력을 보여 주어 아내의 존경을 받기 위해서 친구와 작전을 짜고 강도 소탕전을 가짜로 벌이기로 한다. 작전을 계획한 그날 밤 예상대로 강도가 들어왔다. 남편은 호기롭게 나서 강도와 맞서나 그 강도는 남편의 친구가 아닌 진짜 강도였다. 남편은 다시 위기에 처하지만 용감하고 능력 있는 아내는 남편을 강도로부터 구한다. 남편은 아내의 힘이 가정의 평화를 위해 꼭 필요하다고 받아들이게 된다.

"자아, 어서 병원엘 가요. 이마가 찢어졌군요." 이런 부드러운 영숙을 바라보는 창규는 일부러 영숙에게 힘에 겨운 듯 기대서는 것이었다. 그런 창규를 영숙은 남편이 부상당한 듯 정성껏 껴안고는 나란히 병원을 찾아가는 것이었다.[17]

위에서 인용된 〈골목 안의 춘정〉은 초등학교 남·녀 동창이 각각 상처한 후 이사한 동네에서 우연히 만나 서로에게 호감을 키워 가는 이야기이다. 로맨틱 코미디의 문법이 늘 그렇듯이 처음에 이 둘은 서로 마음에 들지 않아 티격태격한다. 이 갈등의 가장 큰 이유는, 남자로서는 여자가 유도 유단자이며 너무 우악스럽다고 느끼기 때문이며, 물론 여자 또한 남자가 힘이 없다고 판단하기 때문이다. 그렇게 두 사람은 서로 어긋난다. 그러나 어느 날 골목길에서 남자가 깡패들에게 맞고 있는 것을 보고 여자가 달려들어 깡패들을 처치하고 남자를 구해 낸다. 남자는 여자의 부축을 받으며 행복하게 병원으로 간다.

1960년대 가부장적 질서가 강화되면서 가부장의 권위가 강조되던 사회적 분위기 속에서 힘을 가진 여성 그리고 그 힘을 남자에게 적극적으로 사용하는 여성들은 대부분 희화화의 대상이 되었

---

[17] 羅土, 〈골목 안 춘정〉, 《명랑》 1964년 2월호.

다. 그들이 가진 힘은 가부장제 질서 속에서 현모양처의 역할을 해야 하는 여성들에게 어울리지 않는 요소였기 때문에 힘을 가졌다는 것 자체가 문제적 요소로 간주되었고 건전한 가정 안에 통합되기 위해서는 가부장의 권위를 통해 그 힘을 제압당하고 가부장적 질서에 순응해야 했다. 영화 〈언니는 말괄량이〉와 같은 결말이 요구되었던 것이다. 하지만 명랑소설에서는 힘을 가진 여성을 비난하지 않는다. 코미디의 특성상 힘을 가진 여성은 놀림의 대상이 되지만 이는 힘을 가지지 못한 남성을 놀림의 대상으로 삼는 것과 동일한 조건에서 진행된다. 더구나 놀림의 대상이 되었던 여성의 힘은 소설의 마지막에서 쓸모 있는 것으로 여겨지며 현실적인 포용의 대상이 된다. 1960년대 중반의 명랑소설은 남자를 뛰어넘는 여자를 조롱하던 당대 현실에 대해 실제적으로 여성이 힘을 가진다면 그 힘이 가족과 주변 지인들에게 얼마나 유용하게 쓰일지를 기분 좋게 상상해 보게 한다.

물론 풍자적 웃음을 전달하려는 목적의 소설들 속에서는 힘을 가진 여성들이 비난의 대상이 된다. 1960년대 중·후반으로 오면서 명랑소설의 장르적 힘이 약화되면서 풍자소설들이 그 자리를 차지하게 된다. 코미디에서 풍자가 많아질수록 웃음의 공격자와 희생자가 뚜렷해지며, 그 웃음의 희생자가 되는 집단은 웃음을 공유하지 못하게 된다. 표면적으로 보자면 풍자소설의 희생자는 대부분 여성들이다. 가정의 주도권을 쥐고 남편을 못살게 구는 엄처들이다. 하지만 자세히 살펴보면, 이 시기 풍자소설은 풍자의 힘이 많이 약화되어 있음을 알 수 있다.

한천석의 풍자소설 〈女男 평등국〉(1967)은 제목에서부터 가정에서 주도권을 차지한 아내와 아내에게 휘둘리는 남편을 웃음거리로 삼고 있음을 보여 준다. 아내 경숙은 남편 영철이 퇴근해도 라디오 드라마를 듣는다고 자리에 누워 내다보지도 않으면서 남편의 월급이 적다며 남편의 능력 없음을 타박한다. 그는 적은 월급이나마 아내가 편안하게 살도록 식모까지 두고 있지만 아내는 자신의 물욕을 만족시키지 못하는 남편에게 폭언을 퍼붓는다. 남편 영철은 이에 괴롭고 우울하여 거리로 뛰쳐나오지만 그는 결국 힘없이 아내 경숙이 있는 집으로 돌아간다. 여기에서 풍자의 대상은 명확하게 아내 경숙이다. 경숙은 남편을 사랑의 대상으로 생각하지 않고 자신을 위해 돈을 벌어다 주는 수단으로 생각한다. 작가는 남편 영철을 초점 화자로 삼아 경숙의 비정상적인 행태를 비판적으로 보여 준다. 그리고 따뜻한 사랑이 넘치는 가정을 만들고 싶었던 영철의 내면을 서술하면서 남편의 입장에서 이 모든 사태를 이해하게 만든다. 남편은 서로 사랑하고 화합하는 건전하고 명랑한 가정을 만들고 싶었으나, 아내의 허영과 사치로 이 모든 것을 망쳤다는 것이다.

"나같이 솔직하라구요."

"이 무지한 계집. 그 무지가 사람 백 번도 더 죽이겠다. 백 번도⋯⋯"

두 주먹을 잔뜩 움켜쥐었으나 벌써 그의 음성은 맥을 잃고 있었다.[18]

  그런데 인용문에서처럼 이 소설의 초점 화자인 남편은 아내와
의 대화 속에서도 아내를 설득하지 못한다. 그리고 남편은 내면
서술 속에서도 자신의 우울하고 무력한 상태를 강조하느라, 풍자
의 대상인 아내에 대한 공격의 날을 제대로 세우지 못한다. 풍자
의 웃음은 비판하는 공격자와 비난당하는 희생자가 선과 악으로
명확하게 분리되어야 웃음의 효과를 발휘할 수 있다. 풍자의 웃음
은 모두를 포용하는 유머의 웃음과는 질이 다르다. 그러나 이 소
설은 풍자소설이라는 표제를 달고 있으며, 풍자 대상을 명확하게
설정하고 있음에도 불구하고, 공격의 주체인 남편의 성격을 무력
하고 우울한 상태로 설정함으로써 풍자의 성격을 약화시키고 있
다. 남편은 아내가 비정상적이며 불건전하다는 것을 알지만, 그래
서 울분을 못 이기고 집을 뛰쳐나왔지만, 가정을 지키기 위해서는
어쩔 수 없이 아내에게 돌아가야 한다고 생각하여, 더욱 우울하고
외로워진다. 남편의 이 무력함으로 인해 남편은 독자들과 공모하
여 아내를 조롱하고 놀리며 자신의 우월한 위치를 확인하지 못한
다. 즉 풍자의 웃음을 유발하지 못하는 것이다.
  이렇게 이 시기 풍자소설에는 풍자를 하는 주체가 풍자하고자
하는 대상에 대해 우월한 위치를 확실하게 차지하지 못하고 있는
경우가 종종 있다. 풍자소설 〈슬픈 풍경〉(1967)에는 허랑방탕하게

---

[18] 한천석, 〈女男 평등국〉, 《명랑》, 1967년 1월호.

돈을 쓰며 여자랑 놀아나는 친구 달구를 걱정하는 친구 삼룡이 등장한다. 삼룡은 달구처럼 타락의 길에 있다가 회심하여 지금은 성실하게 살아가는 친구이다. 그는 달구의 유흥 자금을 빌려주면서 달구의 처지를 걱정하지만 달구는 그 말을 듣지 않는다. 삼룡은 그런 달구 앞에서 무력함을 느낀다. 삼룡은 〈여남 평등국〉의 남편 영철처럼 사회가 요구하는 정상적인 삶의 기준을 지키려는 사람이다. 일부일처제의 화목한 가정, 성실하게 일하는 가장, 자상한 아내, 이런 것들을 지키며 살아가려는 사람이다. 이 소설들은 모두 이러한 정상적 남성 주체의 시선에서 본 타락한 개인들 혹은 일탈적 인물들에 대한 비판을 담아 내려고 했다. 하지만 정상적 남성 주체는 일탈적 인물 앞에서 자신의 주장을 확실하게 관철시키지 못한다. 이들의 말을 귓등으로도 안 듣는 아내와 친구는 자신들을 훈계하려는 정상적 남성 주체에게 오히려 무력감을 선사할 뿐이다. 이러한 우울과 무력함을 느끼는 남성 주체로 인해 풍자는 풍자의 기능을 하지 못하게 된다. 이렇게 이 시기 풍자소설은 웃음의 기능을 상실한다. 이는 바로 일탈적 주체 앞에서 확실한 우위를 점하지 못하는 남성 주체의 무력감에서 기인하는 결과이다.

1960년대 중·후반 웃음은 이 지점에서 균열을 드러내기 시작한다. 모두가 화합할 수 있는 웃음이 가능했던 시기를 지나자 웃음은 공격자와 희생자가 확실히 분리되는 풍자의 성격을 지니게 된다. 이 풍자 속 정상적 남성 주체가 제대로 효과를 발휘했다면 사회가 요구하던 가부장적 이데올로기는 강화되었을 것이다. 하지만 1960년대 《명랑》에는 이 풍자의 웃음이 제대로 작동하지 않는 지점이 노출된다. 국가가 요구하는 건전한 삶을 살려고 노력하는 남성 주체들은 허영과 사치를 통해 자신의 물욕을 마음껏 드러내며 현실을 즐기는 인물들을 쉽게 비난하지 못하는 모습을 보인다. 그리하여 건전한 삶을 추구하는 모습을 무력하고 우울하게 보이게 만든다. 그에 비해 현모양처의 이미지와 반대되는 힘센 여성에 대해서는 포용의 웃음을 보여 준다. 여기에서 1960년대 중·후반 대중들은 가부장제 이데올로기나 현모양처 담론의 억압에 쉽게 동의하지 못했음을 알 수 있다.

남성의 출세와 웃음의 경계

잡지 《명랑》의 명랑소설들은 1960년대 중·후반 명랑의 의미를 국가가 요구하는 보수적이고 건전한 질서로 환원할 수 없는 지점들을 보여 준다. 풍자소설 속 건전한 남성 주체들은 웃음의 대상을 공격하며 독자들과 공모하여 웃음을 유발하는 데에 실패하며, 오히려 건전함의 강조 속에서 무력해져 가는 주체의 모습들을 드러냈다. 이렇게 명랑소설 속 남성 주체의 모습들은 당대 국가가 요구한 건전한 주체의 표상을 웃음거리로 만드는 지점들을 노출시킨다.

이 시기 국가는 사적 영역에서 가부장적 이데올로기를 바탕으로 한 가족의 질서를 요구했다면, 공적이고 사회적 영역에서는 국민들이 모두 경제적으로 성공하여 출세하기를 요구했다. 잡지《명랑》은 성공 비화, 입지 비화 등을 실으면서 자수성가한 사람들의 성공 스토리를 끊임없이 대중 독자들에게 공급했으며, 출세를 위한 생활 비법이나 처세 비법도 자상하게 알려 주었다. 근면 성실하게 일해서 경제적 성공을 이루어 물질적 풍요를 누리는 남자들은 국가가 원하는 이상적인 남성상이었다.

　잡지《명랑》에 실린 명랑소설 또한 트렌드를 재빠르게 쫓아야 하는 코미디 장르의 속성상 이런 출세한 남자를 주요 인물들로 자주 설정했다. 하지만 명랑소설 속 출세한 인물들은 코미디의 속성상 마냥 이상적으로만 그려지지는 않는다. 1960년대 중·후반 명랑소설이 보수화되었다고 하지만 실제로 명랑소설들을 자세히 살펴보면 소설의 주요 대상을 조롱하면서도 포용하는 코미디의 감각을 아직은 섬세하게 유지하고 있다.

　해성물산의 송 사장은 쓸쓸한 사나이다. 공식적인 재산 평가만으로도 수억대를 헤아리는 돈방석 위에 앉아 있건만 취미나 오락이라는 게 아무 것도 없다.……문제는 간단하다. 송 사장에 무엇이건, 이를테면 바둑이나, 골프, 혹은 댄스 그밖에 무엇이라도 좋다. 아무튼 무엇이건 취미를 붙이면 이 버릇은 없어질 게 분명하다.[19]

19　주훈, 〈글래머 여비서〉, 《명랑》 1967년 5월호.

샐러리맨 명랑소설이라는 표제가 붙은 1967년 작 〈글래머 여비서〉는 일에만 빠져 사는 사장으로 인해 직원들이 휴일까지 반납하고 회사에 출근을 하는 것에 불만을 품은 총무과장이 글래머 여비서를 뽑아 사장을 유혹하게 하여 휴일을 보장받는 소동을 그려내고 있다. 이 작품에서 사장은 억대 자산가이지만, 술, 담배, 골프, 바둑, 꽃이나 새 기르기 등의 취미가 전혀 없어 일요일까지 회사에 나오는 고리타분한 사람으로 설정되어 있다.

돈 버는 일밖에 모르는 사장은 직원들의 휴일까지도 침해하는 문제적 인간이다. 즉 경제적으로 성공했다고 해서 모두의 존경을 받는 사장님은 아닌 것이다. 사원들 또한 휴일에도 자신의 모든 시간을 회사에 바쳐야 옳다고 생각하지 않는다. 휴일의 여가를 즐길 시간도 있어야 하는 것이다. 그러므로 일만 하는 사장은 놀림의 대상이 된다. 평소에 삶을 즐기지 않았던 그는 여자의 유혹에 쉽게 넘어가는 어수룩한 인물이며 그로 인해 직원에게 약점을 잡히는 것이다. 여기에서 사장을 놀릴 수 있는 것은 바로 경제적 성공만이 삶의 전부가 아니라는 것에 총무과장과 화자 그리고 독자가 함께 동의하기 때문이다. 이렇게 명랑소설에서 출세한 부자는 마냥 동경의 대상이 되지는 않는다.

풍자적 성격이 섞여 있는 소설들에서 출세한 부자들은 확실한 비판의 대상이 된다. 이 시기 명랑소설에서, 삶을 즐기고 노는 여성과 젊은이들을 풍자할 때는 풍자의 초점이 흐려졌던 것에 비해, 출세한 부자들에 대해서는 풍자의 초점이 명확하다는 점은 꽤 흥미룝다. 출세한 부자들이 비판받는 지점은 그들이 돈만 밝히기 때문이다. 그렇다고 그들이 돈만 밝히지 않고 국가와 사회를 위해서 헌신해야 한다는 메시지를 전하는 것은 아니다(참고로 식민지 시기에는 사람들이 출세하기 위해 사회와 민족을 위하는 척했다는 것이 풍자의 지점이었다. 1932년《신동아》에는 〈출세를 위한 처세법〉을 다소 풍자적인 어조로 실으면서 '남 앞에서는 반드시 사회와 민족을 논하라'라는 처세술을 제시했다). 오히려 이 소설들에서는 경제적 성공을 했어도 문화적 취미가 없는 인물들을 비판한다. 풍자소설 〈출세한 사나이〉(1968)에서 강덕구는 바둑이나 독서와 같은 고상한 취미는 차치하고서라도 영화감상이나 라디오 드라마 청취와 같은 대중적 취미조차 없는 것을 비판한다.

《명랑》은 대중적 오락잡지였다. 잡지 《명랑》이 표방하는 오락은 문화적인 영역의 대중화를 의미했다. 소설, 영화, 라디오 드라마 그리고 텔레비전에 이르기까지 당대의 모든 매체 속에 유통되던 문화를 독자들에게 전달하려 했다.[20] 신작 영화에 대한 소개, 영화배우 소개를 통해 영화의 소비를 진작시키거나, 영화를 보지 않고도 사회생활에서 영화에 대한 이야기에 참여할 수 있게 만들었다. 세계 명작소설 다이제스트를 제시하거나 예전에 인기 있었던 신문 연재소설을 요약 재수록하면서 소설에 대한 담론 그리고

---

[20] 잡지 《명랑》이 당대 독자들에게 공유되던 방식은 최애순의 〈1950년대 활자매체 《명랑》 '스토리'의 공유성과 명랑공동체〉, 《한국문학이론과 비평》 59, 2013; 권두현의 〈전후戰後 미디어 스케이프와 공통감각으로서의 교양—취미오락지 《명랑》에 대한 물질 공간론적 접근〉, 《한국문학연구》 44, 2013. 참조.

고전을 중심으로 한 교양 있는 대화에도 참여할 수 있도록 했다. 잡지《명랑》은 도시 생활 속에서 누리는 여러 가지 취미 생활을 안내해 주고, 그런 취미 생활에 대한 흥미를 북돋우며, 실제 취미를 즐기지 못하더라도 대화에서 소외되지 않게 해 주는 잡지였다.

그러므로 잡지《명랑》이 추구하는 삶의 모습은 완벽하게 건전하고 성실한 생산자의 삶은 아니었다. 도시의 세련된 문화를 즐길 줄 아는 도시 청춘남녀의 모습이 잡지《명랑》이 생각하는 이상적인 주체의 표상이었다.《명랑》의 이런 담론은 사실 정치적 영역에서 억압당하던 당대인들의 욕망을 오락적인 문화로 표출하게 했다는 비난을 받기도 했다. 하지만 잡지《명랑》이 만들어 낸 문화적 욕망은 국가를 위해 성실하게 복무하는 건전한 국민의 표상에도 불신을 만들어 내기도 했다.

근면하고 성실하게 일하며 절약하고 저축하여 자수성가를 이루려는 남성 주체에 대한 잡지《명랑》의 거리감은 〈독신동맹〉(1968. 1~1969. 9)이라는 명랑소설에서 잘 드러난다. 이 소설은 성공할 때까지는 절대 결혼을 하지 않기로 동맹을 맺은 두 친구 중 한 명이 결혼을 하면서 그 사실을 숨기려다가 생겨나는 일련의 소동을 다루고 있다. 먼저 결혼한 박 과장은 친구 찡에게 자신의 결혼 사실을 숨기기 위해 아내도 사촌 누이라고 속인다. 그런데 친구 찡은 그 거짓말에 속아 친구의 아내를 진짜 친구의 사촌이라 생각하고 자신이 그 사촌과 약혼하겠다고 한다. 자꾸 자신의 아내와 약혼을 하겠다는 친구 찡을 말리기 위해 박 과장 부부는 찡에게 맞선을 주선한다. 이때 만난 달숙과 찡의 연애 이야기가 이 소설의 또 다른 주요 스토리이다.

이 작품에서 웃음을 유발하는 인물은 찡이다. 찡은 경상도 촌놈으로 성공하겠다는 일념만으로 악착같이 돈을 모으는 인물이다. 그는 숙박비를 아끼기 위해 친구 집 마당에서 거적을 깔고 잠을 자고, 자신이 결혼하겠다고 약속한 달숙에게도 자신이 파는 물건을 공짜로 주지 않으며, 결혼식 때도 몸에 맞지도 않는 친구 양복을 억지로 빌려 입고, 신혼 드라이브 택시비가 아깝다고 자전거에 신부를 태워 피로연장에 간다. 그는 신혼여행은 고사하고 신혼집마저 가게에 딸린 단칸방을 얻으며 삼시 세끼를 밥과 단무지만으로 버티는 대단한 구두쇠이다.

이런 찡의 모습은 당당하다. 그는 사람들의 시선이나 눈총에는 아랑곳하지 않는다. 성공을 위해서는 이 정도는 아껴야 한다는 신조와 3년 안에 꼭 성공할 거라는 의지만이 있을 뿐이다. 이와 달리 달숙은 도시처녀로 직장까지 다니면서 도시적인 삶에 익숙해져 있으며 현실적인 감각도 뛰어나다. 그러므로 사회에서 살아가려면 어느 정도는 사회적인 명예와 위세가 꽤 중요하다는 것을 안다. 찡의 성공 의지에 마음이 흔들리지만, 매너 없고 투박하며 돈만 아끼려 하는 찡과 자꾸 부딪힌다. 찡의 상식과 달숙의 상식이 부딪히면서 만들어 내는 티격태격이 이 소설의 중요한 웃음 포인트이다.

"니 입에 뭐꼬?"

달이가 물었다.

"하도 배가 고파서 십 원짜리 빵 하나 먹었으니, 니도 하나 묵으래이."

찡이 계면쩍은 듯이 말한다.

"내사 안 묵을란다. 니 그전에 십 원에 매 한 대라 했제? 니도 좀 맞아 봐라!"

달은 천막을 바치는 굵은 사각목을 빼 들었다.[21]

찡은 근검절약을 위해 모든 식사를 밥과 단무지로 통일한다. 허기가 진 달숙(달)은 가게에서 파는 달걀과 과자를 찡 몰래 먹다가 들킨다. 그러자 찡은 달숙의 버릇을 고치기 위해 먹은 만큼 매를 때린다. 이에 달숙은 굴하지 않고 찡에게 복수를 결심한다. 달숙은 찡의 신조를 역이용하여, 성공을 위해서는 단무지도 아깝다며 식사 시간에 소금과 밥을 내오며, 찡의 밥 양도 반으로 줄여 버린다. 그러자 배가 고파진 찡은 결국 가게에서 파는 빵에 손을 댄다. 이 장면을 목격한 달숙은 회심의 미소를 지으며 찡이 세운 규칙을 오차 없이 시행한다. 달숙에게 매를 맞게 된 찡은 드디어 달숙과 협상을 시도하며, 찡과 달숙 사이는 화해 국면으로 접어든다.

찡의 상식은 정확히 국가가 원하는 이상향이다. 근검절약으로 성실하게 일하여 성공하라. 하지만 이 소설은 이러한 이상적 담론이 정말 현실화되었을 때 어떤 문제에 부딪히는지를 찡과 달숙의 티격태격으로 보여 준다. 그는 길거리에다 코를 팽팽 푸는, 사회

---

[21] 최요안, 〈獨身同盟〉, 《명랑》 1969년 9월호.

적인 매너를 전혀 갖추지 못한 인물로 그려지고, 자신의 장사를 위해 아이들에게 부모님의 돈을 거짓말로라도 받아오라고 시키며, 때와 장소에 맞는 몸가짐을 하지 않아 아내의 체면을 구긴다. 반면에 달숙은 잡지 《명랑》의 담론 속에 나타나는 상식적 여성이다. 직장도 다니고, 그리 예쁘지는 않지만 자신을 가꿀 줄도 알고, 자신이 원하는 바를 남성에게 정확하게 표현도 한다.

이런 달숙으로 인해 찡의 상식은 도전을 받고 위기에 처한다. 동시에 찡의 상식으로 인해 달숙의 상식 또한 위기에 처한다. 웬만하면 상식적으로 처리될 일이 서로의 상식이 소통되지 않아 소동이 벌어진다. 이 소동은 독자들이 보기에 웃긴다. 찡의 상식이 너무나 극단적인 것이어서 달숙의 대응 또한 극단으로 향하기 때문이다. 이렇게 극과 극의 충돌 속에서 빚어지는 웃음 속에서 독자들은 찡의 상식도 그리고 달숙으로 대변되는 자신들의 상식도 다시 한번 점검하게 된다.

결국 이 소설은 너무나 근검절약하여 달숙을 힘들게 만드는 찡에게 복수하기 위해 달숙이 찡을 능가하는 정도로 짠순이 흉내를 내다가 오히려 스스로 근검절약에 재미를 붙인다는 '건전한' 결말을 내지만, 사실 이 소설의 재미는 상식적인 선을 넘어서는 찡의 극단적인 근검절약이 야기하는 소동을 보는 데에서 생겨난다. 이 과정에서 국가가 국민들에게 요구하는 성실한 생산자 그리고 절약하는 소비자의 표상이 현실에서는 수용되기 어려움이 드러난다.

웃음은 웃음의 대상과의 거리가 확보되었을 때 발생한다. '내 손가락이 잘리면 비극이지만, 네 손가락이 잘리면 희극'인 것이다.[22] 나와 다른 대상에 대한 신기함과 그 대상이 나의 삶과 무관하다는 거리감이 편하게 웃을 수 있는 여유를 만든다. 동시에 그 웃음은 내가 아는 상식선을 벗어나야 발생하지만, 윤리적 안전망을 벗어나지 않는 적당한 선에서의 일탈이 이루어져야 웃음이 유발된다. 웃음은 상식의 경계를 넘나들 때 가능해지는 것이다.[23] 그렇기 때문에 웃음의 대상은 항상 상식의 경계선에서 발생하고 존재한다.

국가 이데올로기가 만들어 내고자 했던 건전한 남성 주체, 자수성가하여 출세한 사람들, 그리고 그들의 생활 감각과 윤리 감각은 코미디의 영역으로 들어와 웃음의 대상이 된다. 그들은 당대 사회적으로 새롭게 등장한 주체의 모습이며, 사회적으로 상식이 되어 가는 표상이기는 했지만, 당대 대중들에게는 완전한 상식으로 받아들여지지 않는 모습들을 가지고 있었던 것이다. 대중의 욕망은 자수성가, 출세, 경제적 성공을 위해 버리고 싶지 않은 욕망들을 내재하고 있었던 것이다. 그렇기 때문에 명랑소설은 국가가 과도하게 강요하는 이상적 인간의 모습들 속에서 당대 대중의 감각으로는 쉽게 받아들일 수 없는 이상한 지점들을 발견했고, 이를 웃음의 대상으로 선택했다. 1960년대 중·후반 명랑소설은 표면적으로는 보수화되는 듯한 모습을 보이지만, 웃음의 대상과 거리를 가지고 웃음의 대상을 놀리면서도 포용하는 양가적 태도를 견지하

[22] 몰윈 머천트, 《희극》, 석경징 역, 서울대학교출판부, 1987, 23쪽.
[23] 박근서, 《코미디, 웃음과 행복의 텍스트》, 커뮤니케이션북스, 2006, 66쪽.

면서 당대 국가 이데올로기가 만들어 내는 주체의 모습에 내재된 틈과 균열을 드러내었다.

명랑의 다층성과 도시 청년의 감각

잡지《명랑》은 1950년대에서 1960년대까지《여원》,《아리랑》,《야담과 실화》등과 더불어 대표적인 대중잡지였다(《동아일보》 1961년 8월 22일자 〈大衆雜誌가 걸어가야 할 길〉;《동아일보》1967년 7월 4일자 〈通卷 百號 이상의 雜誌는 26가지〉). 당대의 여러 대중잡지 중에서도《명랑》은 도시적 생활 감각을 흥미롭게 전달하여 도시 청년 남녀들에게 애독되었다.《명랑》1964년 6월호 '명랑 100호 기념 대담'에서 역대 편집장들은《명랑》의 성격이 "일반 가정을 중심으로 하여 각계각층의 독자들의 기호 취미에 맞게 광범위한 편집을 하고 있습니다만 독자층이 가장 많은 젊은 세대의 흥미와 관심에 알맞은 건전한 오락물, 가벼운 교양물에 대해서 특히 비중을 주고 있다"고 했다(강조는 인용자). 이들 독자는 일정한 교육을 받기는 했으나 지식인 엘리트는 아니었기에—1960년대 중·후반부터 잡지《명랑》을 포함한 대중잡지들은 '틴에이저 매거진'이라고 불릴 정도로 청소년 독자들이 중심이었다(《매일경제》1970년 3월 28일자 〈'안절부절, 大衆雜誌〉)—특히 남고생들이 주독자층을 이루었다고 조사됐다(《동아일보》1963년 8월 2일자 〈매스콤과 學生〉). 하지만 잡지

《명랑》을 보면 직장 초년생 여성의 처세술이나 신혼살림의 노하우 등에 관한 내용의 기획도 큰 비중을 차지하기 때문에 남고생 외에도 고등학교를 졸업하고 취직을 했거나 결혼을 준비하는 여성들도 주독자층 중 하나임을 짐작할 수 있다.

이와 같이 잡지 《명랑》의 독자들은 당시 지식인 엘리트의 대표인 대학생은 아니었으나, 일정 정도의 교육을 받고, 학교를 중심으로 한 도시적인 삶을 경험한 대중들이었음을 알 수 있다. 잡지 《명랑》은 정치·사회적인 방향에서는 국가주의 담론의 거대한 영향력에 포섭되어 있었다. 그렇지만 이와 동시에 잡지 《명랑》의 독자들은 도시적 삶에 대한 경험이나 지식인 엘리트를 중심으로 향유되는 문화에 대한 동경을 통해 도시 시민으로서의 감각을 형성했다.[24] 잡지 《명랑》은 문화적으로 라디오 드라마와 영화 그리고 텔레비전 드라마와 같이 당대 최첨단의 매체를 소개하고, 도시적 생활공간이나 그 속에서 살아가는 도시인들의 일상을 보여 주면서 도시적 삶에 대한 감각을 전달했다.

잡지 《명랑》에 나타난 명랑의 개념은 이러한 다층적인 의미를

---

[24] 권두현은 1950년대 잡지 《명랑》이 "도시인의 명랑한 삶을 위한 일상적 규범을 제시하고 각 영역들에 고유한 수행성들의 총체를 재편하는 상호매체적 공간으로서 존재"했다고 하며, 잡지 《명랑》이 도시의 삶에 대한 감각과 경험의 형성에 중요한 역할을 했음을 보여 주었다. 이 논문에서는 1960년대 이후 잡지 《명랑》은 1950년대와는 미묘한 변화를 보여 준다고 했으나, 이는 1960년대 나타나는 명랑성의 성격 변화에 대한 것이지 잡지 《명랑》이 수행했던 역할의 변화는 아니다. 덧붙여 권두현은 1960년대 잡지 《명랑》에 대한 본격적 분석은 하지 않았으나, 1960년대가 되면 잡지 《명랑》이 보수적이고 온건한 방향으로 변해 간다고 간략히 언급한다. 이는 1960년대 명랑이라는 개념이 보수적인 건전성의 의미로 축소되었다는 기존 연구사의 견해와 궤를 같이 하는 분석이다(권두현, 〈전후戰後 미디어 스케이프와 공통감각으로서의 교양─취미오락지 《명랑》에 대한 물질 공간론적 접근〉, 37~38쪽).

모두 보여 준다. 우선 1960년대 중·후반 명랑은 건전하고 보수적이며 생산적인 국민을 만들려는 국가 이데올로기로 봉사했다. 국가주도로 이루어진 '명랑화 운동'이 가장 대표적인 예일 것이다. 이러한 국가 이데올로기는 사적 영역에서는 권위적인 가부장과 자상한 현모양처를 중심으로 구축되는 일부일처제의 가족 이데올로기로 나타났다. 《명랑》과 같은 대중잡지에서는 이러한 건전한 가족의 이미지를 명랑의 이미지로 제시하기도 했다.

동시에 명랑은 화려하고 세련된 도시의 소비적 삶의 모습으로 나타나기도 했다. "명랑한 가정마다 금성 라디오"라는 금성 라디오의 광고는 라디오 정도는 하나씩 두고 사는 가정이 표준적이고 좋아 보인다는 이미지를 만들어 냈다. 잡지 《명랑》에는 '명랑한 피서지'로 서울에 있는 수영장 4곳을 소개한다. 도시에 살면서 수영장 정도에 가서 놀아야 제대로 된 피서를 하는 것이라는 이미지를 명랑이라는 개념으로 담아 낸다.

이렇게 드러나는 명랑의 의미는 국가 이데올로기에 영합한 보수적인 개념이거나 소비지향적 상업문화에 휩쓸린 저급하고 오락적인 개념으로 여겨진다. 하지만 1960년대 중·후반 잡지 《명랑》이 제시하는 삶의 표상들 그리고 명랑소설을 통해 드러난 웃음의 의미는 건전하거나 향락적 의미의 명랑이라는 개념과는 또 다른 명랑의 의미가 가능했음을 보여 준다.

잡지 《명랑》에서 제시하는 삶의 표상들은 명랑이 도시적 삶의 매너 중의 하나라고 알려 준다. 매월 실리는 에티켓 혹은 교양 강

좌와 같은 코너에서 잡지《명랑》은 직장에서, 사회에서, 연애관계에서 세련되게 행동하는 법을 알려 준다. 이 중 대부분은 직장 생활에서의 매너이다. 이런 기사들이 남성에게만 국한된 글이 아니었다는 점이 흥미롭다. 현모양처가 되기를 그토록 강요했던 사회 속에서 잡지《명랑》은 여성의 직업, 여성이 직장 생활을 잘 하는 법, 노처녀들이 돈을 벌면서 당당하게 살아가는 법 등에 관심이 많았다. 잡지《명랑》은 1964년 4월 〈귀염받는 B.G. 처세술〉이라는 기사에서 비즈니스 걸이 직장에서 처세하는 법을 알려 준다.

유모어를 가질 것

순종만을 최고의 미덕으로 알던 시대는 지났다. 언제나 침묵만 지키고 무엇인가 혼자서 생각하는 BG는 매력이 없다. 남성들의 가벼운 농담에 어울리기도 하고 때로는 남성들의 간장을 서늘하게 하는 한 마디도 좋다. 남자 직원들이 많은 직장에서는 흔히 자기들만의 외설한 이야기를 떠들어내는데 그런 때에 어떤 불결함을 표시한다든지 지나친 반응은 좋지 않다. 모른 척하고 있다가 적당한 기회에 자리를 뜨면 그만이다.[25]

이 기사에서 직장여성은 유모어를 가질 것을 요구받는다. 이때 유머는 명랑한 태도로 농담을 즐기는 것이다. 이는 남성들 사이에서 순종하며 침묵을 지키며 가만히 미소를 지으라는 의미가 아니

[25] 이연희, 〈귀염받는 B.G. 處世術〉,《명랑》1964년 4월호.

다. 남성들의 농담에 함께 어울리며 웃을 줄 알아야 한다는 것이다. 그리고 불쾌한 농담이 오갈 경우에는 적당히 못 들은 척해야 하지만, 가끔씩은 남성들의 간담을 서늘하게 하는 농담 하나 정도는 날려 줘야 명랑한 직장여성이라고 한다. 《명랑》에서 동경하는 여성 표상은 단지 현모양처의 표상만은 아니었다. 자신의 주관을 가지고 당당히 살아가는 여성의 모습 또한 잡지 《명랑》 속 여성의 표상이었다. 이것은 당대를 살아가던 대중들이 동경하는 어떤 지점이기도 했을 것이다.

또한 이러한 도시적 세련됨을 갖춘 여성과 남성들은 사회적 인간관계 속에서 서로에게 적당한 거리감을 가지고 대하는 법을 배웠다. 서로의 영역에 쉽게 침범하지 않고 거리를 유지하는 것은 개인의 고유 영역을 가질 수 있게 한다. 그리고 이러한 거리감이 확보되어야 서로에 대한 농담과 유머와 웃음이 가능해진다. 이렇게 약간의 거리감 속에서 서로 가벼운 농담을 나누면서 지내는 도시생활의 매너가 조금씩 퍼져 나갈 때, 국가 담론에도 거리감을 유지하며, 향락적인 문화와도 거리감을 유지하는 주체들이 생겨날 수 있다.

잡지 《명랑》의 명랑소설들과 기사들은 미약하게나마 이러한 주체들이 1960년대 4·19혁명의 낙관적 전망이 스러진 이후에도 살아남아 있음을 확인하게 해 주었다. 명랑소설 속 힘센 아내들은 사회적으로 포용될 수 있는 여지를 가졌었고, 그에 비해 삶을 탕진하는 아내나 젊은이를 비판하는 남성 주체의 목소리는 오히려 건전하게 살고 싶다는 삶이 실현되지 않는 현실 속에서 무력함과 우울함을 느꼈다. 국가가 원하는 출세한 남자들의 삶은 문화적 취향이 없다는 이유로 웃음거리가 되었으며, 근검절약하여 자수성가하고자 하는 의지적 인물 또한 도시적 삶의 매너가 익숙해진 도시 시민들에게는 이상하고 신기해서 웃기는 인물로 받아들여졌다. 이와 같이, 1960년대 중·후반의 잡지 《명랑》과 명랑소설 속에 나타나는 대중의 거리 감각은 이런 보수화 경향에서 일탈하고자 하는 대중의 욕망을 반영하고 있었다.

웃음의 거리 감각과 시민사회의 기반

웃음은 위험하다. 그리고 동시에 멍청하다. 웃음은 상식적인 일상을 일탈하고 위반함으로써 발생하지만, 일탈에서 일상으로 안전하게 귀환함으로써 마무리되기 때문에 기존의 규칙과 규범을 공고화시키는 역할을 담당하기도 한다. 웃음에 대한 가치 평가는 웃음의 이러한 대립적 기능 중 어떤 점을 더욱 중요하게 판단하느냐에 따라 달라진다. 상식을 넘어서는 웃음은 진보적인 가능성을 보여 주지만, 그것이 기존의 상식을 인정하고 수용하는 것으로 마무리될 때는 당대 사회의 보수적인 지점으로 회귀하는 한계를 보여 준다고 판단한다. 하지만 웃음의 작동방식 그리고 이를 통해 발생하는 코미디 장르의 가장 중요한 특징은 웃음이 대립적인 양극을 포용한다는 점이다. 코미디 장르는 어느 한쪽으로 결정되지 않고 일탈과 일상의 모순을 포용할 때 작동된다.[26] 코미디는 상식의 경계를 넘어서면서도 상식의 범위로 포용할 수 있는 웃음을 생산한다. 그러므로 웃음은 상식의 경계선 위에서 발생한다. 웃음의 성격이 보수적이냐 진보적이냐는 웃음의 일면만을 파악하게 한다. 웃음은 그 사회 상식의 경계선을 보여 주는 역할을 담당하기 때문에 우리는 웃음을 통해 이 상식의 변경 가능성을 파악하고 즐겨야 한다.

1960년대에 웃음의 감각은 명랑소설이라는 장르를 통해 대중들에게 전달되었다. 1960년대 명랑소설은 1950년대 명랑소설에 비해서 상대적으로 작품 수가 줄어들었고, 웃음의 성격도 바뀌었다. 1950년대 명랑소설은 명랑이라는 개념이 내포한 낙관과 미래에 대한 전망을 바탕으로 한 웃음을 선사했다. 1960년대에는 보수적인 정권이 명랑이라는 개념을 건전성의 의미로 전유하면서 1950년대식 명랑소설은 그 자체의 희극성이 약화된다. 그러나 당대 대중들의 오락잡지 《명랑》에 나타난 명랑소설을 보면 낙관과 전망을 바탕으로 한 웃음이 아닌 상식의 경계를 가늠하는 웃음들이 여전히 작동하고 있음을 확인할 수 있다.

명랑소설의 독자들은 기존의 명랑소설에서 주목했던, 적극적 여성의 모습이 사회적 비난과 교화의 대상이 되기 시작했음을 감지하면서도 그런 적극적 여성에 대한 선망과 동경을 간단히 폐기

---

[26] 박근서, 《코미디, 웃음과 행복의 텍스트》, 170~171쪽 참조.

하지는 않았다. 1960년대 명랑소설 속에서 적극적 여성에 대한 풍자는 제대로 기능하지 않고 오히려 남성 주체의 무력함만을 보여 줄 뿐이며, 그러한 여성들을 일상으로 유쾌하게 포용하는 모습도 보여 준다. 당시 국가적인 담론 속에서 강조되었던 새로운 남성 주체들의 모습도 명랑소설 속에서는 쉽게 용인되지 않는다. 출세한 남성과 성공을 위해 절약하는 남성은 명랑소설 속에서 상식적 기준에 부족하거나 과잉된 인물로 그려지며, 웃음의 대상이 된다.

명랑소설 독자들은 웃음의 대상과 거리감을 유지하면서 당대 사회가 요구했던 국가 이데올로기와도 거리감을 유지했다. 명랑소설은 기존의 상식적인 질서와 정권이 요구하는 규율이 만나는 경계의 지점을 보여 주고, 이를 웃음으로 형상화함으로써, 국가 이데올로기로 쉽게 환원되지 않는 대중들의 문화적 감각을 형성하게 했다. 이렇게 명랑소실은 사회적 담론 속에서 건전성의 의미로 축소되어 가고 있던 명랑의 개념을 문화적인 영역에서 국가 이상에 대한 거리감 유지라는 의미로 기능하게 하면서 명랑이라는 개념을 다층적으로 만들었다.

잡지《명랑》은 도시 청년남녀들이 애독하던 잡지였다. 이들은 명랑소설이나 기사들을 통해 국가가 요구한 이상적 주체의 모습을 희화화하며 국가 이데올로기로도 향락적인 상업문화로도 환원되지 않는 자신들만의 문화적 감각을 보여 주었다. 그들은 세련된 도시 생활 속에서 문화적 취향을 통해 개인의 삶을 풍요롭게 만드는 삶을 추구했다. 이러한 그들의 감각은 가부장제를 바탕으로 경제적 생산에만 치중하는 1960년대 삶의 모습에 거리감을 느끼게 했다. 이러한 거리감을 바탕으로 정권이 요구하던 이상적 주체를 웃음의 대상으로 삼으며, 1960년대 도시 대중들은 국가 이데올로기에 포섭되지 않는 자신들만의 문화를 형성할 수 있었다.

자유롭고 민주적인 시민사회의 기반은 어떻게 마련되는 것일까. 이는 분명 정치적인 활동과 실천적인 시민운동 등을 통해 만들어질 수 있을 것이다. 그런데 이러한 변화가 대중적으로 확산되고 수용될 수 있기 위해서는 시대를 받아들이고 이해하는 대중들의 감각, 그리고 자기 자신에 대한 대중들의 이해가 자연스럽게 변화되어야 하는 지점이 존재한다. 1960년대 잡지 《명랑》과 거기에 게재된 명랑소설들은 단순하고 오락적인 문화일 뿐이었지만, 도시 생활의 교양과 인간관계에서의 세련된 거리감 그리고 유머 감각을 경험하게 했다. 대학생과 같은 지식인 엘리트는 아니지만 고등학교 생활을 통해 도시문화를 경험하며 생활했던 도시의 젊은 계층인 잡지 《명랑》의 독자들은 이러한 문화적 경험을 통해 국가주의 이데올로기에 대해 감각적인 거리감을 확보할 가능성을 가졌다.

이영미는 1970년대 청년문화의 수용자가 청년문화의 창작자들보다 몇 살 연하인 대도시 고학력 중간계급 이상의 청소년들이 중심이었음을 언급했다.[27] 이러한 청소년들은 잡지 《명랑》의 독자와도 일정 정도 합치된다. 도시의 젊은 계층인 이들의 감각이 신

---

[27] 이영미, 《한국 대중예술사, 신파성으로 읽다》, 푸른역사, 2016, 421쪽.

파와 같은 구세대 감각과 거리감을 가지게 되는 데에는 여러 가지 요인이 작용하겠으나, 잡지《명랑》을 통해 형성된 유머, 웃음, 명랑의 감각 또한 국가주의 이데올로기의 억압과 이로 인한 무력함의 표현인 신파와 거리를 유지하게 하는 데 꽤 중요한 역할을 했으리라고 짐작해 볼 수 있다. 이와 같은 문화적 경험이 이후 1970년대 저항적인 청년문화가 대중적으로 수용되고 확산되는 데에 작은 역할이나마 담당했으리라고 조심스럽게 추측해 본다.

국가주의는 민주화 시대에도 관철된

제왕적 대통령제는 한국정치의 전통적

대통령의 통치행위를 의회와 시민

헌법적 난점을 우회한

표현한 개념으로

아직도 국민시대
: 국가와 시민민주주의

오히려 정치권의 실행적 효율성을 떨어뜨리고

통치행위는 자의적 임의적 공간으로 밀어내는 효과를

초래한다. 정당을 부권이 거부되는 상황에서

자주 거리낌치를 저항해 호명했던 것은

송호근

절창했던 위기관리 구호였지만 정파에 동원되는

국민인지 통치행위를 정당화해 주는

국민인지가 헷갈렸다

위한 국민의 정치는 모든 정당들이

거부 행사 민주 시대 국정치의 모습이었다

국민을 명분으로 행위

도 모두 국민을 호명

촛불저항운동은 무엇을 겨냥했는가

한국에서 촛불시위는 평화적 저항방식으로 정착됐다. 촛불은 발언권 없는 시민들이 불만과 분노를 표출할 수 있는 출구이자 상징이다. 김대중, 노무현 정권에서 자주 출현했던 여의도광장 시위와는 성격이 다르다. 여의도광장에는 특정 정책에 불만을 품은 직업집단과 직능단체들이 주로 모였다. 농민들이 트랙터와 소를 몰고 시위대를 형성하거나 노동단체들의 저항 깃발이 펄럭였다. 때로는 특정 정치인과 문화인을 규탄하는 작은 시위대, 특정 정책에 반대하는 시민단체들이 주로 등장했다. 광화문광장에는 익명의 시민들이 익명의 촛불을 들었다는 점에서 다르다.

광화문광장의 촛불은 정쟁에 함몰된 의회정치를 질책하거나 청와대로 집약되는 정권의 행보에 대한 시민들의 광범위하지만 '미약한' 저항이다. 미풍에도 쉽게 꺼질 수 있고, 목적을 쉽게 달성할 수 없는 작은 불꽃이란 점에서 미약하다. 고 노무현 대통령 탄핵 반대 시위, 이명박정권 당시 한미자유무역협정FTA 반대시위가 그러했다. 그러나 일정 기간 지속되고 동참하는 시민들의 규모가 점점 불어난다면 사정은 달라진다. '미약함'에서 '장대함'으로 성격 변화가 일어나는 것이다. 익명 시민들의 집합적 의사가 촛불에 모이고 그것이 어떤 개념을 획득해 나가면 마치 태풍이 세력을 규합하듯 영향력이 확대된다. 일부 언론매체와 진보단체에서 '촛불혁명'이라 불렀던 그 엄청난 사건, 거의 백일 동안 지속됐고 참가 인원 연 1,000만 명을 돌파했던 촛불저항운동이 그러했다.[1]

촛불저항운동이 묻고자 했던 것은 '국민주권'이었다. 그런 점에서 2016년 겨울 한국사회를 강타한 그 사건은 국가와 시민사회, 정치권력의 정당성, 나아가 민주주의의 사회적 기초에 관한 가장 본질적인 문제를 건드렸다. 1987년 이후 진전된 민주정치에서 국민주권 개념이 시민의 인식공간에 성숙한 형태로 형성된 것은 아니었다. "대한민국은 민주공화국이다", "모든 권력은 국민으로부터 나온다"고 명시한 헌법 1조 조항을 모르는 사람은 없을 터지만, 강력한 국가주의가 여전히 맹위를 떨친 한국의 현실정치에서 그것은 대체로 추상적 관념에 머물렀을 가능성이 크다. '주권'이 언제 어떻게 침해당하거나 훼손되는 것인지를 정확히 분별하지 못하는 상태, 저항 여부를 결단하지 못하고 체념하는 어정쩡한 상태가 민주화 30년 일반 시민의 경험공간이었다. 물론, 많은 시민단체는 주권 침해의 경계를 정확히 분간했고, 때로는 제도권 정치에

---

[1] 이 글에서는 촛불시위를 촛불저항운동으로 표현하고 동일한 의미로 쓰려 한다.

과도한 권리와 압박을 자주 행사했다는 점에서 일반 시민과는 달랐다. 그렇다고, 시민운동을 이끌었던 시민단체들이 국민주권 개념을 정확히 내면화했다고 말할 수는 없다. 인지동원의 성공과 주권 개념의 올바른 행사는 별개의 문제다.

　이런 상황에서 지난겨울 광화문광장에는 '실종된 주권'의 행방을 묻는 시민들로 가득했다. 주권 개념에 대한 정확한 인지가 부족하더라도, 주권이 사라진 것 같은 상실감 혹은 위기의식은 비교적 쉽게 촉발되는 법이다. 뭔가 비틀리고 오염되었다는 느낌, '국민에게서 나온 권력'이 공인되지 않는 사인私人에 의해 알게 모르게 오용되었다는 느낌이 일반 정서로 확산된 것이다. 그런데 이 상실감의 근거가 확인되자 시민들은 상처를 입었고, 자존심이 증발되는 느낌을 받았으며, 심지어는 정신적 공황상태를 겪기도 했다. 분노와 수치심이 쉬웠다. 광장은 참담한 심정을 달리 표출할 방법이 없는 사람들이 모이는 곳이다.

　촛불광장은 어떤 뚜렷한 정치적 목적을 품었던 과거의 시위대와는 성격이 달랐다.[2] 중고등학생이 배낭을 메고 왔고, 중장년들이 등산복 차림으로 왔으며, 청년들이 연인과 아이들의 손을 잡고 왔다. 익명의 시민들이었다. 주권의식에 새삼 눈을 뜬 시민들이 탄생했다. 박근혜 지지자들의 정권 옹호 구호도 단말마처럼 솟구쳤으나 북악을 때리는 주권의식과 저항의 함성에 파묻혔다.

---

[2]　이후 두 단락은 필자의 칼럼, 〈오염된 주권을 회수하라〉, 《중앙일보》 2016년 11월 14일자에서 부분 발췌.

그것은 일대 장관이었다. 상실감만으로는 만들어 낼 수 없는 거대한 회오리였다. 전국 주요도시의 터미널은 광화문으로 향하는 시민들로 북새통을 이뤘다. 누가 권한 것도 아니었다. 스스로 억제할 수 없는 발길이었다. 상행선 기차표가 일찌감치 매진되고, 서울행 고속버스도 만원이었다. 관광버스가 특수를 누렸다. 명절과는 역방향, 마치 삼천리 골짜기 지류가 모두 합류해 상행上行하는 강물이었다. 전국 규모의 시민운동은 더러 일어났으나 남녀노소를 관통해 시민 일반이 자발적으로 참여한 대규모 시위는 유례없는 일이었다. 배낭에는 대통령에게 던지는 질문이 가득 들어 있다. 청와대를 호위무사로 채우고 국가의 공적 영역에 탐욕의 도당을 불러들인 그 대통령에게 말이다. 시민들은 오랫동안 품어 왔던 그 질문을 광화문광장에 풀어 놓고 촛불을 켰다. 오염된 주권, 훼손된 민주주의를 복원해야 한다는 결의였다. 통치자가, 집권세력이 그렇게 애틋하게 호명했던 '국민'과 '국가주의'의 정치적 의도에 시민 스스로 의혹을 제기한 자율적 시민정치의 결단식이었다. 그리고 한국정치에 오랜 동안 전승된 엄숙한 국가주의, '국가와 국민'의 관습적 연대를 동원해 시민민주주의의 숨통을 막았던 전제적despotic 통치양식의 종언을 요구했다.

2017년 3월 10일, 헌법재판소는 주문을 선고했다: "피청구인 대통령 박근혜를 파면한다." 이정미 헌재소장 권한대행이 낭독한 이 짧은 문장은 민주화 기간에도 현실정치를 지배한 국가주의를 끝내라는 헌법적 판결이었다. 촛불저항운동이 겨냥한 가장 중대한 가치가 그것이었다. 국가주의의 폐해는 안창호 헌법재판관이 내놓은 보충의견에 적확히 명시되었다. 1) 1987년 헌법 개정에도 불구하고 대통령 권력행사의 민주적 정당성 측면에서는 과거 권위주의 방식을 크게 벗어나지 못했다, 2) 비선 조직의 지속적 국정 개입은 국민과 국가기관 사이의 민주적 정당성의 연결고리를 단절하고, 정치 과정의 투명성과 국민 참여의 가능성을 차단한다, 3) 제왕적 대통령에 집중된 과도한 권력은 하향식 의사결정 문화와 정의적情意的 연고주의와 결합하여 대통령의 자의적 권력행사를 심화한다는 것.

국가주의는 민주화 시대에도 여전히 관철된 한국정치의 전통적 관습이고, '제왕적 대통령제'는 의회와 시민사회의 견제를 우회한 대통령의 통치행위를 통제하기 어려운 현실적 난점을 냉소적으로 표현한 개념이다. 비대한 대통령의 권력을 통제하기 위해 의회의 거부권veto power을 상대적으로 강화했던 것이 지난 민주화 시대의 추세였다. 그러나 의회의 강화된 거부권은 오히려 정치권의 실행적 효율성을 떨어뜨리고 통치행위를 자의적, 임의적 공간으로 밀어내는 효과를 초래했다. 정당의 거부권이 거부되는 상황에서 정당들은 의회를 박차고 나와 자주 거리정치를 택했다. 시민사회의 저항에 호소했던 것이다.

제도적 견제를 우회한 대통령의 자의적 통치행위도 '국민'을 명분으로 행해졌고, 거부권 행사도 거리정치도 모두 국민을 호명했던 것이 민주화 시대 한국정치의 모습이었다. '국민을 위한, 국민의 정치'는 모든 정당들이 절창했던 위기관리 구호였지만, 정파에 동원되는 국민인지 통치행위를 정당화해 주는 국민인지가 헷갈렸다. 국가와 국민은 집권세력의 정당성을 강화하는 최고의 원천이다. 좌, 우파를 막론하고 자신의 통치행위를 의식·무의식적으로 국가와 동일시한 집권세력은 국가에 봉사하는 국민을 언제나 우군으로 동원하고자 했다. 국가state와 국가운영자state manager를 일체화하는 정치권의 오랜 관습이 바로 국가주의이며, 국가라는 거역할 수 없는 절대적 가치로 통치행위의 정당성을 호소해 온 것이 제왕적 대통령의 모순적 양상이다. 민주화 시대 어떤 정권도 이런 등식에서 벗어나지 못했다.

권위주의 청산에 주력한 김영삼, 김대중정권은 차치하고라도, 절차적 민주주의가 어느 정도 정착한 이후 정권에서도 국가와 국가운영자는 분리되지 않았다. 참여정부를 표방했던 노무현정권은 "국민이 진정한 주인입니다"는 명제를 내걸었는데, 시민운동의 전위부대가 배타적으로 참여한 이른바 '행동가 민주주의'였다. 이념적 지향에 따른 선별적·배타적 참여였다. "국민을 섬기겠습니다"라고 겸손하게 표현한 이명박정권은 시민 참여의 문을 닫아 버리고 시민을 직장인처럼 인지했던 이른바 '종업원 민주주의'로 명명할 수 있겠다.[3] 양자 모두 엘리트주의였다. 박근혜정권에서 사정은 악화되었다. '국민행복시대'는 집권세력의 행복시대였다. 시민

---

[3] 최장집 교수가 2008년 11월 5일 울산대학교에서 행한 강연 요지. 강연 제목은 〈울산과 한국민주주의 관찰자로서의 한 시각〉.

단체는 대부분 정치권 외곽으로 쫓겨났으며, 율사·장성·관료가 국가기관을 장악했다. 세월호 참사를 처리하는 과정에서 그 도저한 국가주의가 절정에 달했다.

'국가개조!' 세월호 참사의 책임을 물어 대통령이 발령한 일대 개혁조치를 집약한 표현이다. 세월호 참사가 대통령이 지목했듯 '관피아'를 일망타진 한다고 해결될 일은 아니었다. 그것은 국가기관과 시민사회 간 서로 얽힌 이해관계, 부패한 공공체계에서 발원한 전형적 사건이었다. 시민적 자율성을 국가주의로 제압해 온 일방적 통치의 산물이었다. 민주정치라면 대통령은 국가와 시민사회가 공동으로 책임진 공公 개념의 붕괴에 주목했어야 옳았다. 붕괴된 공 개념을 재건할 주체는 공公의 최고관리자인 정권과 더불어 공의 발원지인 시민과 시민사회여야 했다. 그러나 대통령의 인식공간에 시민사회는 없었다. 시민과 시민사회는 구경꾼에 불과했다. 공 개념의 재건에 주역으로 나선 국가의 채널에는 유족에 대한 철저한 보호의지와 상처받은 대중심리의 치유문제가 잡음 섞인 주파수처럼 명료하게 잡히지 않았다.[4] 정권은 오히려 그런 문제제기를 교묘히 억제했고 여론 형성의 망에서 걸러냈다.

촛불저항운동은 통치자와 권력집단의 의사가 일방적으로 관철되는 반복적 패턴과 국민주권의 본질을 훼손하는 편의적 동원방식에 대한 자각운동이었다. 추상적 관념 수준에 맴돌던 국민주권 개념은 "대통령을 파면한다"는 헌재의 주문과 함께 광화문광장에

---

[4] 필자 칼럼, 〈누가 시민을 두려워하랴〉, 《중앙일보》 2014년 5월 27일자.

꽹음을 울리며 착륙했다. 자각적 시민들이 국민주권의 '형식적' 위력을 최초로 목격한 순간이었다. 그렇다고 그 내용과 실행방식이 명료하게 자각된 것은 아니었다. 촛불공중candle public은 대선기간을 통과하면서 이슈 공중들issue publics로 곧 바로 분기해 나갔다. 국민주권의 형식에 '내용'을 채운 것은 국민이 아니라 대선캠프였다. 대선주자들과 그 뒤에 진을 친 대선캠프는 '촛불민심'이라는 대중 설득적 개념을 앞세워 민심을 해석했고 내용을 주조했다.

촛불저항운동에 참여했던 시민들에게는 선택권 한 장이 쥐어졌을 뿐이다. 다시 '국가와 국민'을 앞세운 정당들의 경합에서 투표권 한 장을 행사하는 일이 촛불공중이 할 수 있는 최대치였다. 선거는 민주주의의 생명이다. 그러나 '선거는 결코 만족스런 정부를 창출하지 못한다'는 비판적 명제는 국가운영자의 형성 메커니즘과 성격을 문제시한다. '선거는 대중의 일반 의사'라는 것이 오랫동안 신봉된 '민주주의의 민중주의적 이상populist ideal of democracy'이다. 그러나 선거 결과가 권력집단에 의해 결정되고 그렇게 부상한 권력실세가 민중의 이름으로 주요 정책을 좌지우지하는 게 현실적 모습이라면 그 민중론folk theory은 허구에 불과하다. 선진국에서도 사정이 그러하다.[5] 민주화 30년을 경과한 한국에서, 그것도 좌우를 진자운동하면서 이념적 색채를 덧칠해 온 한국에서 '실질적' 국민주권에 한층 다가선 정권을 기대하기란 아직 시기상조인지 모

---

[5] Christopher H. Achen and Larry M. Barters, *Democracy for Realists: Why Elections Do not Produce Responsive Government?*, Princeton and Oxford: Princeton University Press, 2016.

른다.

 이슈공중들은 다시 각자의 정파로 갈라섰고, 새로 집권한 통치
세력은 캠프에서 작성한 정책들을 국민주권의 이름으로 실행에
나섰다. 그전 정권에 비해 통치양식이 시민사회에 조금 개방적이
기는 하지만, 국가와 국가운영자를 동일시하는 그 유구한 국가주
의의 관습이 옅어진 것은 아니다. 문재인정권은 나라다운 나라를
'국민의 나라'로 명명했고, 정권이 추진할 정책 목표를 '정의로운
대한민국'으로 호명했다. 촛불저항운동이 겨냥했던 국가주의의
종언은 제대로 결실을 맺지 못했다. 정당들과 이슈공중들이 경합
하는 공간에서 그 본질적 질문과 가치는 흩어졌다. 촛불광장의 시
민은 국가가 제공하는 혜택의 수혜자이자, 대선캠프와 국가운영
자들이 고안한 정책의 방관자로 남았다.

다시, 국가란 무엇인가?

 한국에서 왜 국가는 이렇게 강고한가? 이 강고한 국가의 실체는
무엇이며, 왜 민주화 경로가 국가주의의 자계磁界에 포박되어 왔
는가? 이것이 우리의 핵심 질문인데 이에 답하려면 긴 논고가 필
요하다. 여러 가지 입론을 유보하고 간략히 답하자면, '1차 민주화
first wave of democratization' 시기인 19세기 말 민주적 정치체제로
이행한 30여 개국을 제외하고 대부분의 국가에서 국가주의는 그

나라의 강력한 정치지형을 형성하고 있다 해도 과언이 아니다. 시민세력의 부상이 늦었고 따라서 시민사회의 발전이 지체되었기 때문이다. 20세기 피식민지 상태에서 신생 독립국가로 탄생한 국가의 경우는 예외 없이 권위주의와 밀접한 연관을 갖는 것도 이렇게 설명된다.

제2차 세계대전 이후 이른바 '2차 민주화 물결'에서 민주주의를 채택한 신생 독립국가들은 1960년대를 거치면서 모두 권위주의로 복귀했다.[6] 1970년대에 시작된 '3차 민주화 물결'에 남미와 동아시아 국가들이 합류했는데 권위주의의 강력한 영향을 벗어나느라 지금도 고투 중이다. 한국은 민주화의 모범국가로 평가되기는 하지만, 남미와 마찬가지로 거버넌스의 정점에 국가주의가 놓여 있으며 그것을 견제할 시민세력은 여전히 취약하다는 공통점을 갖는다.[7]

일찍이 남미연구자인 스테판A. Stepan이 개념화한 바, 이 지역에는 국가가 시민사회를 동원하고, 조직하고, 배양하는 유기체적 국가organic state의 전통이 두드러진다.[8] 경제성장에서 국가의 역할을 조명한 우 커밍스Woo-Cumings는 동아시아 지역에서 이런 국가를 '발전국가developmental state'로 명명하기도 했다.[9] 자본가를 배양하

[6] D. Huntington, 강문구 옮김, 《제3의 물결》, 인간사랑, 2011.

[7] 국가는 국민, 영토, 주권으로 구성된 정치적, 역사적 실체이며, 국가주의는 그것을 그 어떤 사회구성체보다 우위에 놓는 이념을 말한다.

[8] Alfred Stepan, *State and Society: Peru in a Comparative Perspective*, New Jersey: Princeton University Press, 1978.

[9] Meredith Woo-Cumings, *Developmental State*, New Jersey: Princeton University Press, 1982.

고, 조직하고, 통제하는 국가, 경제발전의 실행자이자 총체적 관리자로서의 국가를 말한다. 이런 경우 경제성장이 이뤄지고 전문지식과 자산을 갖춘 중간계급이 확대되어도 산업합리화와 조정 역할을 수행하는 '개입국가interventionist state'의 영향력은 결코 줄어들지 않는다. 이런 나라의 경제적 특성을 '자유시장경제liberal market economy'와 대비해 '조정시장경제coordinated market economy'로 부르기도 한다.[10]

강력한 국가와 취약한 시민사회가 이런 유형의 역사적 유산이라면, 국가와 시민사회를 연결하는 중간 영역인 정치사회political society는 대체로 비었거나 왜곡되어 있다. 자율성을 갖춘 시민단체와 '주창단체advocacy groups'들의 밀도가 영성하다는 공통점을 갖는다는 말이다. 정치사회는 시민사회의 주장과 참여가 활성화되는 매개 영역이다. 개별적 시민성원들이 각자의 이념과 정치적 지향에 따라 조직화하고 집단화하는 영역인 정치사회는 지배세력이 허용하는 정치화 원리에 의해 그 특성이 좌우된다. 세 가지 지표가 있다. 시민사회의 성원을 1)개별화하는가(individualization) 아니면 집단화하는가(organization), 2)정치참여를 허용하는가 배제하는가 여부(inclusion/exclusion), 3)그것이 억압적인가 자율적인가 여부(coersion/autonomy)가 그것이다.

국가주의가 강한 나라에서 정치사회가 비어 있거나 자율성을

---

[10] Peter Hall and D. Soskice, *Varieties of Capitalism: An Institutional Foundation of Comparative Advantage*, Oxford: Oxford University Press, 2001.

발휘하지 못하는 이유는 명백하다. 유기체적 국가에 의해 정치권에 동원되거나(inclusion), 완전히 배제된 까닭이다(exclusion). 아니면, 집단화를 금지하고 개별화를 허용했기 때문이다. 쉬미터는 이런 특성을 보이는 정치체제를 '사회적 조합주의societal corporatism'에 대비한 '국가조합주의state corporatism'로 명명했다.[11]

한국의 경우, 매우 강력한 유기체적 국가 혹은 발전국가로 인해 정치사회는 '개별화'되었고, '선별적' 정치참여가 추진되었고, 그것을 관장하는 국가권력은 대체로 '억압적'이었다. '억압적·선별적 개별화' 양식이 권위주의 체제가 활용한 매우 강력한 역사적·제도적 유산이었다. 그것은 민주화 시대 정치사회의 형성원리에도 그대로 존속한 습속이었다고 할 것이다. 약간 수정되기는 했다. 억압적 통제력이 정당성을 상실한 민주화 공간에서 지배세력은 시민사회의 '선별적 포섭과 배제', '개별화와 집단화'를 정권 성향에 따라 적절히 배합하거나 비율을 조절했던 것이다. 집권세력은 국가라는 등식하에서 말이다.

국가주의는 대체로 군부, 관료, 경제엘리트 집단과 결합해 보수주의 성향을 띠며, 개별 이익이나 부문별 이해보다는 공동체적 이익을 앞세운다는 점에서 민족주의적이다. 그것은 곧잘 일반 시민들의 보편적 이익과는 동떨어진 공익 개념으로 치장되었다. 계급이해에 기반을 둔 국가주의는 남미형 민중주의populism에서 더러 나타나지만 대체로 국익을 내세운 군부엘리트에 의해 통제된다는

[11] P. Schmitter, *Is Still the Century of Corporatism?*.

점에서 전자와 유사하다. 이런 상황에서 국가주의적 습속이 '민주화 이행transition to democracy' 과정에서 완전히 소멸되기는 어렵다.

민주화 이행은 '단절적 민주화rupture democracy'와 '개혁적 민주화reform democracy'로 구분되는데, 국가주의가 강력한 나라는 '개혁적 민주화' 경로를 밟는 것이 일반적이다. 권위주의 체제의 지배집단이 완전히 붕괴하지 않는 가운데 진행되는 타협적·절충적 이행이 곧 '개혁적 민주화'다. 스페인처럼 계급정당에 의한 '단절적 민주화'가 일어났던 것은 권위주의 카리스마의 급서와 함께 국가주의의 급격한 소멸이 동시에 발생했던 때문이다. 말하자면, 프랑코 사후 발생한 권력적 진공상태를 계급정당이 곧바로 장악하면서 국가주의가 약화됐다.

국가주의적 습속이 존속한 상태에서 진행되는 민주화 이행은 대체로 민족주의적 성향이 짙은 보수적 민주주의conservative democracy로 귀결된다. 1987년 한국의 민주화 이행이 그러했다. 한국의 생명선인 반공이념이 강력하게 작용하는 상황에서 권위주의 엘리트와의 타협에 의한 '개혁적 민주화'가 일어났다. 그 결과는 안보와 성장가치를 여전히 중시하는 보수적 민주주의였다. 사실상 성장과 안보는 그것이 민주화라 하더라도 결코 정치적 타협의 대상이 아니었다. 그러므로 한국의 민주화는 정치적 우파가 만든 지형 위에서 좌파가 틈새를 비집고 대립각을 만드는 양상이 경쟁의 기본 구도라고 할 수 있겠다. 그런 의미에서 성장과 안보는 '구조화된 신념structured belief'이었고 지금도 그러하다.[12] 북한이 존재하는 한, 그리고 정치적 정당성이 경제성장에 크게 좌우되는 한, 이 구조화된 신념은 좀처럼 약화되지 않는다.

지난 30년 민주화 시기의 정치변동이 성장과 안보가치의 정당성과 호소력이 부침하는 조류를 따라 좌우로 진자 운동하는 매우 단순한 양상을 띠게 된 이유가 이것이다. 이데올로기 스펙트럼에서 좌와 우를 오락가락하는 형태가 민주화 30년 경험이었다. 그것은 지극히 평면적 정치변동이었기에 유럽처럼 새롭게 흥기하는 탈물질주의적·탈근대적 가치관을 수용할 입체적 유연성을 발휘하지 못했다. 정치담론은 좌와 우의 대립경계를 벗어나지 못했고, 정당 구도 역시 '제3의 정당'을 배태하지 못한 채 '구조화된 신념' 주변을 맴돌았다.

이런 현상은 국가주의의 강력한 영향 아래 시민사회의 정치화가 지체된 것과 짝을 이룬다. 보수와 진보가 좌와 우를 진자 운동하는 일련의 과정에서 민주정치의 특성을 나타내는 대립적 가치 쌍들은 분리되었다. 이를테면, 성장-분배, 대변-참여, 통합-갈등(조정), 개별화-조직화라는 가치쌍에서 보수정권은 전자, 진보정권은 후자에 각각 비중을 두었다고 할 수 있겠다. 세 차례의 우파정권에 두 차례의 좌파정권이 대립각을 이루면서 정치적 초점을 후자로 이동하고자 노력했지만 구조화된 신념과 친화력을 가진 전자의 가치 요소들은 대체로 온전한 채 유지되었다. 국가와 시민

---

[12] 러셀 달톤, 서유경 옮김, 《시민정치론》, 아르케, 2010.

사회를 연결하는 정치사회의 조직원리가 착근하지 못한 채 어정 쩡한 상태로 머물게 된 이유이다.

그렇기에 이런 설명이 가능하다. 촛불광장이라는 '공적 영역'에 나선 시민들은 그들의 민심을 광장에 쏟아 놓은 뒤 곧바로 가정이 라는 '사적 영역'으로 귀환한다. 광장과 가정 사이를 매개하는 정 치사회적 결사체는 희박하다. '결사체적 행동associational activity'이 국가주의를 중화시키는 시민사회적 견제력의 생성 호르몬이라면 한국은 결사체 결핍증이 뚜렷한 사회. 국가주의의 폐단을 개별 적으로 비판하다가 개별적으로 거둔다. 그것이 촛불이다. 필자가 '군주의 시간'에서 '시민의 시간'으로의 이행이 촛불민심의 가장 중요한 가치라고 말한 바 있는데[13], 여전히 '국민의 시간'으로 귀착 된 까닭이기도 하다. 앞에서 서술한 대립적 가치쌍에서 전자가 '국민적 가치', 후자가 '시민적 가치'와 대체로 친화력을 갖는다고 단순화하면, 좌파정권이라 해도 국가주의가 강고한 지형에서는 전자와 우선적 연관을 맺으면서 후자의 가치를 살려나갈 틈새를 엿볼 수밖에 없는 것이 구조화된 신념의 명법일 터이다. 국가주의 는 국민을 호명한다. 문재인 정권이 국가주의를 경계하면서 스스 로를 '국민의 나라'로 명명한 불가피한 배경이다.

---

[13] 송호근, 《촛불의 시간》, 북극성, 2017.

문재인 정권의 통치양식

촛불시위가 한창 진행될 무렵인 2016년 12월 문재인 후보는 '촛불공약 12대 과제'를 내놓았다. 명칭은 '국가대청소 과제', '시민혁명 입법·정책과제'였다. 촛불저항운동을 '시민혁명'으로 승화시키겠다는 의지의 표현이었다. 박근혜 정권에서 논란이 됐던 여러 쟁점들의 폐기안과 새로운 개혁과제가 들어 있었다. 사드 배치 중단, 위안부 합의 중단, 국정교과서 폐기, 전경련 폐지 등은 반보수 세력이 원했던 사안들인 만큼 대선을 앞두고 지지세력을 규합하려는 목적이 뚜렷했다. 그런 현안과는 별도로 시민입법과 정치참여 과제를 내놓은 것은 한국사회에 결핍된 시민의식을 증진하겠다는 의지로 읽혔다. 문재인 후보와 민주당의 정치적 지향을 드러낸 대목이었다. 정치권의 시민사회 개입 방지, 시민의 정치참여 확대(시민의회법 입법, 국민소환제 강화), 사회적 경제 확대 등이 그것이었는데, 앞에서 지적한 바, 보수적 민주주의에 시민적 가치관을 가미해서 국가주의의 낡은 틀을 벗어나려 한다는 점에서 바람직했다.

'국가 대청소'라고 다소 과격하게 표현된 개혁 타깃은 정권 출범 이후 '4대 과제'로 나타났다. 박근혜 정권이 '국가 개조'로 지목했던 바로 그것과 외견상 일맥상통하지만 내용은 사뭇 달랐다. 국가의 성격과 역할, 공공기관의 기능을 바로잡아 시민적 권리를 보호한다는 정치적 의지가 '적폐 청산'이라는 구호로 집약되었다. 부정부패 일소, 공정성 강화, 민주·인권 강화, 일자리와 권리 보호가 그것이다. '국민의 나라,' '정의로운 대한민국'의 내용이 모습을 드러낸 것이다. 앞에서 서술했듯, 보수적 민주주의가 근거했던 가치관을 약화시키고 대립적 가치 영역으로의 전환을 꾀한 것이다.

정권이 출범한 지 겨우 6개월이 된 시점에서 평가를 내리기란 이른 감이 없지 않지만, 한국정치 지형의 기저를 이루는 보수적 가치관에서의 탈출과 대안적 영역으로의 이행 시도가 그리 만만치 않다는 점은 분명하다. 시민의회법이 과연 상정될 것인지, 만약 상정된다면 어떤 모습일지는 두고 볼 일이다. 청와대 홈페이지에 개설된 '광화문 1번지'는 시민의회의 초기적 시도로 주목할 만하다. 대통령은 '광화문 1번지'에 100만 명이 참여했다고 소개했고, 고려할 만한 제안은 이미 채택되어 정책에 반영 중이라고 말했다. 통치양식의 관점에서 작지만 중요한 변화다. 청와대 비서관에 시민운동 출신 인사를 다수 임명해 시민의회, 시민의 정치참여를 준비 중에 있는 사실도 주목을 요한다.

그럼에도 보수적 가치의 장벽을 넘는 것은 어렵다. '광화문 1번지'가 '개별 참여'로부터 '조직 참여'로 가는 길을 닦는 초기 작업이기는 하지만, 국가주의의 오랜 습속을 바꾸려면 결사체적 참여가 일어나야 하고, 시민의 결사체적 활동associational life이 그 전제가 되어야 한다. 어찌 보면, '광화문 1번지'는 결사체적 활동이 지극히 저조한 한국의 실정에서 순서가 뒤바뀐 촉발제에 불과할지 모른다. 결사체적 활동을 증진할 국가적, 시민사회적 프로그램을 개발하는 것이 국가주의의 장벽을 벗어나는 가장 근본적·장기적 대안이다. 정치엘리트에 의한 '대변representation'에서 시민적 '참여participation'로의 전환, 그리하여 '시민의 집단적 참여에 의한 대변'이 보수적 민주주의의 패러다임을 깨는 방식이라고 한다면, '광화문 1번지'는 개별화라는 점에서 여전히 궁여지책이다.

이 궁여지책 상황은 도처에서 발생한다. 사드문제가 전형적이다. 정권 출범 이전과 이후를 일관해서 견지한 '사드 배치 중단'은 '안보'라는 구조화된 신념의 뇌관을 건드린 결단이었다. 그러나 미국의 압력과 거듭되는 북한 미사일 도발사태에 직면해 문재인 정부는 '대화'로부터 '안보'로 되돌아갔다. 한반도 정치지형에서 보수적 안보 정책을 수정하기란 그만큼 어렵다.

정치적 가치관의 전환이라는 관점에서 문재인 정부가 정권 초기 괄목할 만한 성과를 보인 영역은 복지다. 문재인 정부는 대선 캠페인에서 약속한 복지 정책을 전광석화처럼 실행했고 성사시켰다. 고용보험, 보육비, 기초연금, 고령자 건강보험, 최저임금, 육아수당 등 사회적 약자와 취약계층, 청년과 고령층이 필요로 하는 공적 혜택을 대폭 인상했고, 내년 예산에 반영하는 데에 성공했다. 재정과 도덕적 해이에 관해 귀담아들을 많은 비판에도 불구하고 정권의 의지는 흔들리지 않았다. 통치양식을 성장에서 분배로 이동한다는 단호한 결기였다.

사실, 정권 초기에 추진한 복지 증진 정책은, 따지고 보면, 한국의 경제력에 비해 상대적으로 지체된 복지 수준을 끌어올리는 보완조치에 불과하다. 보수적 민주화가 지불하지 않은 사회적 비용에 대한 뒤늦은 청구서에 해당한다. 재정압박에 대한 경제단체와 보수진영의 우려는 그런 관점에서 보수적 가치쌍과 '자조론Self-help'에 근거한 국가주의를 옹호하는 발언에 불과하다. 이런 관점에서 필자가 쓴 칼럼을 잠시 소개할 필요가 있겠다.

문재인 정부 100일이 그랬다. '정의와 공정', '정상正常과 균형'에 다가서려는 노력이 '과거의 기억'을 부식하기에 충분했다.……아동, 보육수당과 기초연금을 올리고, 의료부담을 낮춘 복지개혁은 이른바 '뒤늦은 파종'이다. 땜질에 불과하다.……문재인 정부 100일 간의 행보는 사실상 보수정권의 몫이었다. 조마조마함을 자아내는 추미애 민주당 대표가 한 말 중에 그래도 사줄 만한 '명예과세' 개념은 보수 전용이다. 사회현실이 개인능력을 꼼짝없이 가둔다고 판단될 때 보수는 '자조론'에서 지배계급의 책임으로 선회한다. 자유경쟁의 원칙, 그 새무얼 스마일즈Samuel Smiles에서 노블리스 오블리주로 전환하는 것이다. 야당이 싸잡아 비난하는 5년 178조 원 국책사업들은 세계 11위 경제대국이 진즉 완료했어야할 보수의 책무였다. 청년수당은 최소한의 생존비용, 병사 급여인상은 철통안보 독려용, 실업급여 강화는 가족보호 자구책이다. 사회안전망의 기초 다지기에 불과한 이런 조치들은 결코 혁신이 아니다. 보수정권의 미온적 변명 속에 유기된 과제다.[14]

---

[14] 필자 칼럼, 〈늦여름 텃밭에서〉, 《중앙일보》 2017년 8월 22일자.

이 유기된 과제를 문재인 정부는 '나라다운 나라', 국가의 명령으로 밀어붙였다. 높은 지지율을 무기로 제도권 내부의 거부권을 뚫었다. 그런데 이것도 궁여지책이다. 시민적 요구에 응답한 결과일 것이지만, 시민사회의 '복지동맹welfare coalition'은 어떤 뚜렷한 결사체적 형체를 드러내지 않은 채 여기저기 산발적으로 흩어져 있는 상태다. 즉, 복지동맹과 집권정당 간의 정치적 연결고리 혹은 참여채널이 조직화되지 않은 상태에서 국가주도적 방식이 두드러진 것이다. 시민 없는 시민정치, 다만 국가의 성격 변화에 의한 복지 현실화 양식이 기존의 강고한 국가주의의 프레임을 얼마나 근본적으로 바꿀 것인지는 분명치 않다.

이 국가주도적 양식은 시민의 조직적 참여가 궁핍한 상황과 국가의 성격을 어쨌든 바꾼다는 정치적 목적에 비춰 불가피한 행보로 보인다. 정권 초기 성사시켰던 중요한 정책들이 대체로 그런 양식을 통과했다. 일자리 정치가 전형적이다. 정부는 공기업을 대상으로 '비정규직의 정규직화'를 일종의 정치적 결단으로 밀어붙였고, 그 파급효과가 민간 부문으로 확산되기를 희망했다. 그런데 공공 부문 여러 곳에서 격렬한 저항에 부딪혔다. 시간제 교사의 정규직화는 내부 갈등에 부딪혀 중단됐고, 다른 주요 공기업들은 정규직 채용을 줄이는 방식으로 정부 정책을 수용했다. 민간 부문 대공장에서는 강력한 노조들이 비정규직의 정규직화 비용을 기업에 전가했다. 일방적 통치원리에 입각한 보수적 국가주의의 대안은 시민사회와의 협치다. 특히 고용문제는 국가의 정책 가이드라인을 두고 고용주와 노조가 타협, 절충하는 협치가 필수적인데, 그런 합의가 없는 국가주도의 약자 보호, 불균형 시정조치들은 정권이 바뀌면 곧장 퇴장한다.

정치적 지향이 다를 뿐 '시민 없는 시민정치'에 입각한 국가주의는 도처에서 발현됐다. 최저임금 인상은 한 달 간 논의 끝에 성사되었는데, 최저임금위원회라는 일종의 합의기구가 주관했음에도 불구하고 정권의 강한 의지에 굴복한 것처럼 보였다. 특히 인상된 최저임금에 치명적 타격을 받을 300만 중소기업과 700만 자영업자의 불만과 우려는 정권의 초기 서슬에 억눌렸다. 불만과 저항이 계속되자 정부는 2018년에 최저임금 노동자 1인당 13만원씩의 보조금을 고용주에게 지급한다는 보완책을 내놓았다. 그럼에도 부문별, 규모별로 최저임금제 인상률을 조절하자는 목소리가 동력을 얻고 있다. 이외에도 저성과자 해고, 성과연봉제 폐기 결정을 내린 고용노동부의 결단도 시민연대와 협치가 결여된 국가주도적 정치라는 점에서 유사하다.

원자력발전 폐기 조치 역시 사정은 마찬가지다. 원자력 폐기가 생태론적, 환경론적 가치에 절박한 조치임은 익히 알려진 바이고, 원자력 의존비중을 낮추는 데 거의 60년이 소요된다는 사실을 감안하더라도, 어느 날 갑작스레 공표된 정부의 결단은 국가주도적 통치양식을 재현한 것에 다름 아니었다. 누군가는 '제왕적 조치'라고 힐난했다. 시민단체, 원자력 관련단체와의 사전 협의는 없었다. 필자는 그런 방식을 '뼁 축구'에 비유했다.

탈원전, 문재인 대통령이 독일 순방으로 잠시 자리를 비운 사이 공대교수 230명, 에너지 전문교수 471명이 항의성명을 냈다. '제왕적 조치!', 많이 듣던 얘기다. 원전 방정식은 전문가도 합의가 어려울 만큼 복잡하다. 원전은 재앙인가 축복인가? '지구는 활기찬 한국의 원자력 산업을 필요로 한다!' 쌍수를 들고 환영할 미국의 환경단체가 오히려 반박성명을 냈으니 헷갈린다. 독일이 탈원전정책에 도달하는 데 10년, 일본도 친원전으로 복귀하는 데에 6년 숙의 과정을 거쳤다. 한국은 선언 하나로 세계 최고기술을 포기해야 할까? 세 배 급등할 전기료를 시민들이 기꺼이 부담할까? 시민배심원단이 의견을 내도 그걸로 뻥 축구가 마무리되지 않는다.[15]

보수적 가치관이 맹위를 떨치는 상황과 그것과 결합한 국가주의가 강고한 현실에서 가치관을 수정하고 국가주의의 장벽을 벗어나려는 문재인 정부의 노력은 절박한 시대과제로 자리매김할 만하다. 문재인 정부의 정치적 지향은 국민적 가치에 시민적 가치를 증진하고, 낡은 국가주의를 탈피하는 데에 있음은 분명하다. 그런데 복지 현실화를 통해 상실한 권리를 확인시켜 준 것은 적합했지만, 복지 수혜자들이 그 대가로 무엇을 해야 할 것인지에 대한 정부의 요구는 없었다. 즉, 권리right 패러다임에 치중했지 책무obligation 패러다임에는 아직 시선이 미치지 못한 것이다. 권리와 책무가 진정한 '시민됨'의 양 날개라고 한다면 문재인 정부의 통치

15 필자 칼럼, 〈뻥 축구의 유혹〉, 《중앙일보》 2017년 7월 11일자.

양식은 성숙한 시민성에 대한 균형적 긴장감이 부족한 것으로 보인다.

촛불혁명을 '시민혁명'으로 승격시키려는 문재인 정부의 정치적 목표는 시민정치가 궁핍한 한국의 현실에서 매우 지난한 작업임에 틀림없음을 인정하더라도, 통치양식을 시민민주주의civic democracy로 전환하는 장기적 프로젝트가 이 시점에서 매우 절실하다는 점을 환기해야 한다. 촛불혁명은 시민혁명의 필요성을 인식시켜 준 일대 각성의 계기였기 때문이다.

국가와 시민민주주의

시민혁명의 주제는 국가가 아니라 시민이다. 촛불광장에서 시민이 태어났다면 그 시민은 국가에 권리요청서와 책임리스트를 동시에 발송해야 한다. 투표 종이에는 그런 명세서가 없다. 정권 교체란 결실을 맺었지만 그 정권에 개혁과제를 실어 보내지 않았다. 역으로 후보와 대선캠프와 정당이 발송한 정책리스트를 받아들고 이런저런 궁리를 하는 중이다. 정권 지지자들도 돌발적 개혁안을 두고 이견이 분분하다. 명예과세가 옳은지, 아니면 개세皆稅주의로 전환해야 하는지; 8·2 주택정책을 반겨야 할지, 반대해야 할지; 자사고 폐지를 환영할지 말지; 수능제도를 폐지할지, 아니면 대폭 수정할지 등등. 이런 사안들은 대선 기간에 전혀 논의되지 않은 쟁점이었는데 대선캠프에서는 이미 검토를 마친 것들이다. 대선캠프는 민심을 대변하는가? 대선캠프는 촛불혁명을 시민혁명으로 승화시키는 대리인인가? 도대체 대선캠프의 정당성은 어디에 있는가?

정권은 바뀌었으나 권력의 행사방식은 바뀌지 않았다. 권력집단의 가치관은 바뀌었으나 권력집단에 왈가왈부할 시민적 참여창구는 여전히 닫혀 있다. '광화문 1번지'가 개점해도 정권과 통하는 작은 사립문일 뿐이지 정권의 핵심과는 통하지 않는다. 도대체 소통은 어떻게 일어나고 소통의 결과는 무엇인가? 구중궁궐에 칩거한 전직 대통령을 쫓아낸 다음 들어선 권력집단이 청와대를 개방하고 대국민브리핑을 정례화한들 시민적 의사 혹은 민심을 잘 반영하고 있는지 정기적으로 점검하는 여론동향 외에 어떻게 평가할 수 있는가?

뒤늦은 후회이지만, 촛불혁명을 시민혁명으로 승화하려면 시민 스스로 가장 중요한 한 가지 프로젝트를 시행했어야 옳았다. 이른바 민회民會다. 시·군·구별로 민회를 결성해서 한 달 내지 두 달가량 '차기 정권이 반드시 해야 할 개혁과제'의 리스트라도 만들었으면 어땠을까 하는 생각이다. 전국적으로 시민의사를 수렴하면 대체로 10~20개 정도의 쟁점과제로 수렴될 것이고, 그것을 차기 정권에 요구하면 좋았을 것이다. 시민민주주의civic democracy의 기초와 윤곽이 그런 일로부터 시작된다. 오히려 우리는 정권이 내미는 '100대 국정과제'를 역으로 받았다. 관중이자 방청객이 됐다. 시민이 되는 길의 초입에서 국민으로 되돌아갔다. '국민의 나라' '정의로운 대한민국'의 국민이 됐다. 무엇이 달라졌는가?

바로 이 '시민성이 결핍된 국민nation without civicness'이 어떻게 시민성을 배양할 것인지의 문제가 시민혁명의 가장 주요한 물음이자 숙제다. 시민민주주의의 미시적 기초, 사회적 기초에 시선을 돌리지 않을 수 없는 이유이기도 하다.[16]

1960년대, 2차 세계대전 이후 독립한 신생국가가 대부분 권위주의로 복귀하자 정치학자들은 정치체제의 사회적 요인에 관심을 기울이기 시작했다. 근대성modernity이 문제였다. 사고와 행동에 근대성이 결핍되면 권위주의적 유혹에 쉽게 굴복한다는 사실에 주목했다. 근대성 배양은 교육을 필두로 여러 가지 채널에 의해 실행되었는데 그중에서도 가장 어려운 요소가 시민성이었다.[17] 취약한 시민사회, 엷은 시민계층, 비판적 사고의 결핍을 낳는 요인은 수십 가지다. 아무튼 시민성 결핍은 국가에 대한 시민사회의 종속적 경향을 낳고 결국 민주주의의 불안정을 초래한다는 사실은 분명했다. 시민성에 의해 견지되는 민주주의를 시민민주주의로 명명하면 정치학자들은 그 원형을 토크빌적 민주주의에서 찾

---

[16] 이에 대해서는 이미 필자의 논문과 저서를 통해 충분히 설파한 바 있다. 예를 들면, 《나는 시민인가?》, 문학동네, 2015; 〈한국의 시민과 시민사회의 형성〉, 학술단체협의회, 《지식의 지평》, 2016년 20호; 〈시민민주주의의 미시적 기초: 시민성, 공민, 그리고 복지〉, 박태준 미래연구소, 《한국사회 어디로 가나?》, 아세아, 2016. 이 장의 서술은 이 글들의 논리와 주장을 반영했다. 내용이 조금씩 겹칠 수 있겠다.

[17] G. Almond and Sidney Verva, *Civic Culture: Political Attitudes and Democracy in Five Nations*, Little Brown and Company, 1965; Sidney Verva, K. Schlozman, Henry Brady, *Voice and Equality: Civic Voluntalism in American Politics*, Cambridge: Harvard University Press, 1996.

았다.

토크빌적 민주주의, 즉 시민의 자율적 참여에 의해 권력이 발생하고 그 합의된 권력으로 공동체를 운영하는 주민자치 내지 지방자치 형태가 토크빌적 민주주의이고, 그것의 현대적 발현체가 시민민주주의다. 시민민주주의는 민주주의의 어떤 특정 유형을 지칭한다기보다 '시민적 가치'를 존중하고 시민적 동의와 참여에 의해 국가권력이 견제되고 관리되는 그런 정치체제를 말한다. 자발적 참여에 의한 결사체적 행동associational activity은 개별 성원으로 하여금 사익보다 공익에 먼저 눈뜨게 만드는 미국적 동인이었는데, 이 결사체적 행동에서 도덕적 담론moral discourse이 발생하는 것을 토크빌은 경이로운 눈으로 바라봤던 것이다. "도덕적 담론이야말로 미국인의 최초의 언어다."[18] 일찍이 루소가 사회질서의 전제조건으로 규정했던 '도덕morality'이 사회적 관습과 행동에서 생산되고 실천되는 현장이었다.

한국사회에서 국가와 국민 형성 과정을 살피고 시민이 창출되는 역사적, 사회적 조건을 검토하는 것이 이 세미나의 주제다. 말하자면, 토크빌적 '마음의 습관'이 어떻게 배양되었는지가 초점일 터인데 한국에 관해서는 대체로 부정적 관찰이 주를 이룬다. 그렇다고 서구중심주의에 빠질 필요는 없을 것이지만, 시민민주주의는 부르주아층의 존재와 형성 과정에 결부되어 있음을 부정하기는 어렵다. 그리하여 조선시대 이래 국가주의가 강고하게 자리 잡

---

18 A. Tocqueville, *Democracy in America*, Bantam Classics, 2000.

은 동아시아에서 토크빌적 '마음의 습관'을 질문하는 것 자체가 궁색하다. 1910년대 안확이 설파했듯이 조선에 자치적 전통이 없었던 바는 아니지만, 근대적 부르주아의 형성사, 도시와 산업발달사는 토크빌적 시민성에 대응할 만한 실체를 창출하지 못했다는 사실을 확인시켜 준다.

더욱이 전쟁과 권위주의 시기를 거치면서 시민의식은 개화할 기회를 상실했다. 개인의 자유, 주체성의 탐색보다 집단적 민족주의와 성장주도 국가주의가 시민계층으로 발돋움하던 개별 시민의 텅 빈 마음을 장악했다. 분단 상황과 한반도를 둘러싼 4강 구도는 민족주의와 국가주의를 한껏 강화해 개별 시민은 '국민'이라는 특정 정치스펙트럼에 갇힌 구성원이 되어야 했다. 전쟁이 국민 개념을 협소한 이념 스펙트럼에 가두었다면, 군부정권은 국민 개념에 급진적 민족주의 색채를 부가했다. 반공과 민족주의로 무장한 국민이 태어난 배경이다. 그런 불가피한 시대적 상황 속에서 시민적 토양은 얼어붙었다. 국가주의가 상승하던 시대에 발육부진의 시민은 '국민'으로 호명됐다. '국민의 과잉'의 시대를 살아온 배경이다.

1987년 민주화 이행 이후 30년간 민주주의의 발전양식에 국가주의적 영향이 강하게 배어 있는 것은 그런 때문이다. '민주화 이후의 민주주의'는 남북 분단, 민족주의, 국가주의, 그리고 경제 성장주의에 의해 시민성 결핍을 채우는 정상궤도를 걷지 못하고 냉전적 보수주의가 규정하는 이념적 한계 내에서 맴돌았고, 그에 대항하는 세력도 저항일변도의 운동론적 시각에서 벗어나지 못한 채 미래지향적, 진취적 대안 마련에 실패했다.[19] 이른바 민중민주주의를 지향하는 운동세력 역시 시민사회의 저변에서 생성되는 시민사회적 담론에 충실하지 못하고 대부분 권력 교체와 권력 창출에 집중했던 것은 시민성 배양의 역사를 통과하지 못한 한국사회의 본질적 한계에서 비롯된다.

결론: 촛불 이후[20]

그렇다면, 촛불저항운동을 성공시키고 가정으로 복귀한 지금 우리에게 주어진 과제는 무엇인가? 강력한 국가주의적 습속에서 진정한 민주주의는 발육부진을 면치 못한다. 성장하더라도 정상적 궤도를 이탈할 위험이 크다. 한국의 정치와 우리의 일상적 생활을 지배해 온 그 강고한 국가주의를 벗어나려면 어떤 개인적, 사회적 차원의 프로젝트가 필요한가? 국가와 시민사회의 관계에 정상적 균형을 기하려면 어떤 일들을 솔선해야 하는가? 여러 가지 사회적 실천방안 가운데 필자는 주저 없이 '시민자치'를 꼽겠다.

---

[19] 최장집, 《민주화 이후의 민주주의》, 후마니타스, 2002. 한편, 최장집 교수는 앞에 소개한 강연에서 민주화 시기를 '운동론적 민주주의'로 불렀다. 운동에너지가 정치발전의 견인차가 되기보다는 대통령을 선출하는 국민투표만으로 집중 수렴되는 양상을 냉소적으로 표현하여 '국민투표적 민주주의'란 개념을 썼다.

[20] 결론부의 서술은 필자의 저서, 《촛불의 시간: 군주·국가의 시간에서 시민의 시간으로》, 북극성, 2017의 결론과 필자의 논문, 〈시민민주주의의 미시적 기초: 시민성, 공민, 그리고 복지정치〉에서 부분 발췌해 수정한 내용이 포함되었다.

외신들은 한국의 광장집회를 경이로운 눈으로 바라봤고, 민주주의를 향한 열망과 시민의식을 격찬한 바 있다. 독일과 영국 신문들은 민주주의 수출국이 수입국인 한국에서 배워야 할 광경이라는 단서를 달았다. 그런데 우리가 처한 현실을 들여다본다면 조금 민망한 격찬이다. 민주주의의 미시적 기초인 시민자치가 아직 발아상태에 있기 때문이다. 평화로운 광장집회, 그것을 통한 집단적 의사표출이 시민민주주의의 개화한 형태라고 한다면, 광장집회에서 돌아가는 개별 시민들이 어떤 단계를 거쳐 집으로, 그들의 사적 공간private sphere으로 귀환하는지를 물어야 한다. 개별 시민의 '사적 공간'과 '광장' 사이에 어떤 자치 조직들이 발전해 있는가를 말이다.

한 가지 에피소드를 상기하자. 노르웨이 작가 크나우스고르Karl Ove Knausgard(1968~)의 문제작인 《나의 투쟁Min Kamp》은 주인공 자신의 성장 과정을 깨알같이 묘사하고 있다. 일상적 소묘 가운데 언뜻 필자의 관심을 끈 것은 고등학생인 저자가 참가했던 정치집회다. 주인공은 어느 날 저녁 노동당청년위원회AUF 신입단원 입회식에 참가한다. 성대한 의례를 기대했던 주인공은 겨우 열두 명이 둘러앉은 일종의 간이 워크숍에서 세 차례의 지루한 연설을 들어야 했다. "무언가를 하려는 의지로 가득 찬 젊은 남녀들, 50년대를 대표하는 마법의 단어인 '사회주의'가 지배하는 열정적인 분위기와는 거리가 멀었다. 그것은 평범한 옷을 입고 미련하고 둔감한 청소년들이 지루하고 따분하며 공허한 이야기를 나누는 모임에 지나지 않았다."[21]

고등학생인 주인공 칼 오베는 첫사랑인 한네와 함께 일찍 자리를 뜬다. 귀갓길, 그들은 나이에 걸맞지 않은 담소를 나눈다. 한네는 오베에게 묻는다. "너는 왜 무정부주의자니?" 그러자 오베가 맞받아친다. "나는 그거 몰라, 그러는 너는 왜 크리스트교도니?" 고등학생들에겐 버거운 대화이니만큼 답은 유보되었다. 그러나 한가지 확실한 것은 노동당청년위원회 같은 정치조직이 각 마을마다 활동하고 있다는 사실, 그리고 무정부주의나 크리스천의 정치적·사회적 의미를 어린 나이에 자문하고 있다는 사실이다. 사회적 의미망이 어린 고등학생들의 일상 속에 뻗어 있다는 점이 한국 현실과는 너무 다르고, 또 우리의 주제인 시민, 시민사회의 토대와 저변 형성의 질적 메커니즘을 드러낸다는 사실에 주목해야 한다.

선진국과는 달리 한국은 국가와 개별 시민 간 이해갈등을 조정하고 매개할 중간집단 내지 결사체가 빈약하다는 사실은 대조적이다. 시민사회 내부에 '자발적 결사체voluntary association'가 왕성하게 활동하고 있다면 국가와 개인이 충돌하는 장면은 그리 자주 발생하지 않는다. 자발적 결사체 혹은 시민단체가 이미 양자의 이해충돌을 걸러내고 여과하는 기능을 발휘하기 때문이다. 이 중간집단의 기능이 미약할 때 개별 시민은 광장에 나온다. 국가와 시민이 직접 대면하고 충돌하는 장소가 광장이다. 결사체적 활동이 민주주의의 미시적 기초이자 시민자치의 씨앗이다.

---

[21] 칼 크나우스고르, 손화수 옮김, 《나의 투쟁》, 한길사, 2015, 245쪽.

문재인 정부는 '시민자치'라고 할 중요한 실험을 선보이기도 했다. 바로 탈원전 정책과 관련하여 시민회의를 한시적으로 운영한 것이 그 예이다. 정부가 탈원전을 공식 선언했을 초기에는 시민사회의 찬반이 엇갈렸다. 찬반 여부를 떠나 이 논문에서 다룬 국가주의의 전형적 방식이기도 했다. 캠프에서 초안된 탈원전 이념이 시민사회의 논의를 거치지 않은 채 국가 정책으로 공포된 것이다. 물론, 이것이 정권의 통치범위에 속한다고 하면 그리 항변할 여지는 작아진다. 그러나 에너지는 복지 쟁점이고 동시에 과학기술 쟁점이다. 복지 정책적 관점에서 탈원전문제와 과학기술적 관점에서 그것은 매우 폭넓은 논쟁적 스펙트럼을 구성한다. 점검하고 검토해야 할 중대한 쟁점을 다수 포함한다. 저항과 반론이 비등하자 문재인 정부는 시민회의를 제안했고, 곧장 시행에 들어갔다. 이른바 '공론화 위원회'가 만들어졌고 석 달 간의 활동을 개시했다.

한국정치사에 최초로 시험된 이 공론화위원회의 활동과 결과는 비교적 성공적이었다. 국민여론을 조사했고, 471명의 시민지원자를 모집해 그룹토론을 진행했으며, 신중하게 설계된 절차에 따라 몇 차례 포럼과 강연을 거쳤다. 결과는 절묘했다. '신고리 5, 6호기는 계속 건설할 것'과 '탈원전 찬성'이라는 두 가지 합의를 도출했다. 정부는 공론화위원회의 권고를 그대로 수용했다. 비교적 성공했다고 평가했지만, 문제가 없는 것은 아니었다. 예를 들면, 시민의회 성원이 제대로 표집되었는가? 그들을 '작은 대한민국'이라고 칭할 확실한 이론적 근거는 무엇인가? 에너지 전문가는 왜 배제했는가? 원자력 관련 전문가들이 정부안에 격렬한 반대성명을 내었음에도 왜 합의도출 과정에서는 철저히 배제되어야 하는가? 이른바 '공론화위원회'의 역할은 어디까지가 공정한가?[22] 합의가 내려진다면 그것은 권고인가 강제인가? 등등의 문제 말이다.[23]

또한, 모든 문제를 공론화에 붙일 수는 없다. 국가 중대 사안 중 어느 것을 공론화에 붙일 것인가의 문제는 또 다른 갈등을 낳는다. 대체로 '탈원전'이나 '개헌'과 같이 국가 미래의 향방에 중대한 영향을 미치는 사안을 판별하는 것은 그리 어렵지는 않겠지만 찬성과 반대집단 모두로부터 시비를 증폭할 위험은 있다. 아무튼, 이런 소소한 쟁점들을 걸러내고, 점검하고, 합의를 도출해 내는 시민적 자질이야말로 한 사회의 '사회적 자본social capital'이자, 동시에 시민민주주의를 가동하는 '마음의 습속habit of the heart'이다. 결사체적 활동을 강조하는 이유가 여기에 있다. 국가주의가 권위주의 시대의 견인차였다면, 민주화 시대에 그것은 오히려 민주주의적 습속을 저해하는 무의식적 관성이다. 시민적 책임과 권리가 서로 착종되는 그 교차로에 국가주의가 서 있다.

---

[22] 검증위원회 위원인 성균관대 박형준 교수는 이렇게 질문한다. "공론화위원회는 심판, 선수, 혹은 감독?" 탈원전 시민회의에서 그 역할이 애매했다는 지적이다. 서울대 국가정책포럼 주최, 〈신고리 5·6호기 공론화위원회의 성과와 교훈〉, 2017년 12월 11일, 서울대학교.

[23] 공론화위원회 위원장인 전 대법관 김지형 위원장은 자신의 경험을 토대로 향후 시민자치 발전을 위해 반드시 답해야 할 질문을 열 가지로 요약했다. 예를 들면, 1) 공론화위원회의 정당성 근거는 무엇인가? 2) 의견 편차가 오차범위 내에 있을 때 권고안은 어떻게 결정할 수 있는가? 3) 역할은 '권고'인가 아니면 '의견제시'인가? 4) 국가적 중대사안 중 시민의회에 붙일 수 있는 사안의 기준은 무엇인가? 등등. 김지형, 〈신고리 5·6호기 공론화위원회의 경과와 소회〉, 서울대 국가정책포럼 주최, 〈신고리 5·6호기 공론화위원회의 성과와 교훈〉, 2017년 12월 11일, 서울대학교.

그렇다면, 할 일이 분명해진다. 촛불혁명이 시민혁명이 되려면 결사체적 활동을 시작해야 한다. 자신의 취향과 관심에 맞는 시민 활동을 하는 것이다. 적어도 회원권을 1개 이상 갖고 있어야 한다. 진정 민주주의적 대의를 살리려면 특정 이익을 옹호하는 전문가 적 '주창단체advocacy groups' 외에 전국적 '계급횡단적 단체class-crossing organization'에 가입하는 것이 좋다. 환경연합, 경실련, 참여연대, 소비자연합과 같이 전국 기반을 갖고 계급을 망라한 조직을 말한다. 주창단체는 주로 직업, 직능집단의 사익을 추구하는 경향이 있다. 계급횡단적, 전국적 조직이어야 '계급장 떼고' 토론하고 의견을 자유롭게 개진할 수 있다. 미국의 정치학자 스카치폴 은 1950년대 이후 주창단체의 약진이 미국의 민주주의를 쇠퇴하도록 만들었다고 진단했다.[24] 계급횡단적 전국적 시민단체가 공론의 처소, 공익에 대한 책임의식이 만들어지는 장소다.

더 장기적 비전은 한국을 어떤 국가로 변화시킬지의 문제다. 우리는 당장 해결을 요하는 무수히 많은 과제들을 목도하고 있다. 여론지도자들이 한 목소리로 강조한다. "광장의 요구는 초상식적인 재앙의 토양이 된 낡은 체제와의 결별이다. 한마디로 사회·문화·경제 질서를 포괄하는 새로운 국가의 건설이다"라고.[25] 새로운 국가란 무엇인가?

---

[24] 스카치폴T. Skocpol, 강성훈 옮김, 《민주주의의 쇠퇴: 미국 시민생활의 변모》, 한울아카데미, 2011. 미국 민주주의의 쇠퇴 원인을 둘러싸고 스카치폴과 논쟁한 퍼트남의 저서, 안청시 옮김, 《사회적 자본과 민주주의Making Democracy Work》, 박영사, 2006도 참고할 만하다.
[25] 김영희 대기자, 〈촛불 혁명의 하이재킹을 경계한다〉, 《중앙일보》 2016년 12월 23일자.

‘새로운 국가’가 무엇인가를 다시 물어야 한다. 혹자는 ‘공화주의’라고 하고, 다른 이는 ‘시장주의’라고 말한다. 필자는 ‘다원적 합의체제’라고 하겠다. 공화주의는 법에 의한 지배다. 최순실 사태는 공화주의가 실패했음을 단적으로 말해 준다. 법 운영집단과 권부를 견제하고 감시하지 못했다. 불평등에 대한 법적 통제는 한계가 있다. 시장주의는 감시비용은 낮지만 강자의 전횡과 무임승차를 막기 어렵다. 독점이 생겨난다. 그래서 ‘사회적 합의체제’가 중요해진다. 감시비용과 무임승차, 독점을 줄이는 최선의 방법이 합의에 의한 사회적 신뢰다. 신뢰는 공익에 대한 긴장감에서 출발해 사익의 양보와 자제를 종착역으로 설정한다. 공익 창출을 위한 십시일반의 양보. 혹자는 사회적 합의에 필요한 직접민주주의가 오히려 지배구조를 약화시키고 다수의 횡포를 불러들인다고 우려한다. 아니다. 대의민주주의의 허점을 메우는 보완기능이다. 이것이 촛불정신이다. 순서는 엇갈렸지만 탈원전 시민회의에서 그런 모습을 목격했다. 국가존망을 결정할 중대 정책들을 선별적으로 논의에 부칠 수 있다. 이른바 시민정치civic politics의 활성화가 사회적 합의체제를 만들 전제요건이자 촛불광장의 준엄한 명령이다.

박정희시대의 국가주의
: 국가주의의 세 차원*

강정안

* 이 논문은 2014년 정부(교육부)의 재원으로 한국연구재단의 지원을 받아 집필된 것이다(NRF-2014S1A3A2043763).
또한 2017년도 서강대학교 교내연구비 지원에 의한 연구이기도 하다(201710125.01). 이 논문은 한림과학원에서 발
간하는 《개념과 소통》(2017년 겨울, vol. 20), 119~155쪽에서 게재된 것을 전재한 것이다.

박정희시대의 국가주의: 국가주의의 세 차원

국가는 그 개념과 속성에 따라 다양한 서술이 가능하다. 하지만 역사적으로 광의의 국가는 대외적으로 외국의 침략으로부터 자국의 영토와 구성원을 방어하고 대내적으로 평화를 유지함으로써, 개별 구성원들에게 생명과 신체 및 재산의 안전을 보장해 왔다. 이를 위해 국가는 물리적 힘의 사용을, 정도의 차이는 있겠지만 우선적으로 또는 배타적으로 확보하고 행사할 필요가 있었다. 이 점에서 근대 유럽 국가를 염두에 두고 막스 베버M. Weber는 국가를 "일정한 영토에서 물리적 힘의 정당한 사용에 대한 독점을 주장하는 인간 공동체"라고 정의했는데,[1] 이는 근대 국가의 일반적 정의로 널리 통용되고 있다.

베버의 정의를 염두에 두고, 필자는 이 글에서 박정희시대의 국가주의를 논하고자 한다. 그간 국내학계에서 박정희시대까지 포함하여 '국가주의'를 정치철학적 관점에서 본격적으로 다른 연구

---

[1] Max Weber, "Politics as a Vocation," H. H. Gerth & C. Wright Mills, ed., *From Max Weber*, New York: Oxford University Press, 1958, p.78.

는 거의 없었다.[2] 그렇다고 박정희시대의 국가주의에 대한 연구가 없는 것은 아니다. 주로 한국사학계에서 박정희시대의 국가주의를 한국사 교육과 관련하여 다룬 연구는 비교적 풍부하게 존재한다.[3] 또한 현대 한국인들의 일상적 삶 속에 국가주의가 어떻게 침투해 있는가를 밝히고 이를 비판하는 중요한 연구들이 존재한다.[4] 이런 두 유형의 연구들은 국가주의를 전제하고 국가주의가 한국사 교과서 편찬이나 한국사 교육 또는 한국인들의 일상적 삶 속에 어떻게 침투하고 반영되었는가에 초점을 맞추고 있고, 따라서 한국의 국가주의를 이해하는 데 커다란 도움이 된다. 그러나 이 연구들은 최고 통치자인 박정희를 포함하여 박정희정권이 어떻게 국가주의 담론을 생산하고 강화했는지를 직접적으로 밝히지 않는 한계가 있다. 따라서 이 연구는 박정희시대의 국가주의에 대한 기

---

[2] 다음과 같은 연구 성과는 주목할 만하다. 김기봉, 〈우리에게 국가란 무엇인가? 하나의 역사적 성찰〉, 한국철학회 편, 《철학과 인접학문의 대화》, 서울: 철학과현실사, 2004, 164~194쪽; 이종은, 〈한국에서의 국가〉, 한국철학회 편, 《철학과 인접학문의 대화》, 서울: 철학과현실사, 2004, 195~273쪽; 박상섭, 《국가·주권》, 서울: 도서출판 소화, 2008. 그러나 이러한 연구들은 서구에서 국가, 민족(주의), 주권, 국민(주의)의 출현 과정에 주목하면서 그것이 한국에 수용된 과정을 일반적으로 다루고 있기 때문에 한국의 국가주의를 이해하는 데는 일정한 한계가 있다. 한국의 국가주의를 본격적으로 다룬 논문으로는 19세기 말부터 이승만정권까지 근대 한국에서 국가주의의 탄생과 전개 과정을 검토한 박찬승의 연구가 가장 주목할 만하다. 박찬승, 〈20세기 한국 국가주의의 기원〉, 《한국사연구》 117, 2002, 199~246쪽. 그러나 박찬승의 연구는 이승만정권까지로 초점을 맞추고 있어서 박정희시대 국가주의의 본격적인 전개는 다루지 않고 있다.

[3] 대표적인 최근의 연구로 다음과 같은 것을 들 수 있다. 구경남, 〈1970년대 국정 〈국사〉 교과서에 나타난 애국심 교육과 국가주의〉, 《역사교육연구》 19, 2014, 347~383쪽; 김한종, 〈역사교과서의 사회문화적 기능과 국가 이데올로기〉, 《역사교육》 131, 2014, 103~129쪽; 김육훈, 〈국가주의와 역사교육, 그 너머를 향하여〉, 《역사와 교육》 11, 2015, 126~145쪽.

[4] 예를 들어 다음의 연구들이 주목할 만하다. 임지현 외, 《우리 안의 파시즘》, 서울: 삼인, 2000; 권혁범, 《국민으로부터의 탈퇴: 국민국가, 진보, 개인》, 서울: 도서출판 삼인, 2004; 공제욱 엮음, 《국가와 일상─박정희시대》, 파주: 한울 아카데미, 2008.

존의 연구 성과를 긍정적으로 수용하면서 미진한 부분을 보완하는 차원에서 박정희정권의 통치에 초점을 맞추어 박정희시대의 국가주의를 정치학적 관점에서 연구하고자 한다.

이러한 문제의식에 기초해서 이 글은 박정희시대의 국가주의를 박정희 대통령과 정권에 초점을 두고 세 차원으로 나누어 고찰한다. 세 차원이란 '정치철학으로서의 국가주의'(이하 '정치적 국가주의'), 박정희정권에서 추진된 국가 주도의 경제발전에서 드러난 '정치경제적 국가주의'(이하 '경제적 국가주의'), 1960년대 말부터 유신체제에 걸쳐 박정희 자신이 적극적으로 추진한 자주국방에 투영된 '국제관계(특히 미국에 대한 관계)에서의 국가주의'(이하 '대외적 국가주의')를 지칭한다. 필자는 이러한 분류의 적실성을 음미하기 위해 다음에서 국가주의의 세 차원을 정치철학, 정치경제학 이론 및 국제정치이론에 비추어 일반적으로 검토할 것이다. 이어 박정희시대 국가주의를 세 차원의 국가주의를 적용하여 구체적으로 분석할 것이다. 마지막으로 결론에서는 세 차원의 국가주의를 각각 자유주의와 대비하여 정리하고, 세 차원의 상호간의 관계에 대해 고찰하며, 박정희시대의 국가주의를 현재의 관점에서 재조명할 것이다.

국가주의의 세 차원: 일반적 고찰

—정치적 국가주의: 개인에 대한 국가의 우월성과 초월성

국가주의란 무엇인가? 국가주의는 정치철학 분야에서 먼저 이론화되었는바, 국가가 그것을 구성하는 개인, 집단, (시민)사회보다 우월하며 그 구성요소를 초월하는 실재성과 가치를 갖는다는 사고를 지칭한다. 이러한 사고에 따르면 개인이 국가를 위해 희생하는 것은 당연시되며, 이 점에서 국가주의는 자유주의와 정면으로 대립한다.

우리는 헤겔 철학에서 국가주의의 가장 전형적인 모습을 발견할 수 있다. 다소 난삽한 표현이지만, 헤겔에게 국가는 "부동의 절대적 자기 목적"으로 규정되며, 이 "궁극 목적은 개인들에 대해 최고의 권리"를 갖는다. 따라서 개인들에게 "지고의 의무는 국가의 구성원이 되는 것"이다.[5] 자유주의 국가관에 따르면 국가는 개인의 생명·자유·재산을 보존하기 위한 도구나 장치에 불과하다. 그러나 헤겔과 같은 국가주의적 국가관에 따르면 "국가 자체가 자기 목적"이 된다.[6] 따라서 국가는 자신의 목적을 실현하기 위해 필요하다면 개별 구성원의 희생을 요구할 수 있고, 또 개인은 국가의 이러한 부름에 기꺼이 응해야 한다. 요컨대 국가주의에 따르면, 국가는 "개인에 대해 최고의 권리를 갖기 때문에 임의·자의적으

---

[5] 황태연, 〈헤겔의 국가론과 정치철학〉, 《계간 사상》 가을호 46, 2000, 203쪽에서 재인용.
[6] 황태연, 〈헤겔의 국가론과 정치철학〉, 203쪽에서 재인용.

로 인권을 침해할 수 있다."[7]

이러한 국가주의적 사상은 우리가 익히 아는 '파시즘'(이나 나치즘)은 물론 국가유기체설, 일본의 초국가주의, 좌파 전체주의 등에서도 공통적으로 발견된다. 예를 들어, 파시스트들에게 자유는 개인적 자유가 아니라 "민족의 자유", "전지전능한 국가의 자유", "유기적 전체의 자유"를 의미했다. "진정한 자유는 국가에 봉사하는 데 있다."[8] 파시즘에 내재한 국가주의를 테렌스 볼과 리차드 대거는 다음과 같이 간명하게 요약한다.

…… 이탈리아 파시스트는 국가의 가치를 강조했는데, 민족의 힘, 통일성, 장엄함을 법적·제도적으로 구현한 것을 국가로 보았다. 민족에 봉사하기 위해 헌신하는 것은 국가, 그리고 위대하고 영광스러운 지도자 '두체'에 헌신하는 것이었다. 국가는 모든 것을 통제할 수 있으며 모든 사람은 국가에 봉사해야 한다. 이탈리아인들은 '모든 것은 국가 안에서 존재하고, 어떠한 것도 국가 밖에서는 존재하지 않으며, 그 어느 것도 국가에 반대할 수 없다'는 것을 반복해서 상기했다.[9]

근대 서구에서 체계적으로 출현한 국가주의는 19세기 말부터 동북아시아에서도 본격적으로 수용되기 시작했다. 박찬승은 〈20세

---

7 황태연, 〈헤겔의 국가론과 정치철학〉, 203~204쪽.
8 Terence Ball & Richard Dagger, *Political ideologies and the democratic ideal*, 정승현 외 역, 《현대 정치사상의 파노라마》, 서울: 아카넷, 2006, 366쪽.
9 테렌스 볼·리처드 대거, 《현대 정치사상의 파노라마》, 366쪽.

기 한국 국가주의의 기원〉이라는 논문을 통해 한국사회에서 국가
주의 전개 과정을 19세기 말부터 이승만정권에 이르기까지 주로
정치철학적 관점에서 면밀하게 고찰하고 있다. 박찬승은 "개인의
자유와 국가의 권력 간의 관계"에 대한 근대 지식인들의 입장을 자
유주의와 국가주의로 나누어 정리하면서 국가주의를 정의한다.

자유주의는 "국가는 개인의 자유를 침범할 수 없고 개인의 자유
를 보장하기 위해 존재한다"는 입장이고, 국가주의는 "국가권력이
개인의 자유나 권리보다 우월한 지위에 있다고 주장"하는 입장이
다. 전자가 천부인권설, 사회계약설, 개인주의에 기초하고 있다
면, 후자는 사회와 국가는 구성원인 개인을 초월해서 존재하는 독
립적 실재라는 사회유기체론과 국가유기체론에 근거를 두고 있
다.[10] 그는 한국사회에서 국가주의의 연원을 전통적인 "가부장적
인 유교적 국가관"에서 찾기도 하지만, 근대적 국가주의는 19세기
말 이후 "일본·중국 등을 통해 한국에 들어온 (서양의) 국가주의사
상과 결합함으로써 …… 굳건히 뿌리를 내렸다"고 지적한다. 이에
따라 1890년대에 수용된 요한 블룬칠리J. K. Bluntschli의 국가유기
체론의 영향을 추적하고 있다.[11]

박찬승은 국가주의의 극단적 형태로 국가지상주의 혹은 초국가
주의를 제시하면서, 그것을 "개인의 권리는 거의 무시하고, 개인
의 존재는 국가 안에서만 인정하며 개인은 국가를 위해 헌신하고

---

[10] 박찬승, 〈20세기 한국 국가주의의 기원〉, 《한국사연구》 117, 2002, 201쪽.
[11] 박찬승, 〈20세기 한국 국가주의의 기원〉, 202~205쪽.

희생해야 하는 존재로서만 파악하는 사상"이라고 규정한다. 그는 중일전쟁 이후 일본에서 그리고 한국에서는 박정희시대에 그러한 초국가주의가 출현했다고 지적한다.[12] 박정희는 이처럼 19세기 말 이래 일제 식민시기를 거치면서 지속적으로 강화되어 온 국가주의를 시대적 상황과 개인적 체험을 통해 깊숙이 내면화했고, 이러한 국가주의적 사고를 자신의 통치에 철저히 적용했다.

—경제적 국가주의: 경제발전과 국가주의

경제적 국가주의는 (자본주의적) 산업화 또는 경제발전에서 자유시장의 역할보다 국가의 적극적 또는 주도적 역할을 강조하는 입장이다. 이러한 국가주의는 시장 중심의 경제발전 모델과 대립한다. 국가 주도의 경제계획을 통해서 산업화를 시도한 소련 등 공산주의 국가에서의 사회주의 실험 역시 경제적 국가주의를 극단적인 차원에서 시도한 것이라 볼 수 있다(그러나 이 글에서는 자본주의를 전제로 한 국가주의에 초점을 맞추어 고찰하기 때문에 사회주의적 국가주의 또는 국가사회주의는 본격적으로 다루지 않는다). 한국에서 경제적 국가주의는 박정희정권이 추진한 국가 주도의 경제발전을 통해 철저히 관철되었다. 박정희의 국가주의는 정치경제학에서 흔히 개발독재, 발전국가론, 동아시아 경제발전 모델, 또는 (신식민지)국가독점자본주의 등 다양한 개념을 통해 이론화되었다. 경제적 국가주의는 정치경제학이나 비교정치학 등 정치학의 다른

---

[12] 박찬승, 〈20세기 한국 국가주의의 기원〉, 201쪽.

분과 또는 발전경제학에서 별도의 이론 구성을 통해 접근된 까닭에 박정희시대의 국가주의를 논할 때 소홀히 처리되거나 분리되어 다루어진 연구 관행이 있다. 그러나 정치적 국가주의와 경제적 국가주의의 이론적·실천적 친화성을 고려한다면, 국가주의를 논할 때 양자는 함께 검토되어야 할 것이다.

러시아 출신의 경제사가인 알렉산더 거센크론Alexander Gerschenkron은 역사적으로 후발 산업국가일수록 경제발전에서 국가의 역할과 개입이 증대된다는 점을 일찍이 밝힌 바 있다.[13] 이런 통찰은 그 후 '개발독재developmental dictatorship' 또는 '발전국가developmental state'의 사례와 이론을 통해 재차 확인되었다. 후발적으로 산업화를 추진한 국가로서 산업화 또는 경제발전에 성공한 국가는 대부분 강한 국가주의를 적극 활용했다. 그렇다고 강한 국가주의로 무장한 국가가 모두 급속한 산업화에 성공하는 것은 아니다. 세계사적 상황, 적절하고 일관된 산업정책의 채택, 유능한 관료제나 테크노크라트의 존재, 산업화를 일관되게 추진할 수 있는 엘리트의 현명한 리더십 등이 긴요하기 때문이다.

19세기 후반 이후 후발적으로 산업화를 추진한 독일, 이탈리아, 일본 등은 정치적 국가주의에 기초한 강한 국가를 활용하여 급속한 산업화에 성공했다. 1933년에 독일 총통에 취임한 히틀러는 "자유시장경제와 달리 정부가 주도하는 생산계획, 원자재의 배분,

---

[13] Alexander Gerschenkron, *Economic Backwardness in Historical Perspective*, Cambridge, MA: Harvard University Press, 1962.

가격 규제, 무역 통제를 통해 국가주도 경제체제를 수립"했고, 이를 통해 높은 인플레이션을 안정시키고, 고용을 증대시키는 것은 물론 국민총생산과 산업생산성을 비약적으로 증가시키는 데 성공했다.[14]

그레고어A. James Grogor 역시 1979년에 펴낸 《이탈리아 파시즘과 개발독재*Italian Fascism and Developmental Dictatorship*》에서 파시즘을 우리에게 친숙한 용어인 '개발독재developmental dictatorship'로 새롭게 개념화하면서, "주어진 역사적 공동체의 인적·물적 자원의 총체를 국가의 발전에 투입하고자 했던 대중동원적인 발전주의 체제"로 정의했다.[15] 그는 파시즘을 일당 체제하에서 또는 카리스마적 지도자의 주도하에 근대화와 발전을 수행하는 발전주의 체제로 규정하면서 파시즘에 담겨 있던 "근대화와 산업화의 의도가 제대로 인정·평가받지 못하고 있다"고 불평했다.[16] 그의 해석에 따르면, 파시즘은 "지체된 이탈리아 반도의 산업적·경제적 잠재력을 개발하는 것"을 "역사적 사명"으로 삼고, "권위주의적이고 위계적인 정치체제의 주도에 의한 기율, 희생 및 헌신"을 통해 저발전을 극복하고 "자본 축적, 산업 발전 및 경제적 합리화를 달성하고자" 했으며, 그 결과 눈부신 경제성장을 달성했다.[17]

---

[14] 김윤태, 《한국의 재벌과 발전국가: 고도성장과 독재, 지배계급의 형성》, 파주: 한울, 2012, 9쪽.

[15] A. James Gregor, *Italian Fascism and Developmental Dictatorship*, Princeton, N.J.: Princeton University Press, 1979, p.ix.

[16] A. James Gregor, *Italian Fascism and Developmental Dictatorship*, pp.xi~xii.

[17] A. James Gregor, *Italian Fascism and Developmental Dictatorship*, pp.144, 111, 149.

이처럼 파시즘에 의한 개발독재 또는 발전주의 체제는 민족국가로의 지체된 통일, 산업화의 후발성 등의 이유로 역사적 후진성을 자각한 국가의 엘리트에 의해 추진된 국가주의의 발현과 산물로 해석할 수 있다. 이러한 맥락에서 1982년 미국의 정치학자 찰머스 존슨은 전후 일본이 거둔 놀라운 경제성장과 국가의 역할을 검토하면서 '자본주의 발전국가'라는 개념을 최초로 제시했다.[18] 발전국가는 "일종의 계획 또는 전략적 목표에 따른 경제와 사회제도를 만들어 경제발전을 추진하는 국가"로 개념화된다.[19] 20세기 후반 일본을 비롯한 한국·타이완·싱가포르 등 동아시아 국가들이 성취한 급속한 경제성장은 물론 덩샤오핑이 주도한 중국의 산업화 정책을 설명하기 위해 발전국가라는 개념이 널리 통용되고 있다.

박정희시대의 한국도 당연히 전후의 일본형 발전국가를 모델로 하여 경제적 성공을 거둔 대표적 사례로 흔히 인식되었다. 그러나 박정희시대의 개발독재형 발전모델의 기원을 전후 일본의 경제발전 모델이 아니라 계획경제에 기초한 국가적 통제를 통해 산업개발을 추진한 만주국에서 찾는 연구 성과들이 최근 속속 출현하고 있고, 또 주목을 받고 있다.[20] 1936년 만주국을 건국한 이후 사실

[18] Chalmers A. Johnson, *MITI and the Japanese Miracle: the Growth of industrial Policy, 1925~1975*, Stanford, CA: Stanford University Press, 1982.
[19] 김윤태, 《한국의 재벌과 발전국가: 고도성장과 독재, 지배계급의 형성》, 11쪽.
[20] 김웅기, 〈일본의 '만주형' 발전모델이 박정희정부 산업화에 미친 영향〉, 한국학중앙연구원 박사학위 논문, 2006; 한석정, 〈박정희, 혹은 만주국판 하이 모더니즘의 확산〉, 《일본비평》 3, 2010, 120~137쪽; 한석정, 〈만주국—60년대 한국, 불도저 국가의 흐름〉, 《만주연구》 13, 2012,

상 일본 육군본부의 통제를 벗어난 관동군은 1937년부터 '만주국 산업개발 5개년계획' 등 엄격한 통제경제를 실시하면서 급속한 산업화를 추진했다.[21] 이처럼 만주국에서 실행했던 국가주의적 산업화가 각각 기시 노부스케와 박정희를 통해 전후 일본의 경제부흥과 박정희시대 개발독재에 계승된 것으로 해석된다.

—대외적 국가주의

국가주의는 본래 대내적으로 국가와 그 구성원들 사이의 수직적·유기체적·권위주의적 관계를 지칭하기 위해 사용되는 개념으로, 보통 국가의 대외적 활동을 지칭하기 위해서 사용되는 개념이 아니다. 그러나 국가주의는 대내적으로 국가의 최고성은 물론 대외적으로 국가의 자주성을 명실상부하게 확보할 때 비로소 완성

161~178쪽; 姜尚中·玄武岩, 《大日本·滿州帝國の遺産》, 이목 옮김, 《기시 노부스케와 박정희》, 서울: 책과함께, 2012. 김웅기는 한국의 발전모델을 일본 대신 만주국에서 기원을 찾는 근거로 다섯 가지 논점을 제시한다. ① 박정희가 추진했던 중화학공업화의 이면에 군수산업화라는 목적이 동시에 존재했다는 점, ② 군수산업화를 지향하게 된 동기인 군사적 위협이 만주국엔 소련, 남한엔 북한으로 존재했다는 점, ③ 만주국이든 한국이든 절대권력에 대한 견제세력이 국내에 부재했다는 점, ④ 두 국가가 모두 독재체제로서 권력자의 필요에 따라 민중을 억압할 수 있었다는 점, ⑤ 만주국과 한국은 공통적으로 권력자의 의향에 따라 기업가의 활동을 좌지우지할 수 있었다는 점을 든다(김웅기, 〈일본의 '만주형' 발전모델이 박정희정부 산업화에 미친 영향〉, 3쪽). 이러한 김웅기의 해석이 강한 설득력을 갖는다는 점을 인정할 수 있지만, 동시에 박정희시대 경제발전 모델이 자급자족을 지향한 만주국의 발전모델이 아니라 개방적인 세계시장에 초점을 맞춘 수출 지향적 발전모델이었다는 점, 1973년에 박정희정권이 추진한 중화학공업화 정책이 1957년부터 시작된 일본의 중화학공업화 정책을 모델로 하고 있었다는 점 등을 고려한다면, 전후 일본의 경제발전 모델 역시 상당한 영향을 끼친 점을 부정할 수 없다. 이에 대한 명확한 규명은 학문적으로 흥미로운 논점임이 분명하지만, 이 글의 주제를 벗어나기에 여기서는 다루지 않겠다. 어느 경우나 강한 국가주의를 배경으로 한 점은 마찬가지이기 때문이다.

21 姜尚中·玄武岩, 《大日本·滿州帝國の遺産》, 이목 역, 《기시 노부스케와 박정희》, 서울: 책과함께, 2012, 13쪽.

된다고 할 수 있다. 후자를 위해서는 국제관계에서의 국가주의가 필요하다. 국가가 대내적으로 최고의 위상을 확보하고 있다 할지라도 경제적으로 또는 군사적으로 타국에 의존하거나 종속되어 있다면, 국제관계에서의 열악한 지위는 필연적으로 국가의 대내적 최고성마저 위협하기 때문이다. 《군주론》에서 마키아벨리가 신생국의 군주나 지도자에게 용병이나 원군에 의존하지 말고 자신(자국)의 군대를 양성하고 확보할 것을 반복해서 역설한 이유도 그의 조국 피렌체가 경제적으로는 부유하지만 군사적으로 취약해서 대외적으로 자주성을 확보하지 못했기 때문이다.

대외적 측면에서 파악된 이러한 국가주의는 현대 국제정치에서 사실상 현실주의 이론과 긴밀한 관계를 맺으면서 그 기본적 전제를 구성하고 있다. 2차 세계대전 이후 미국을 중심으로 발전한 국제정치 이론에서 자유주의 이론이 국제기구, 초국적기업, 가톨릭교회, 초국적 비정부기구NGO 등 초국가적 행위자들의 활동이 국가 못지않게 국제정치(경제)에 미치는 역할을 강조하는 것과 대조적으로, 현실주의 이론은 국제정치의 기본적이고 중요한 행위자는 오직 '국가'라는 점을 강조한다.

현실주의 이론에 따르면, 국제정치는 국가 간의 분쟁과 갈등을 중재하고 해결할 수 있는 상위의 공통된 심판자가 없는 무정부적 상태를 가정한다. 이러한 무정부적 상태에서 국가는 항상적으로 안보 딜레마에 직면하기 때문에, 자신의 안전을 확보하고 분쟁을 해결하는 궁극적 수단으로 오직 폭력의 사용을 수반하는 자력구제에 의존할 수밖에 없다. 그리고 "만인에 대한 만인의 전쟁상태" 인 자연상태와 인간의 본성에 대한 홉스의 통찰이 보여주듯이, 인간은 물론 국가 역시 공격과 방어에 필요한 힘(권력)의 증대를 꾀하지 않으면, 현재의 생존이나 존립도 보장하기 어렵기 때문에 "힘에 대한 끊임없는 욕망"을 보유하게 된다.[22] 따라서 "최고의 권력자인 군왕들은 국내에서는 법으로, 국외에서는 전쟁으로 권력을 확보하기 위해 노력한다"는[23] 《리바이어던》의 구절이 보여주듯이 무정부 상태인 국제질서에서 국가는 생존을 위해서도 강력한 대외팽창적 지향성을 갖게 된다.

비록 자유주의 이론의 도전을 받아왔지만, 현실주의 이론은 냉전의 종언 이전에 핵무기에 의한 공포의 균형으로 특징지어지는 미소 양극체제하에서 적어도 안보 분야에서 주류이론으로 군림해왔다. 현실주의 이론에서 국가는 자신의 국력을 극대화하고자 부단히 노력하며, 이 과정에서 다른 국가들과 안보와 시장 및 영향력을 놓고 경쟁한다. 이러한 상황은 종종 상대적 우위를 놓고 경합하는 영합적零合的(zero-sum) 상태이기 때문에, 한 국가의 이득은 자동적으로 다른 국가의 손해로 간주된다.

이처럼 대외적 국가주의는 국가가 안보 딜레마의 상황에서 자국의 힘과 이익을 일방적으로 또는 우선적으로 추구하는 국제정

---

[22] Thomas Hobbes, *Leviathan, or, The matter, forme and power of a commonwealth ecclesiasticall and civil.* c1839~1845, 진석용 역, 《리바이어던》(1), 파주: 나남, 2008, 170~171쪽.
[23] 토머스 홉스, 《리바이어던》(1), 138쪽.

치적 현상을 지칭한다. 한국인을 포함한 비서구 세계의 대다수 인민은 국가를 상실하고 식민주의·제국주의의 굴레에서 신음하다가 2차 세계대전 종전 이후에 비로소 독립을 성취했다. 따라서 국가야말로 외부의 침략과 정복으로부터 보호할 수 있는 유일한 기제라는 체험과 자각으로 인해 그들은 대외적 국가주의를 쉽사리 수용할 처지에 놓여 있었다. 박정희가 유신체제에 들어와 중화학공업화 정책을 돌진적으로 추진하게 된 배경으로는 경공업 중심으로 발전한 경제구조의 한계를 타개할 필요성 이외에도 1960년대 말부터 제기된 북한의 빈번한 무력도발과 (주한미군 철수 논의로 불거진) 미국과 동맹관계의 불안정이 야기한 안보위기, 그리고 그것이 초래한 자주국방에 대한 박정희의 집념이 지적된다. 이 점에서 박정희는 급속한 산업화에 기초한 강력한 국가건설을 통해 북한의 안보위협에 자력으로 맞설 수 있는 자주국방을 지향하고 추구했다. 따라서 이러한 자주성의 추구를 박정희시대 국가주의의 대외적 측면으로 이론화하여 다룰 필요가 있다.

박정희시대의 국가주의: 구체적 검토[24]

—정치적 국가주의: 국가민족주의의 신성화[25]

박정희의 국가주의는 국가와 정치의 관계에 대한 그 자신의 사고에서 잘 드러난다. 유신시절인 1978년 4월에 행한 다음의 언설은 박정희 자신의 정치관을 총체적이고 압축적으로 잘 보여준다.

한마디로 정치의 목적과 제도의 참다운 가치는 그 나라의 당면 과제를 효율적으로 해결하고 원대한 국가 목표를 착실히 실현해 나가기 위해 국민의 슬기와 역량을 한데 모아 생산적인 힘을 최대한으로 발휘할 수 있도록 뒷받침하는 데 있다고 나는 믿습니다. 어떤 명분과 이유에서든, …… 국민총화와 사회안정을 저해하고 국론의 분열과 국력의 낭비를 조상하는 그리한 형태의 정치 방식은 우리가 당면한 냉엄한 현실이 도저히 그것을 용납하지 않을 것입니다(6: 304).[26]

---

[24] 이 글에서 박정희의 연설문, 담화문 등을 인용할 때에는 각주에서 '대통령비서실'에서 발간한 《박정희대통령연설문집》의 출처를 일일이 밝히는 대신, 편의상 본문 주를 사용해 인용문 뒤에 《박정희대통령연설문집》의 '권'의 번호와 쪽수를 괄호 속에 기재하고(예를 들어 5권 278쪽은 '5: 278'로 표기), 필요한 경우에는 연설문(또는 담화문)의 제목이나 일자를 병기했다. 필자가 참고한 《연설문집》은 제1, 3, 5~6권으로 참고문헌에 정확한 출처를 밝혀 놓았다.

[25] 이 절의 상당한 부분은 필자가 출간한 강정인, 《한국 현대 정치사상과 박정희》, 서울: 아카넷, 2014에 수록된 박정희의 국가주의와 관련된 서술을 선별적으로 옮겨오면서 필요한 부분을 수정·축약하거나 추가한 것이다. 박정희 연설문 등을 다시 인용한 경우를 제외하고는 본문의 출처를 각주를 통해 밝혔다.

[26] 이처럼 "우리가 당면한 냉엄한 현실"을 끊임없이 강조하는 박정희 사상은 또한 '위기의 정치사상'이라 할 수 있다.

이 언설에서 흥미로운 것은 정치의 목적과 제도가 국가의 목표에 봉사하는 것이라는 언급이다. 박정희는 이미 이전의 언설에서도 '국가 의식'이 "정치 이전에 요구되는 것"이라고 주장한 바 있었다(1963/02/22, 1: 378). 국가가 정치에 선행하고 우위에 있는 이러한 사고는, 앞에서 정치적 국가주의를 논할 때 이미 지적한 것처럼, 서구의 자유주의와 정면으로 충돌하는 국가주의적인 것이다. 또한 박정희에게 국가의 '당면 과제'와 '원대한 국가 목표'는 민주적 합의에 의해 설정되는 것이 아니라, 위기를 수반하는 '냉엄한 현실'이 우리에게 선택의 여지없이 부과하는 무언가 '긴급하고 자명한 것'으로 상정된다. 이처럼 '긴급한 위기'를 명분으로 그러한 과제와 목표 설정이 정치의 영역에서 배제될 때, 곧 최고 통치자의 결단과 예지의 산물로 귀결될 때, 정치는 유신헌법에서 구체화되고 당시 박정희의 통치가 전형적으로 보여 준 것처럼, 초월적 영도자에 의한 '주권적 독재'의 모습을 띠게 된다.[27]

박정희의 국가주의는 민족주의와 강고하게 결합된 국가민족주의라 할 수 있다. 그것은 "한편으로 단군의 혈통을 이어받은 단일 민족임을 강조하는 종족적 민족주의의 자부심에 자주적인 근대화의 실패와 뒤이은 국권강탈, 식민지 경험, 분단과 한국전쟁의 체험 등이 덧씌워짐으로써" 형성된 상처받은 '민족주의'가, 다른 한

---

[27] 강정인, 《한국 현대 정치사상과 박정희》, 서울: 아카넷, 2014, 234~235쪽. 주권적 독재의 개념은 칼 슈미트에 의해 고안된 것이다. 이에 대한 상세한 논의로는 최형익, 〈입헌독재론: 칼 슈미트(Carl Schmitt)의 주권적 독재와 한국의 유신헌법〉, 《한국정치연구》 17:1, 2008, 241~269쪽, 강정인, 《한국 현대 정치사상과 박정희》, 285~287쪽을 참조할 것.

편으로 19세기 말에 수용된 서구의 국가주의, "식민지시기에 박탈당한 국가에 대한 강렬한 집착, 일제 강점기에 부과되고 내면화된 파시즘적 국가관, 남북한에서 각각의 분단국가가 민족을 온전히 대표한다고 고집하는 분단국가주의 등이 한데 응축된 '국가주의'"와 복합적으로 결합하여 출현한 것이다.[28]

이러한 역사적인 요인 이외에도 박정희는 그 자신의 개인적인 성장 배경으로 인해 국가민족주의를 더욱 더 강렬하게 내면화하지 않을 수 없었다. 박정희 역시 "일제강점기부터 국가를 잃은 민족의 애환을 체험하고, 분단과 6·25전쟁이라는 유례없는 민족의 수난시대"를 살아왔을 뿐만 아니라, 나아가 일제강점기에는 만주 군관학교와 일본육사, 해방 후에는 조선경비사관학교에서 받은 군사교육을 포함해 "오랫동안 군인으로서 국가주의적 사고와 기율"을 철저히 내면화해 왔다.[29] 이 점에서 그는 한국 민족주의의 국가민족주의로서의 특성을 극단적으로 체현한 인물로 자리매김할 수 있다. 박정희의 이러한 국가민족주의는 "그 구성요소인 개인과 시민사회의 자율성을 철저히 부정하고 동시에 그것들을 초월하는 엄청난 무게와 신성성을 획득"하게 되었다.[30]

박찬승은 다이쇼–쇼와시대에 걸쳐 극우 사상가로 활동한 오오카와 슈메이의 일본주의에 담긴 국가주의를 논하면서, 오오카와

[28] 강정인, 《한국 현대 정치사상과 박정희》, 272쪽.
[29] 강정인, 《한국 현대 정치사상과 박정희》, 273쪽.
[30] 강정인, 《한국 현대 정치사상과 박정희》, 273쪽.

슈메이는 "국가는 최고의 도덕이고, 최고선의 실현"으로서 "인간이 인간으로 존재하는 의의와 가치는 바로 국가의 이상에 헌신함으로써 확립"되며, 따라서 "국가의 존립과 발전을 위해 국가를 구성하고 있는 개인의 희생을 당연한 것으로 인식했다"고 기술한다.[31] 1940년에 박정희는 만주군관학교에 입학하기 위해 '진충보국 멸사봉공盡忠報國 滅私奉公'이라는 구절이 들어간 유명한 혈서를 보낸 적이 있다. '충성을 다해 국가에 보답하고 자기를 희생하여 공공에 봉사할 것'을 다짐한 문구에서 박정희가 일제강점기에 내면화한 국가주의를 가감 없이 엿볼 수 있다.

1963년 8월 민정에 참여하기 위해 행한 전역식에서 행한 연설에서도 박정희는 "〈생〉과 〈사〉의 극한에서 감히 사를 초극하는 군인의 〈죽음〉은 정의와 진리를 위해 소아를 초개같이 버리는 희생정신의 극치로서 군인만이 가지는 영광되고 신성한 길"이라고 군인의 사명을 정의했다. 이어서 "이 거룩한 〈죽음〉 위에 존립할 수 있는 국가란, 오직 정의와 진리 속에 인간의 제 권리가 보장될 때에만 가치로서 긍정되는 것"이며, "국가가 가치구현이라는 문제 이전으로 돌아가 그 자체가 파멸에 직면했을 경우에는 혁명이 불가피하다"고 하면서 자신의 쿠데타를 정당화했다(《전역식에서의 연설》, 1: 489). 이 연설은 국가주의적 사고로 무장한 군인이 어떻게 해서 (예외적으로 어떤 상황에서) 정부(국가)를 전복하는 쿠데타를 할 수 있는지 정당화한 것이지만, 동시에 군인을 "정의와 진리의 신

---

[31] 박찬승, 《20세기 한국 국가주의의 기원》, 213쪽.

성한 구현체"인 국가를 위해 자신의 목숨('소아')을 "초개같이 버리는" 존재로 규정함으로써 군인으로서 지닌 국가주의적 사고의 진수를 극명하게 보여 주고 있었다.[32] 유신시대에 국민의례의 일환으로 시행된 〈국기에 대한 맹세〉 역시 그러한 국가주의가 면면히 지속되고 있음을 보여 주었다. "나는 자랑스런 태극기 앞에 조국과 민족의 무궁한 영광을 위하여 몸과 마음을 바쳐 충성을 다할 것을 굳게 다짐합니다."

  박정희가 자주 사용한 용어들, 예를 들어 '민족적 양심', '정신적 근대화', '이기주의' 개념들, 역시 국가민족주의적 관점에서 재규정된 것이었다. 먼저 박정희가 흔히 사용하던 '민족적 양심'은 다분히 국가민족주의적 관점에서 개념화되었다. "전체의 이익과 개인의 이익이 상반 대립할 때는 개인의 희생과 통제로써 합치점을 발견하지 않으면 안 될 것이다. 개인과 전체의 이익이 상반 대립할 때, 거기서 자기를 통제하고 억제하면서 전체와 개인의 합치점을 모색하고 발견하는 것이 소위 '양식'이요, 이것을 민족적 견지에서 본다면 '민족적 양심'이라 할 수 있다."[33] 나중에 논하겠지만 박정희에게 민족과 국가가 거의 동일시된다는 점을 고려하여 이 구절에서 '전체'에 '민족'이 아닌 '국가'를 대입한다면, 박정희에게 '민족적 양심'은 다른 말로 '국가적 양심'이 될 것이다.

  1970년 1월 행한 연두기자회견에서도 "물량의 근대화"와 구분되

[32] 강정인, 《한국 현대 정치사상과 박정희》, 277쪽.
[33] 박정희, 《우리 민족의 나갈 길: 사회재건의 이념》, 서울: 동아출판사, 1962, 29쪽.

는 "정신적 근대화"를 언급했을 때, 박정희는 건전한 국민 도의와 사회 윤리의 확립을 강조하면서, 그것의 핵심이 국가주의를 내면화하는 것으로 귀결됨을 밝혔다. "우리들은 인간의 모든 행동 중에서도 국가에 대해서 충성을 하고 봉사를 하며, 특히 자기 개인을 희생하면서 국가를 위해서 일한다 하는 것을 인간 사회의 가장 훌륭한 미행이요 본보기라고 하며, 이런 것을 대의명분에 산다고 말합니다"(3: 686). 박정희의 이러한 사고에서 '이기주의'가 "국가와 민족을 도외시하는 이기주의"로 규정되는 것은 당연했다(1976/01/15, 6: 29). 이러한 국가주의적 사고에 따라 박정희는 이기적 동기로 부정부패를 저지른 공무원들을 심지어 '국가의 반역자'로 규정하는 것도 서슴지 않았다(1969/01/10, 3: 430). 이 점에서 '정신적 근대화'는 박정희 자신이 작성한 혈서에 따라 사는 것, 민족적 양심에 따라 사는 것을 달리 표현한 것에 불과했다. 이처럼 박정희가 사용하는 많은 개념들은 국가주의에 의해 강력하게 각인, 주조되었다.

지금까지 논의에서 시사된 것처럼, 박정희에게 민족과 국가는 동일시되고, 박정희를 포함한 개별 국민 역시 민족 및 국가와 동일시되었다. 민족과 국가가 대우주라면, 개별 국민은 이에 상응하는 소우주였다. 그렇기 때문에 박정희는 "〈나〉라는 우리 개인을 …… 〈소아〉", "〈나〉를 확대하고 연장한 …… 국가를 〈대아〉"라 하는데, "우리 민족" 역시 국가와 마찬가지로 "나를 확대한 〈대아〉"라고 규정함으로써 〈대아〉인 민족과 국가가 사실상 불가분적이고 호

환적임을 재확인했다(1970/01/19, 3: 686).[34] 나아가 유신체제 수립 직후인 1973년 1월에 행한 연두기자회견에서 박정희는 "민족과 국가는 영생하는 것"이고, "국가 없는 민족의 영광과 발전이라는 것은 있을 수 없는 것"이라며 "국가는 민족의 후견인"이라고 강조했다. 나아가 이 회견에서는 나라와 〈나〉의 구분, 이전에 구분했던 〈소아〉와 〈대아〉의 형식적 구분마저 폐기하면서, "나라와 〈나〉라는 것은 별개의 것이 아니라 하나인 것"이라며 '투철한 국가관'을 강조했다(1973/01/12, 5: 20).

지금까지 분석한 박정희의 국가주의에서 우리는 '국가주의의 신성화'를 발견할 수 있다. 필자는 다른 글에서 한국 현대 정치사상사의 특징으로 '민족주의의 신성화'를 논하면서 그것이 민족의 영구성, 민족주의의 무오류성, 민족(주의)의 비도구성으로 구성되어 있다는 점을 밝힌 바 있다.[35] 그런데 위에서 논한 것처럼 박정희의 국가주의 역시 민족과 국가를 "영생하는 것"으로 규정함으로써, 정의와 진리의 화신인 국가를 위한 개인의 무조건적인 희생을 요구함으로써, 그리고 국가권력을 남용하여 부정부패를 저지른 공무원들을 국가의 반역자로 규탄함으로써, 국가의 영구성, 국가의 무오류성, 국가의 비도구성으로 구성된 국가주의의 신성화를 정식화했다고 할 수 있다.[36]

---

[34] 강정인, 《한국 현대 정치사상과 박정희》, 278쪽.
[35] 강정인, 〈8·15와 한국사회: 한국 민족주의의 신성화와 그 퇴조〉, 《신아세아》 23:3, 2016, 134～160쪽.
[36] 사실 민족주의나 국가주의의 신성화에서 '신성화'라는 개념은 기독교의 하나님과 같은 절대자

또한 개인과 국가 및 민족을 동일시하는 박정희의 언술이 대통령을 국가와 민족의 불가분적 결합(동일성)을 매개하고 구현하는 초월적 지도자로 격상시키는 일은 자연스러운 귀결이었다. 다시 말해, 국가와 민족의 불가분적 결합은 이를 매개하고 체현하는 인격화된 권력을 요구하는 바, 이는 최종적으로 유신헌법의 제정을 통해 대통령이 영도자의 지위에 오름으로써 명실상부하게 제도화되었다. 요컨대 국가민족주의를 극단적으로 구현한 유신체제는 "국가=민족=나(박정희)"라는 삼위일체적 결합을 공식화한 것이었으며, 이는 박정희 개인이 권력의 최정상에서 민족과 국가의 화신이자 영도자로서 군림하게 된다는 것을 의미했다.[37]

— 경제적 국가주의: 국가주도적 경제발전

이념상 초월적으로 군림하는 국가주의가 명실상부하게 실효성을 확보하기 위해서는 (국가의 물리적·이념적 기제가 완비됨은 물론) 경제적으로 부유하고 군사적으로 강력한 국가를 건설해야 할 것이다. 국가주의 이념이 강력하다 할지라도 빈곤하고 힘이 약한 국가는 사실상 종이호랑이에 불과하거나 단순히 소수 엘리트의 의

에게 전형적으로 부여된 속성인 것처럼 보인다.

[37] 강정인, 《한국 현대 정치사상과 박정희》, 285~289쪽. 유신체제의 출범 이전인 1970년 12월 말경 당시 중앙정보부장으로 취임한 이후락은 취임식에서 "중앙정보부는 국가 안보의 보루다. 국가 안보는 대통령의 안보다. 대통령을 보위하는 것은 바로 국가를 보위하는 것이다. 우리는 박 대통령을 보위하는 전위대다"라고 선언했다고 한다(중앙일보 특별취재팀, 《(실록) 박정희: 한 권으로 읽는 제3공화국》, 서울: 중앙 M&B, 1998, 28쪽에서 재인용). 여기서 유신시대에 많은 국민들이 체험했던 다음과 같은 등식을 논리적으로 확인할 수 있다. "국가안보=(정권안보)=박정희 개인안보."

한 '약탈국가'로 전락하기 십상이기 때문이다. 쿠데타 이후 정권을 장악한 박정희는 당시 국가의 실상에 관해 "마치 도둑맞은 폐가를 인수한 것 같았다"라는 소감을 실토한 바 있다.[38] 박정희는 1962년에 펴낸 《우리 민족의 나갈 길》에서 안으로는 "국내의 경제사정 즉 빈곤, 기아, 실업 등"이, 밖으로는 공산주의자의 침략 위험이 민족의 자유에 중대한 위협을 제기한다고 주장했다.[39]

따라서 박정희는 집권 기간 내내 자립경제의 건설과 자주국방의 확보를 국가의 목표로 정하고 이를 달성하는 데 온 힘을 쏟았다. 구체적으로 그 목표는 경제적으로는 물론 정치적(군사적)으로 미국에 대한 의존을 줄이면서 경제와 국방에서 북한을 능가하는 국력을 쌓는 것이었다. 따라서 그가 제3공화국 초기에 내세운 민족적 민주주의는 자주와 자립에 기초하여 조국 근대화와 민족중흥의 과업을 성취함으로써 궁극적으로 '민족(=국가)의 자유와 번영'을 추구하는 이념으로 해석할 수 있다.

집권 초기 박정희는 민주당 정권이 내세웠던 경제제일주의를 수용하고 실천에 옮겼다. 박정희는 《국가와 혁명과 나》에서 "민족제일주의와 경제 우선주의"를 내세웠는데,[40] 제3공화국에서는 경제제일주의를 더욱 응축하여 "수출제일주의"라는 말을 애용하곤 했다.[41] 박정희는 수출 1억 달러를 달성한 1963년을 '수출의 해'로

---

[38] 박정희, 《국가와 혁명과 나》, 서울: 상문사, 1963, 84쪽.
[39] 박정희, 《우리 민족의 나갈 길: 사회재건의 이념》, 41쪽.
[40] 박정희, 《국가와 혁명과 나》, 255쪽.
[41] 그러나 박정희는 유신체제 이후 국가안보가 위기에 처함에 따라 "국가안보 제일주의"를 강조

지정하고 11월 30일을 '수출의 날'로 제정하면서, 수출에 공이 큰 기업인들을 표창하기 시작했다. 강준만은 박정희정권에서 '수출 제일주의'는 일종의 신앙이었으며,[42] 박정희는 "강력하고 유능한 수출 총사령관"이었다고 평가한 바 있다.[43]

경제발전의 목적은 '5·16 혁명공약'에서 밝힌 것처럼 무엇보다 "절망과 기아선상에서 허덕이는 민생고를 시급히 해결"하는 것이었으나, 이는 또한 "국토통일을 위하여 공산주의와 대결할 수 있는 실력의 배양"을 추구한다는 점에서 반공·승공 통일과도 맞닿아 있었다.[44] 박정희는 군정기인 1962년 1월 1일 〈국민에게 보내는 연두사〉에서도 "당면한 우리의 지상목표는 경제재건을 위한 산업개발"이라고 강조했다(1: 157). 빈곤에 시달리던 당시 한국 민중에게 '잘 살아보세'를 외치며 매진하는 박정희정권의 경제제일주의는 강한 공감대를 형성했고, 군사쿠데타에 대한 광범위한 지지를 이끈 가장 중요한 명분으로 작용했다.

20세기 후반에 일본은 물론 한국·타이완·홍콩·싱가포르 등 동아시아 국가들이 거둔 성공적인 경제발전을 놓고 종래 국가 중심적 해석과 시장 중심적 해석 사이에 격렬한 논쟁이 전개된 바 있다. 예를 들어, 국제통화기금이나 세계은행 등 국제경제기구나 서

하기 시작했다(예를 들어 〈연두기자회견〉, 6:8; 〈1977년도 예산안 제출에 즈음한 시정연설〉, 1976/10/04, 6:94 등). 물론 경제제일주의와 안보제일주의는 상호 대체관계라기보다는 병용관계였다고 보아야 할 것이다.

[42] 강준만, 《한국 현대사 산책: 1960년대편》(2권), 서울: 인물과사상사, 2004a, 277쪽.

[43] 강준만, 《한국 현대사 산책: 1960년대편》(3권), 서울: 인물과사상사, 2004b, 13쪽.

[44] 김삼웅 편, 《사료로 보는 20세기 한국사》, 서울: 가람기획, 1997, 256쪽.

구의 주류 자유주의 경제학자들은 한국 경제의 성장을 "수출지향적 산업화"와 "시장원리의 작동"에 기반을 둔 성과로 규정하면서 국가의 역할을 시장이 제대로 작동할 수 있게끔 도와주는 보조적인 것으로 해석했다. 이와 달리 암스덴Alice Amsden과 웨이드Robert Wade로 대표되는 국가 중심적 접근론자들은 한국과 타이완의 눈부신 경제발전에 대한 구체적 분석을 통해 그 성공이 "적극적인 산업정책, 금융통제, 무역보호 그리고 자본통제 등 국가의 효과적인 시장개입에 기초한 것"이라고 주장하면서 시장주의자들을 통렬하게 논박했다.[45] 이들의 주장에 영향을 받아 세계은행의 보고서 역시 본래의 입장을 수정하여 동아시아의 경제적 성공이 높은 수준으로 이루어진 국가의 경제개입에 의한 것임을 시인했다.[46] 그러나 복지 선진국인 서구에서도 경제적 성패를 놓고 '국가의 실패냐 시장의 실패냐'를 논쟁하는 것으로 비추어볼 때, 이른바 시장주의자(또는 자유주의자)와 국가주의자의 이론적 대립은 단순히 신흥공업국의 사례에만 국한되는 것은 아니다.

오늘날 대부분의 국내학자들은 박정희정권이 이룩한 경제발전을 국가 주도에 의한 것으로 해석한다. 다시 말해 박정희시대에 한국정부는 수차례에 걸쳐 경제개발 5개년계획을 입안하는 등 경

---

[45] 이강국, 《다보스, 포르투 알레그레 그리고 서울: 세계화의 두 경제학》(2판), 서울: 후마니타스, 2005, 303~304쪽; Hyung-A, Kim, *Korea's development under Park Chung Hee: rapid industrialization, 1961-1979*, 신명주 역, 《유신과 중화학공업: 박정희의 양날의 선택》, 서울: 일조각, 2005, 27~28쪽.

[46] 이강국, 《다보스, 포르투 알레그레 그리고 서울: 세계화의 두 경제학》(2판), 304쪽; 김형아, 《유신과 중화학공업: 박정희의 양날의 선택》, 27~28쪽.

제에 체계적으로 개입함으로써 경제발전을 견인했다는 것이다. 박정희는 쿠데타 직후 1961년 7월에 경제기획원을 창설했다. 같은 해 11월, 케네디 대통령과 정상회담을 마치고 샌프란시스코에 들렀을 때 행한 연설에서, "특히 우리 한국과 같은 저개발국가에서는 모든 가용자원을 최대한으로 이용하도록 선견있고 합리적이며 잘 조화된 그리고 모든 요소를 세심히 고려한 총괄적인 경제계획이 필요하다"고 일찍부터 역설한 바 있다(1961/11/20, 1: 129). 박정희는 민정이양을 위한 선거를 앞두고 출간한 《국가와 혁명과 나》에서 군정 2년간의 성과를 보고하면서 그 내용의 거의 대부분을 1962년부터 추진된 제1차 경제개발 5개년계획을 상세하게 설명하는 것으로 채웠다. 제1차 5개년계획은 전력·석탄 등의 에너지 공급원 확충, 농업 생산력 증대, 기간산업의 확장과 사회간접자본의 형성, 국토 개발을 골자로 한 유휴 자원 활용, 수출증대를 통한 국제수지의 개선, 기술진흥 등을 골자로 했다. 특히 정유·비료·화학·전기기계 등의 기간산업과 사회간접자본의 확충에 집중적인 투자를 했다. 박정희는 대통령에 취임한 이후에도 매월 상공부의 '수출확대회의'와 경제기획원의 '월간 경제동향보고회의'에 참석해서 회의를 직접 주재했다.

박정희정권은 정부가 직접 은행을 통제하고 정책금융과 세제지원을 통해 전략적 산업과 수출기업에 투자를 집중시킴으로써 수출 진흥을 위한 불균형 성장을 추진했다. 차관이나 직접투자 등 해외자본의 유입을 국가가 면밀히 감시하고 통제하는 것은 물론 사실상 정부가 독점하고 있던 금융자원을 산업정책과 개발계획에 맞추어 배분했다. 환율정책과 경상수지관리 정책, 높은 무역장벽의 설치와 수입 금지 및 허가제를 통해 수출의 촉진, 수입의 억제 및 국내산업의 보호를 위해서도 노력했다.[47] 또한 박정희정권은 외자도입의 긴요성을 고려하여 민간기업의 차관에 대해서도 정부가 지급을 보증하는 유례없는 조치를 취했다. 심지어 "박정희 정부는 매년 철강 몇 만 톤의 필요분을 예측하여 그에 따라 제철소 건립 및 이에 필요한 국내와 자금의 조달방안과 기술자 양성을 위한 공업고등학교의 설립까지도 구체적으로 계획하고 정책으로 밀어붙일" 정도로 주도면밀하게 경제에 관여했다.[48] 이러한 사례들을 고려한다면 박정희 정권기의 경제발전을 단순히 시장에 대한 국가의 개입을 넘어, 시장에 대한 국가의 주도 또는 통제에 의한 성장으로 설명하는 것이 합당하다고 생각된다.

유신정권에서 경제 수석비서관이자 중화학공업기획단 단장이었던 오원철은 국가 주도에 의한 경제발전을 정책 담당자의 입장에서 '엔지니어링 어프로치(공학적 접근법)'라는 개념을 통해 설명한다. 먼저 그는 "경제가 아무 것도 없으니, 새로 집家屋을 건축하듯 경제를 새로 건설했다"는 의미에서 국가가 "경제발전을 시킨 것이 아니라 경제건설Economic Construction을 했다"고 주장한다.[49]

[47] 이강국, 《다보스, 포르투 알레그레 그리고 서울: 세계화의 두 경제학》(2판), 305쪽, 309쪽.
[48] 오원철, 《한국형 경제건설: 엔지니어링 어프로치》(제3권), 서울: 기아경제연구소, 2006, 261~262쪽.
[49] 오원철, 《한국형 경제건설: 엔지니어링 어프로치》(제3권), 277쪽.

그는 엔지니어링 어프로치를 간명하게 "세계시장을 기초로 한 효율·이윤 극대화의 국가적 계획경제체제"[50]라고 정의한다. 이러한 엔지니어링 어프로치에 따라 박정희시대에 국가는 경제에 적극 관여하여 공업단지를 건설하고, 정책금융 등을 통해 새로운 사업을 위한 투자자금 조달을 지원했다. 그리고 관세·내국세 등 세제상의 혜택을 제공하고, 수입금지 정책이나 국내시장에서의 독점 보장을 통해 전략산업을 육성했다. 또한 사회간접자본의 적극적 투자를 통해 기업의 생산비를 절감해 주며, 대대적인 기능공 양성 정책을 통해 필요한 숙련 노동력을 적기에 공급하고, 마지막으로 경제건설에 참여하는 기업가와 노동자의 사기를 진작시키기 위해 노력했다.[51] 특히 국가 주도의 경제발전에 대한 대중들의 지지와 동원을 극대화하기 위해 박정희정권은 민족주의적 열정에 호소하면서 정권 초창기부터 1970년대에 이르기까지 국가재건운동, 국민교육헌장, 제2경제운동, 새마을운동 등 각종 대중운동을 전국적으로 조직·전개했다.

유신정권에서 1973년 이후 본격적으로 추진된 중화학공업화 정책은 미군 철수 논의로 인해 초래된 안보적 위기상황을 타개하기 위해 그리고 전후방 연관효과가 큰 산업의 성장을 통해 한국경제를 자본집약적인 고도 산업국가로 전환시키기 위해 추진되었다. 중화학공업화 정책의 추진과 더불어 정부는 국내의 대기업들에게

---

[50] 오원철, 《한국형 경제건설: 엔지니어링 어프로치》(제3권), 267쪽.
[51] 김형아, 《유신과 중화학공업: 박정희의 양날의 선택》, 294쪽에서 재인용.

철강, 전자, 화학, 선박, 기계와 비철금속 등 목표산업에 새로운 투자를 하도록 강력한 압박을 가했다. 중화학공업화 정책에 엔지니어링 어프로치가 적용된 것은 물론이다.

오원철은 "중화학공업화의 전제조건이 권위주의"이며 중화학공업화가 결론적으로 성공한 것은 "테크노크라트들이 합의된 계획을 정치적 간섭이나 반대 없이 자유롭게 실행할 수 있었기 때문"이라고 주장한다.[52] 나아가 중화학공업화의 추진과 10월유신의 관계에 대해 오원철은 이렇게 언급했다.

요사이 많은 사람들이 박 대통령은 경제에는 성공했지만 민주주의에서는 실패했다고들 말한다. 심지어는 박 대통령 아래서 장관을 지냈던 이들조차 공개적으로 중화학공업화와 유신 개혁을 별개의 문제처럼 이야기한다. 나는 이렇게 말한다. 중화학공업화가 유신이고 유신이 중화학공업화라는 것이 쓰라린 진실이라고. 하나 없이는 다른 하나도 존재할 수 없었다. 한국이 중화학공업화에 성공한 것은 박 대통령이 중화학공업이 계획한 대로 정확하게 시행되도록 국가를 훈련시켰기 때문이다. 유신이 없었다면, 대통령은 그런 식으로 국가를 훈련시킬 수 없었을 것이다(강조는 필자).[53]

오원철의 이러한 언명은 중화학공업화의 추진이 유신시대에 최

[52] 김형아, 《유신과 중화학공업: 박정희의 양날의 선택》, 294쪽에서 재인용.
[53] 김형아, 《유신과 중화학공업: 박정희의 양날의 선택》, 33쪽.

고조에 달한 경제적 국가주의의 소산임을 밝힌 것이다. 김형아의 표현에 따르면, "중화학공업을 추진하는 과정에서 박정희는 '대통령 지시'라는 명분하에 최고 권력을 행사했고, 이를 국가기관뿐만 아니라 주요 재벌, 고위직 관료, 군 장성들을 통제하는 수단으로 사용했다. 유신체제하에서 박정희는 국가 그 자체였고, 어느 누구도 그의 감시망에서 벗어나지 못했다."[54]

앞에서도 잠시 언급한 것처럼, 최근의 연구들은 박정희시대 국가 주도 경제발전에 관해 그 모델을 계획경제에 기초하여 산업개발을 추진한 만주국에서 찾는다. 한석정은 만주국에서 "관동군이 밀어붙인 경제개발, 중공업, 도시, 철도건설, 위생개선 등 발전에 대한 강박적 신념을 박정희가 물려받았다"고 지적한다.[55] 한석정에 따르면, 박정희는 관동군이 점령지에서 군사작전을 수행하듯이 밀어붙인 경제정책을 한국경제에 도입했다. 또한 경제개발의 모토였던 '증산, 수출, 건설'에서 건설에 관한 논의는 종종 간과되는데 박정희정권하에서 1960년대 한국은 "전국이 건설의 현장"으로 화한, "만주국을 능가하는 건설국가"였다.[56]

만주국에서 일본군은 국도건설국國都建設局을 창설하여, 대도시 신징, 따리엔, 하얼빈 등에서 새 관공서와 주택단지를 지으면서

---

[54] 한석정, 〈박정희, 혹은 만주국판 하이 모더니즘의 확산〉, 《일본비평》3, 2010, 130쪽.

[55] 한석정, 〈만주국─60년대 한국, 불도저 국가의 흐름〉, 《만주연구》13, 2012, 164쪽.

[56] 한석정, 〈만주국─60년대 한국, 불도저 국가의 흐름〉, 163쪽. 박정희 정권은 울산공업단지를 건설하기 위해 '울산특별건설국'을 설립했는데, 그 명칭은 '국도건설국'과 유사하다(한석정, 〈만주국─60년대 한국, 불도저 국가의 흐름〉, 164쪽).

철로건설과 도시계획 등을 일사천리로 진행했다.[57] 박정희의 군사 정부 역시 쿠데타 일주일 뒤 '국토건설본부'를 만들었다가 열흘 뒤 건설부로 승격시켰다.[58] 한석정은 이러한 발상이 만주국의 경험을 계승한 것임을 밝히기 위해 군사정부의 초대 건설부장관이 박정희 국가재건최고회의장과 만주국군 동기생인 박임항이었으며, "1969년에서 1971년까지의 건설부장관도 박정희의 만주국군 동기생(이한림)이 맡았다"고 지적한다.[59] 1963년에는 국가의 최상위 국토개발계획을 위해 국토건설종합계획법이 제정되었다.[60] 이 법을 토대로 박정희정권은 집권 기간 내내 전국 곳곳에서 고속도로와 철도 건설, 공업단지 건설, 대규모 공장 건설, 도시계획사업, 토지구획사업, 공유수면의 매립과 점용 등 대규모 건설사업을 벌였다.[61] 한석정에 따르면, "60년대는 국토 전 지형을 파헤치는 '착공'과 '준공'의 시대였다."[62]

이렇게 보면 박정희의 경제적 국가주의는 국가가 경제를 단순히 '발전'시킨 것이 아니라, 오원철의 말처럼, 경제를 '건설'한 것으로, 국토를 단순히 '개발'한 것이 아니라 국토를 '건설'한 것으로 해석하는 것이 합당할 법도 하다.

---

[57] 한석정, 〈만주국—60년대 한국, 불도저 국가의 흐름〉, 165쪽.
[58] 한석정, 〈만주국—60년대 한국, 불도저 국가의 흐름〉, 166쪽.
[59] 초대 건설부장관이었던 박임항은 박 의장이 "63년 7월말까지 전국 국토계획을 완성하라"고 독촉했다고 증언했다(한석정, 〈만주국—60년대 한국, 불도저 국가의 흐름〉, 166쪽에서 재인용).
[60] 한석정, 〈만주국—60년대 한국, 불도저 국가의 흐름〉, 167쪽.
[61] 한석정, 〈만주국—60년대 한국, 불도저 국가의 흐름〉, 165쪽.
[62] 강정인, 《한국 현대 정치사상과 박정희》, 237쪽.

—대외적 국가주의: 방위산업 육성과 국군 현대화를 통한 자주국방

박정희는 5·16군사쿠데타는 물론 자신의 권위주의체제를 정당화하기 위해 무엇보다도 반공과 국가안보를 적극적으로 활용하고 강조했다. 물론 국가안보를 위협하는 세력은 바로 북한이었다. "북한은 6·25전쟁을 일으켰을 뿐 아니라 그 후에도 빈번히 무력도발을 감행했기 때문에, 국가안보는 대내외적으로 북한을 주 대상으로 한 반공·반북주의로 자연스럽게 응축되었다."[63] 북한의 위협이 상존하는 상황이었기 때문에 박정희정권이 반공과 국가안보를 강조한 것은 원칙적으로 타당한 논리적 근거를 확보했다.

강한 경제적 동기는 물론 안보상의 이유로도, 박정희는 베트남 파병을 적극적으로 추진했다. 미국의 베트남전 참전으로 인해 주한미군이 철수하거나 군사적·경제적 원조가 삭감되는 것을 방지하고 한국군 현대화에 필요한 미국의 지원을 확보하기 위해 대규모 병력을 파병했던 것이다. 그러나 박정희정권은 반공과 국가안보를 수시로 동원·남용하여 정권에 비판적인 국내의 정치적 반대자들을 무자비하게 탄압했다.[64]

권혁범은 국내 신문에 흔히 나오는 '안보 및 힘 담론과 평화' 관련 기사나 칼럼을 분석하면서, 국제정치에서 현실주의적 세계관이 국가주의를 강화시킨다고 논한다. 그는 이러한 담론이 형성하

---

[63] 최근 심각한 북핵 위기에도 불구하고 다수 국민 사이에서 만연된 안보불감증은 역대 독재정권이 이처럼 국가안보와 반공을 남용함으로써 초래된 역효과라 할 수 있을 것이다.
[64] 권혁범, 《국민으로부터의 탈퇴: 국민국가, 진보, 개인》, 서울: 도서출판 삼인, 2004, 84쪽.

는 일종의 조건반사적 회로를 이렇게 표현한다. "국제정치 현실→냉혹한 정글→약육강식→자구적 힘의 필요성→국력 증강 및 국익 강화→안보 태세 강화←국가 강화."[65] 앞에서 필자가 박정희의 사상에서 국가와 정치의 관계를 논하면서 보여 준 것처럼, 권혁범 역시 이러한 논리가 "국가적인 것을 초월적인 것으로 전환시킴으로써 국가를 정치로부터 분리"시키고 나아가 "국가 및 안보[가] 정치에 대해 우위를 점하게 되는 국가주의를 형성·강화한다"고 주장한다.[66]

이러한 안보관에 따라 박정희는 북한의 위협에 맞서고 강대국의 희생양이 되는 약소국가의 처지를 벗어나기 위해 방위산업을 육성하여 무기개발─심지어 핵무기 개발까지─을 추진하면서 국군 현대화와 자주국방을 추진했다. 박정희 국가주의의 대외적 측면은 부국강병에 기반을 둔 자주국가였다. 박정희의 국가주의는 미국에 의존하지 않고 능히 북한에 대적할 수 있는 자주적인 국방 능력을 갖추는 것을 목표로 했다. 자주국방에 대한 박정희의 집념은 1960년대 후반 북한의 도발이 빈번해지고, 국제정세의 변화와 함께 미국이 주한미군 철수를 추진하면서 더욱 강화되었다. 그리고 자주국방의 추구는 1973년부터 추진된 중화학공업화와 함께 더욱더 강화되었다.

---

[65] 권혁범, 《국민으로부터의 탈퇴: 국민국가, 진보, 개인》, 84~85쪽.
[66] 김정렴, 《최빈국에서 선진국 문턱까지: 한국 경제정책 30년사》, 서울: 랜덤하우스중앙, 2006, 383쪽에서 재인용.

1960년대 말부터 1970년대 중반에 이르기까지 한국의 안보 위기 상황이 고조되자 박정희는 자주국방에 대해 심각하게 고민하기 시작했다. 북한은 1968년 1월에 무장공비들을 보내 청와대를 습격했고, 며칠 후 동해상에서 미국의 푸에블로호를 납치했다. 또한 같은 해 10월 말부터 11월 초에 걸쳐 울진·삼척 지역에 무장공비를 침투시켰다. 1969년 4월에는 미국의 첩보기를 동해에서 격추시켰다. 이런 상황에서 1969년 7월 미국의 닉슨 대통령은 아시아의 안보문제에 손을 떼기 위해 다시는 아시아 대륙에 지상군을 투입하지 않을 것이라는 닉슨 독트린을 발표했다. 박정희는 같은 해 9월 대구에서 "미군의 주둔이 언제인가 종결될 때에 대비해 장기대책으로 국군의 정예화를 위해 노력해야 한다"고 언급했다.[67] 이런 일련의 상황에 대처하기 위해 박정희는 1968년부터 1970년까지 3년 연속 국정지표를 '싸우면서 건설한다'는 "일면 건설, 일면 국방"으로 정했다.[68]

박정희는 1968년 1월 북한 무장공비의 침투 사건에 대해 즉각적인 보복을 계획하고 미국의 지원과 승인을 요청했다. 그러나 미국은 이 계획에 대해 상대적인 무관심과 함께 반대했고, 박정희는 이에 대해 격분했다. 이로 인해 박정희는 북한의 무력도발 시에 미국의 한국 방어 의지에 관해 강한 우려를 품게 되었다. 그리고 1969년 북한의 미국 첩보기 격추사건에 대해 닉슨 행정부가 보여준 "무력하고 우유부단하고 지리멸렬한"(키신저의 표현) 대처는 박

[67] 김정렴, 《최빈국에서 선진국 문턱까지: 한국 경제정책 30년사》, 382쪽.
[68] 김형아, 《유신과 중화학공업: 박정희의 양날의 선택》, 184쪽.

정희의 우려를 더욱 강화시켰다.[69] 박정희는 1968년 4월경에 미군의 베트남 철수를 이미 예상했던 것으로 알려져 있다.[70] 1970년 7월 닉슨 행정부하에서 로저스 국무장관은 주한미군 제7사단의 철수를 한국에 정식으로 통보했다.[71] 비무장지대의 서부 해안전선에 배치된 미군 7사단이 철수한다는 사실은 곧바로 한국군이 북한군에 맞서 비무장지대 전역을 방어해야 한다는 것을 의미했다. 또한 이는 남한과 북한 사이에 전쟁이 발발했을 때, 미국의 즉각적이고 자동적인 개입을 기대할 수 없다는 점을 시사했다.[72]

당시 박정희는 주한미군의 감축이나 궁극적인 철수를 어느 정도 예상하고 있었지만, 그 속도나 시기가 너무 빠르다고 판단했다. 남한에 비해 북한이 월등한 군사력을 보유하고 있는 상황에서 전쟁이 발발하면 낙후된 기존의 무기와 군장비로는 남한 군대가 북한 군대를 대적할 능력이 부족하다고 보았기 때문이다. 이에 따라 1970년 8월 박정희는 "자주국방만이 우리가 살 길이다. 미 측 방침에 일희일비하는 처지를 빨리 벗어나야 한다"[73]고 말하면서 경제성장의 필요성과 무기의 현대화와 국산화를 강조했다.

박정희는 북한 공비침투사건 이후 창설한 향토예비군을 무장시키기 위해 이미 무기공장 건설의 필요성을 느꼈고, 1970년 6월 방

---

[69] 김형아, 《유신과 중화학공업: 박정희의 양날의 선택》, 186쪽.
[70] 김정렴, 《최빈국에서 선진국 문턱까지: 한국 경제정책 30년사》, 384쪽.
[71] 김형아, 《유신과 중화학공업: 박정희의 양날의 선택》, 189쪽.
[72] 김정렴, 《최빈국에서 선진국 문턱까지: 한국 경제정책 30년사》, 387쪽에서 재인용.
[73] 김형아, 《유신과 중화학공업: 박정희의 양날의 선택》, 280쪽.

위산업 건설을 지시했다. 이어서 극비리에 '무기개발위원회'와 '국방과학연구소'를 창설했고 M-16 소총 공장의 건설을 지시했다.[74] 1973년부터 본격적으로 추진된 중화학공업화는 방위산업의 건설과 맞물려 진행되었다. 또한 주한미군의 철수에 대비에 고성능 무기와 군장비의 자체적인 생산을 계획하고 추진하기 시작했다. 이러한 계획은 핵무기와 유도탄 개발도 포함하고 있었다. 이 점에서 중화학공업화는 자주국방과 직접적으로 연결되었다. 중화학공업화의 추진은 미국에 대한 의존도를 줄이고 한국의 경제적·군사적 능력을 동시에 신장시킴으로써 북한을 경제와 국방 모두에서 능가하는 힘을 키우는 것을 목표로 했다.[75]

박정희는 1974년 8월 최신 무기와 장비를 도입함으로써 군을 현대화하는 극비 방위 프로젝트였던 '율곡사업'을 승인했다. 또한 미국 핵우산을 통한 한국의 안전보장이 철회될지도 모른다는 우려에 따라 박정희는 중수 연료봉 공장과 유도탄 개발을 포함한 종합적 핵 프로그램을 가동시키기 시작했다. 이에 필요한 재원을 조달하기 위해 방위성금을 모금하고, 방위세를 도입했다. 1980년까지 총 2조 6,000억 원에 해당하는 액수가 방위세로 징수되었다.[76] 한국의 핵개발 프로그램 추진을 저지하기 위해 미국이 엄청난 압력을 행사한 것은 물론이었다. 1975년 한국 정부는 핵 재처리 시

---

[74] 김형아, 《유신과 중화학공업: 박정희의 양날의 선택》, 222쪽.
[75] 김형아, 《유신과 중화학공업: 박정희의 양날의 선택》, 316쪽.
[76] 김형아, 《유신과 중화학공업: 박정희의 양날의 선택》, 324~326쪽.

설과 원자력 발전소 두 군데를 건설하기 위한 차관교섭을 프랑스와 성공적으로 체결했는데, 미국의 끈질긴 압박에 의해 한국과 프랑스 정부는 최종 단계에서 이를 취소하지 않을 수 없었다.[77]

그럼에도 불구하고 박정희는 핵미사일 프로그램을 지속적으로 추진했고, '대전기계창'으로 위장한 중수 연료봉 생산 공장을 건설했다. 이어서 1976년 12월 한국정부는 '한국핵연료개발공단'이라는 이 시설을 공식적으로 공개했고,[78] 급기야 1978년 9월에는 자체적으로 개발한 유도탄을 성공적으로 발사함으로써 세계에서 일곱 번째로 자국산 유도탄을 생산한 국가가 되었다. 이로 인해 한국의 핵무기 개발에 적극 반대했던 미국정부의 불안은 가일층 고조되었으며, 이를 막기 위해 미국 고위 관료들이 한국을 방문했다.[79] 마침내 1979년 6월 한·미정상회담에서 박정희와 카터는 주한미군 철수와 한국의 인권문제를 놓고 격렬한 언쟁을 벌였다. 이처럼 주한미군 철수 논의에 따른 안보위기의 심화로 인해 박정희정권은 한국의 존립 자체가 위기에 처해 있다고 믿었고, 어떤 희생을 치르더라도 국가안보를 확보하고자 했다.[80] 바로 이런 이유로 박정희정권은 방위산업의 개발을 겸한 중화학공업화를 필사적으로 밀어붙였던 것이다.

중화학공업화와 방위산업에 관련된 정책 추진에 긴밀하게 관여

[77] 김형아, 《유신과 중화학공업: 박정희의 양날의 선택》, 330쪽.
[78] 김형아, 《유신과 중화학공업: 박정희의 양날의 선택》, 332쪽.
[79] 김형아, 《유신과 중화학공업: 박정희의 양날의 선택》, 336쪽.
[80] 김형아, 《유신과 중화학공업: 박정희의 양날의 선택》, 313쪽.

했던 핵심 고위 관료들은 한국판 국가주의의 절정인 유신체제가 "국가의 근본적 목표, 즉 부강하고 공업화된 국가 건설을 달성하고 대미의존도를 줄이기 위한 획기적인 공업 구조 개혁을 시행하는 데 필수적이었다"고 믿었다.[81] 김형아는 "그들의 국가 개발방식[이]" "철저히 국가주의적, 권위주의적이었고 경제 민족주의에 상당히 의존했다"고 평한다.[82] 이 점에서 1960년대 말부터 조성되고 가중된 안보 위기상황은 박정희와 유신체제로 하여금 국가주의의 대외적 표현인 자주국방에 필사적으로 매달리게 만들었고, 박정희의 핵무기 개발 프로그램은 박정희정권의 몰락을 재촉한 하나의 요인으로 추정되고 있다. 박정희가 추진한 국가주의에 그 자신이 희생된 셈이었다.

국가주의와 자유주의 그리고 국가주의의 전망

지금까지의 검토에서 드러난 것처럼, 국가주의의 세 차원은 각각 (같은 용어를 사용하지만 내용상 상이한 색조를 지닌) 자유주의와

---

[81] 김형아, 《유신과 중화학공업: 박정희의 양날의 선택》, 313~314쪽.

[82] 물론 이런 진단이 국가주의의 약화가 현재 만족스러운 수준에 이르렀다는 평가는 결코 아니다. 최근 박근혜 정부는 유신체제의 적폐인 검찰, 경찰 및 국가정보원을 동원하여, 부분적이지만 유신독재의 부활을 시도한 바 있다. 아울러 최근의 연구는 국가주의가 보수세력은 물론 진보세력 사이에도 켜켜이 쌓여 있다는 점을 신랄하게 고발한 적이 있다. 대표적으로는 다음의 책을 참조: 임지현 외, 《우리 안의 파시즘》; 권혁범, 《국민으로부터의 탈퇴: 국민국가, 진보, 개인》.

대립하는 것처럼 보인다. 먼저 개인과 사회에 대한 국가의 우월성과 초월성을 주장하는 정치철학적 국가주의는 개인주의에 기초한 정치적 자유주의와 정면으로 충돌한다. 국가 주도에 의한 경제발전을 추진하는 정치경제적 국가주의는 시장중심의 경제운영을 강조하는 자유방임주의, 신고전 자유주의 또는 최근의 신자유주의 등 경제적 자유주의와 대치한다. 마지막으로 현실주의 이론에 기초해서 국가를 유일한 행위자라고 강조하는 국제관계에서의 국가주의는 국가는 물론 국제기구와 초국적 기업 및 초국적 비정부 기구 등 다양한 행위자의 중요성을 주장하는 자유주의나 다원주의에 대응한다. 이러한 사실은 국가주의와 자유주의의 다양한 차원들이 각각 가족 유사성과 선택적 친화성을 가지면서 상호 대조된다는 점을 잘 보여 준다.

지금까지의 논의가 시사한 깃처럼, 국가주의의 세 차원인 정치적 국가주의, 경제적 국가주의, 대외적 국가주의는 분석적으로는 각각 구분되지만, 현실에서는 상호 중첩적이고 상호 보완적이다. 기본적인 층위를 구성하는 정치적 국가주의에 따라 국가가 구성원이나 시민사회로부터 그 우월성이나 초월성을 인정받기 위해서는 경제적으로 부유하고 군사적으로 강력해야 한다. 이와 달리 국가가 경제적으로 빈곤하고 군사적으로 허약하다면, 국가는 그런 우월성이나 초월성을 누릴 수 없기 때문이다. 또한 국가가 국가 주도적 경제발전을 추진하기 위해서 또는 군사력을 강화시켜 대외적 자주성을 확보하기 위해서는 구성원 혹은 시민사회의 순응성을 확보할 수 있는 정치적 국가주의에 호소하고 의존해야 한다. 또한 경제적 국가주의와 대외적 국가주의를 성공적으로 추진하여 경제적 부와 강한 군사력에 기초한 대외적 자주성을 확보하면 그러한 성공은 정치적 국가주의의 강화로 연결될 개연성이 높다. 유감스럽게도, 이러한 논의는 지금까지 제시된 본문에서의 분석과 더불어 박정희시대 정치적 국가주의에 기초한 유례없는 독재가 경제적 국가주의에 따른 급속한 경제발전과 동전의 양면을 구성한다는 점을 보여준다. 다시 말해 한국이 후발국가로서 산업화를 추진하는 과정에서 독재와 경제발전의 높은 선택적 친화성을 시사한다.

그러나 정치적 국가주의에 대한 개인과 시민사회의 본래의 자유주의적 반발에 더하여 경제적 국가주의의 성공에 따른 경제적 풍요의 성취는 자유에 대한 개인의 열망을 고취하고 시민사회의 다원성을 활성화시켜 국가의 억압에 저항하면서 정치적 국가주의를 약화시킬 가능성을 증가시킨다. 나아가 개인과 기업 등 강화된 민간 경제주체들이 시장과 경제에 대한 국가의 간섭을 배제하고 보다 자유로운 경제활동을 주장하면서 경제적 국가주의를 무력화시키거나 해체하고자 하는 경향을 강화시킨다. 1987년 민주화 이후 지난 30년 동안 한국 정치는 이런 식으로 정치적 국가주의와 경제적 국가주의가 점진적으로 약화되어 온 현상을 목격해 왔다.

먼저 한국의 정치적 국가주의는 박정희의 유신체제에서 절정에 달했다. 하지만 1980년 광주민주화 운동을 유혈진압한 전두환정권의 출범은 그 후 격렬한 민주화투쟁을 촉발시키면서 결과적으로 국가주의를 약화시키는 전환점이 되었고, 민주화 이후 이러한 추세는 지속되어 왔다. 또한 전두환정권이 시장 중심의 경제정책으로 전환함에 따라 국가 주도에 의한 경제발전, 곧 경제적 국가주의 역시 점진적으로 쇠퇴하기 시작했다. 나아가 1997년 금융위기 이후 집권한 김대중 정부가 신자유주의적 개혁을 전격적으로 도입함에 따라 더욱더 퇴조하게 되었다.

마지막으로 박정희정권이 핵무기 개발 프로그램을 추진함에 따라 대외적 국가주의는 한때 최고조에 달했지만, 박정희 사후 미국의 압력에 의해 전두환 정권이 그 프로그램을 포기하는 것은 물론 주한미군의 지속적 주둔이 보장되면서 결정적으로 하강국면에 접어들었다. 더욱이 민주화 이후에 김대중-노무현 정부가 경제적 우위를 바탕으로 하여 북한에 대한 적대적 태도를 중지하고 대북 화해와 협력정책을 적극적으로 추진함에 따라 자주국방을 추진하던 남한의 국제관계에서의 국가주의는 지속적으로 약화되어 왔다.

그러나 박정희정권의 유산으로 지속적으로 성장하면서 비대해진 재벌 등 대기업 집단들이 신자유주의의 득세에 더욱 힘입어 국가가 철수한 빈자리를 메우면서 많은 사람들이 취업난과 비정규직의 일상화로 인해 실업과 고용불안에 시달리고 있고, 사회적 양극화 역시 심화되고 있다. 이로 인해 민주화와 더불어 누리게 된 정치적 자유가 사회적 차원에서 심각하게 위협받고 있다. 또한 북한은 최근 핵무기와 미사일 개발에 성공함으로써 바야흐로 남한의 안보를 전례 없는 위기에 몰아넣고 있다.

종합토론

다시 국가를
묻는다

사회·박근갑

토론·도면회(대전대 역사문화학과)

김은경(숙명여대 아세아여성연구원)

장세진(한림대 한림과학원)

강정인   김은경   김종학

도면회   박근갑   송호근

이정선   이주라   장세진

사회자 ●●● 토론 사회를 맡은 박근갑입니다. 재미있는 발표 많이 들었습니다. 갑자기 어떤 생각이 들었냐면 '국가國家'라는 말이 제 상식이 맞는다면, 이 말은 《맹자》에 처음 나오는 것으로 알고 있습니다. 《맹자》에 나오는 국가는 김종학 선생님 발표에서 나왔다시피 '국가' 한 단어가 아니고 '국國' 또는 '가家'이지요. 일종의 통치단위이고, 식읍단위이지요. 그런데 재미있게도 최초에 이 단어가 출발할 때 '치治' 자가 붙어 있는 것으로 알고 있습니다. '치국가治國家'. 이것이 비극인데, '국가'라는 말이 서양어의 번역으로 일본에서 통용되던 말이 우리나라에 들어왔습니다. 이제 와서 '국'과 '가'를 떼놓을 수는 없는 것 같고 문제는 그래도 이제 개명한 시대에 '치'라는 말은 어떻게 해서든 떼냈으면 좋겠는데, 오늘 송호근 선생님 발표를 보니깐 여전히 '국가'가 '치'라는 말과 딱 붙어 있어 지금도 떼놓기는 힘들구나 하는 인상을 받았습니다. 아무튼 재미있는 토론 시간이 되기를 기대합니다. 먼저, 김종학 선생님 발표에 대한 토론을 도면회 교수님께서 해주시겠습니다. 도 선생님도 한국 역사를 전공하셨습니다. 부탁드리겠습니다.

도면회 ●●● 네, 인사드리겠습니다. 도면회입니다. 작년에도 왔고 올해도 불러주셔서 대단히 고맙습니다. 저는 2000년경까지는 재판제도나 국가정치 쪽으로 논문을 쓰다가 그 이후에는 사학사 쪽으로 옮겨서 연구를 하다가 최근에는 개념사 쪽으로 연구하기 시작했습니다. 특히, 1894년 이후를 집중해서 보고 있어 오늘 주제의 반을 차지하는 1880년대 사료에 대해서는 사실 많이 보지 못했습니다. 그래서 배운다는 마음으로 김종학 선생님의 글을 읽고 생각나는 대로 몇 가지 말씀드려 보겠습니다. 우선, 글을 보면서 제가 평소에 생각해 왔던 방향으로 논문을 쓰고 계신다는 점에서 상당히 동지적 연대감을 느꼈습니다. 그동안 한국사 연구자들은 대체로 "그 당시의 과제는 '반봉건', '반침략'이다"라고 해 놓고, 당시 인간들이 거기에 얼마나 잘 맞춰 살았는가 또는 제대로 살지 못했는가로 평가해 온 것이 기본적인 방식이었죠. 그런데, 김종학 선생님은 이 시기 정치는 권력을 가진 자가 권력을 가지지 않은 자와의 사이에서 계속 갈등하고 조정하고 협력 또는 통치, 억압 등등의 작용들이 발현되는 장이었기 때문에 '권력 추구'라는 본령에서 검토해야 되지 않겠느냐, 이런 식의 생각을 해 왔고요. 지금 이 글도 제가 보기에는 그런 관점에서 쓰인 것으로 보입니다.

특히, 갑신정변과 동도서기론에 대해서 기존 연구에서 보이지 않았던 다른 설들을 제기하고 있는데, 제가 아직 그 책을 못 봐서 자신 있게 말씀드리지 못하지만 아마도 최근 발표된 선생님의 책에서 상세히 검증했을 것으로 보고 있습니다. 전체적인 글을 봤을 때 제목에서 제일 중요한 '國/家'와 '國=家'를 상당히 상징적으로 쓰셨는데, 이것이 맨 마지막 맺음말 부분에서 잠깐 얘기가 나옵니다. 하지만 그 의미를 정확하게 설명하지 않아서 제 나름대로는 '國/家'는 개혁관료의 입장에서 볼 때 '國'과 '家'는 병행해서 나아가야 되는 것이 아니냐 하는 입장과 뒤의 '國=家'는 아마 고종의 입장이 아니었겠나 하는 것으로 저는 받아들였습니다만, 어떨지 모르겠습니다.

논문을 읽으면서 기존의 통설이나 관점과 다른 부분을 몇 가지 적어 보았습니다. 먼저, 문호개방에 대한 문제인데요. 문호개방이 '고종의 친정親政 이후에 재정난 극복을 위한 정책이었다'라는 견해가 상당히 길게 서술되어 있습니다. 그런데, 기존의 근대사 연구에서는 대체로 거꾸로 서술을 많이 해 왔죠. 문호개방이 그에 따른 제반 비용을 엄청나게 증폭시켰기 때문에 기존 재정난도 있는데다가 문호개방 때문에 더욱더 재정난이 확대되었다. 그래서 이것을 해결하기 위해서 당오전當五錢을 발행했거나 외국차관을 들어오려고 했다는 것이 기존의 통설입니다. 그래서, 이렇게 문호개방을 볼 수 있는가? 잠깐 관세문제도 언급하셨습니다만, 관세에 대해서 제대로 파악하고 관세수입을 정부재정으로 편입하기 시작한 것도 1883년 정도인데, 그것도 상당히 시간이 흘러서 일본에 가서 배워 온 다음에 도입한 것이었다, 라는 점에서 의문을 갖고 있습니다.

다음으로 기무처機務處 문제가 있습니다. 〈기무처절목機務處節目〉을 이노우에 가오루井上馨의 문서 속에서 발견하셨다고 하면서 〈기무처절목〉의 내용이 왕권을 제약하기 위한 친청파 개혁관료들의 것이다, 라고 발표를 하셨는데, 1882년에 만들어진 기무처가 과연 이노우에 가오루와 어떤 관계가 있기에 문서에 들어갔을까 의문입니다. 저는 오히려 1894년 만들어진 군국기무처를 폐지하는 과정에서 이오누에 가오루가 그 문서를 입수한 것이 아닐까? 그래서, 기존 통설은 통리기무아문과 기무처, 통리군국사무아문, 통리교섭통상사무아문統理交涉通商事務衙門, 1884년 내무부와 통리교섭통상사무아문, 그리고 1895년 이후의 궁내부宮內府의 흐름, 이게 다 고종의 친정체제 기구라고 보통 정리가 됩니다. 기존의 의정부와 육조체제에는 경화벌열, 세도정치 가문들이 많이 포진하고 있었기 때문에 고종이 자신의 왕권 강화 의욕을 펼칠 수 있는 관료들을 확보할 수 없었고, 그래서 별도의 기구를 만든 것이 이러한 흐름들로 나타나는 기구들인데 이 속에 기무처를 설정하시면서 이것은 반대의 기능을 하는 것처럼 설명을 하셨거든요. 제가 〈군국기무처절목軍國機務處節目〉을 정확하게 안 봐서 모르겠습니다만 그 부분이 과연 적절한지 의문이 들었습니다.

그리고 '만민공동회 단계', 1898년 11월부터 12월까지 두 달 정도인 이 단계가 황실에 대한 투쟁이 더욱 극렬해지는 단계라고 했는데 만민공동회 멤버들과 그것을 이끌어 갔던 독립협회 간부들, 또는 보부상도 마찬가지고, 시전상인들도 마찬가지였습니다. 황제권을 장악할 수 있을 만한 대표성을 가진 사람이 아무도 없었기 때문에, 저는 이 시기를 일종의 보나파르티즘 Bonapartisme—나폴레옹 3세가 권력을 장악한 1850년대의 상황—으로 봐야 하지 않을까 생각합니다. 그래서 황제의 권력을 최고도로 올려 놓고 그 밑에서 자신들의 이해관계를 확보하려고 했던 것이 독립협회 간부나 만민공동회, 보부상이나 아니면 황제 측근세력들도 다 마찬가지가 아니었을까! 그래서, 독립협회에서 나온 서재필의 충군애국 담론을 신기선申箕善으로부터 끌어오는데, 이것은 한국사가 고려, 조선 거의 천 년 동안—그 앞으로 가면 더 이상이 되지만—국왕 중심의 정치사 흐름이 지속적으로 내려왔기 때문에 간단하게 보기에는 어려운 문제가 아닐까? '복고적 근왕주의' 또는 '척사위정파' 쪽의 입장만을 가지고 그것을 독립협회에서 전유해서 충군애국주의를 설파했다, 라고 하는 것은 상당히 다른 것 같다는 생각입니다.

다음은 전제군주권 강화문제인데요. 독립협회의 만민공동회 운동을 진압하고 나서 1899년 8월 17일에 그전에는 듣도 보도 못했던 〈대한국국제大韓國國制〉라는 법령이 나오고 그것으로 전제군주권을 선언했는데 이것을 왕권 강화 측면에서 보통 많이 설명해 왔습니다. 그런데 제가 작년부터 중국과의 관계를 찾아봤더니 한 달도 안 되어 중국과 한국 역사상 최초의 대등한 외교조약이 체결됩니다. 〈한청통상조약韓淸通商條約〉입니다. 〈한청통상조약〉 체결을 고종의 입장에서 봤을 때는 친정 이후부터 20년 만에 달성한 쾌거라고 볼 수가 있는데, 중국과 대등한 관계를 맺는다는 것이죠. 그러기 위해서는 자신의 칭호가 황제라는 것도 중요하지만 황제의 권력에 대해서 규정해 놓은 어떤 명문이 있을 때 좀 더 확실하게 중국과 외교관계를 맺지 않을까 하는 그러한 판단 속에서 만들어진 것이 아닌가, 라고 추정하고 있습니다. 이 같은 왕권 강화 측면을 중국과의 외교관계 측면에서 한번 검토해 볼 필요가 있지 않을까 하는 생각입니다.

그다음은, 아까 말씀드린 점입니다. 國/家로 한 것은 개혁세력의 입장, 國=家는 고종의 입장으로 본 것은 물론 저도 그렇게 생각합니다만, 김종학 선생님께서는 개혁세력인 개화파 중에서 온건파와 급진파를 모두 포함시키셨습니다. 둘 다 왕권을 제한하려 했다는 측면에서는 동질적이라고 봤고요. 그리고 갑신정변 실패 이후에 1880년대 내내 고종과 개혁추구 관료들 사이의 알력이 지속되었다, 라고 하는데, 이들이 어윤중, 김윤식 등을 말하는 것인지, 박영효를 말하는 것인지, 둘 다를 말하는 것인지……. 사실 이들 모두는 고종과 계속 알력관계였지만, 무차별적으로 설명할 필요가 있겠는가, 라는 생각입니다. 그러면 조선 초기부터 세도정치기까지 왕권을 제한하려 했던 모든 시도들을 개혁적이라고 볼 수 있겠느냐, 라는 거창한 질문도 할 수 있습니다. 더불어서 왕권을 강화하려고 했던 태종, 세조, 연산군, 광해군, 영조, 정조도 마찬가지가 아니냐! 반대 입장에서는 전제군주정을 지향한 것이고, 군권君權을 지향한 것이고, 그것은 어떤 측면에서는 반동적이고 보수적인 측면으로 판단할 수 있는 상황이 아니겠느냐! 다른 식으로 보면, 조선 후기에 송시열을 대표로 하는 노론 계열에서는 국왕도 사대부의 일가—家라고 보는 관점이 있고, 남인 계열에서는 국왕은 사대부보다 더 특별한 존재로 봐야 된다는 입장의 대결이 나타나는데, 이러한 관점에서 이 시기 개혁관료들과 왕 사이에 왕권을 둘러싼 싸움을 볼 필요가 있지 않을까? 다시 말해서 이 싸움은 조선 초기부터 계속해서 내려온 싸움의 마지막 판이라고 볼 수 있지 않을까 생각합니다.

마지막으로, 조선왕조 정치를 군권 또는 왕권과 신권의 균형이라는 관점으로 파악해온 팔레James B. Palais의 연구 성과를 재검토할 필요가 있다는 겁니다. 팔레뿐만 아니라 한국의 조선시대 전공자들이 모두 이렇게 보고 있는데요, 이러한 패러다임이 과연 조선시대에 존재한 것이냐? 저는 그렇지 않다고 봅니다. 1920년대 후반에 이나바 이와키치稻葉岩吉라든지 아소 다케키麻生武龜라든지 이런 사람들이 정치사를 쓰면서 "왜 조선에는 일본과 같은 강력한 왕권이 존재하지 않았을까?"라는 관심에서 출발을 했고, 해방 이후에 한국사학자들은 이를 거꾸로 이용해서 왕권과 신권이 대립길항한 것처럼 설명해 왔다는 것이죠. 그래서 '왕권이 강한 것이 좋은 것이다'라는 식으로 설명하는 역사학자가 등장하기도 하고, 왕권과 신권이 공론정치를 통해서 균형을 이루는 것이 중요하다고 하는 학자도 있습니다.……그런데 정작 《실록》을 보면 이러한 개념이 없습니다. 군권, 왕권, 신권 또는 국권, 이런 말도 안 나온다는 것이죠. '권權'이라고 하는 이 글자 자체가 번역될 때 '파워power'의 번역어이며, 프랑스어의 'droit'에서 나온 것인데, 일본어에서 번역되어 한국으로 들어왔고, 그것이 일본 학자들과 해방 이후 한국 역사학자들에 의해서 차용되어 온 것입니다. 사실 모든 권력은 하나의 주권으로부터 나오죠. 그 주권이라는 것도 사실 가상적인 것입니다만, 통치권력은 하나이고 관료들은 그 통치권력을 부분 위임받는 것이죠. 그것이 정확한 실상이 아니겠느냐! 그렇게 본다면, 여태까지의 정치사를 다시 볼 필요가 있지 않을까, 라는 생각을 해 봤습니다. 이상으로 토론을 마치겠습니다.

사회자 ●●● 네, 고맙습니다. 김종학 선생님께서는 답변을 4, 5분 정도로 간략하게 정리해 주셨으면 고맙겠습니다.

김용구 ●●● 다른 분들의 질문을 먼저 받고 대답하는 게 어떨까요?

사회자 ●●● 그러면 그렇게 할까요?

김용구 ●●● 불쑥 이렇게 나서게 되어 죄송합니다. 이것은 〈만국공법萬國公法〉 전래문제하고 긴밀한 관계가 있어요. 지금 '권權'에 대해서 도 선생님께서 말씀하셨습니다만, 마틴William A. P. Martin이 블룬칠리Bluntschli의 책을 번역할 때 범례를 만들었어요. 거기에 '권리權利', '라이트right'를 번역하는데 '권' 자와 '리'자 모두 한문 어감이 좋지 않다는 것을 마틴이 자세히 썼습니다. 지금의 '국가'도 그때 당시 사람들이 어떻게 국가를 관념했느냐! 중국 고전의 국가가 아닐 겁니다. 그때는 근대적인 개념이 마틴이 번역한 개념이 막 들어왔을 때이니깐……. 거기에 '국제법 주체가 국가다'라고 하는 내용이 굉장히 많이 나와요. 그때 당시 지식인들에게 굉장히 영향을 준 것입니다. 그래서 이 문제는 마틴을 도외시하고는 해결이 안 돼요. 그리고 대한제국 국호를 두고 연구자들 사이에 '우리가 어떻게 제국이 되느냐' 하고 논쟁이 붙었습니다. 그 논쟁은 모두 마틴의 번역을 놓고 논쟁이 붙은 겁니다. 그래서 그때 국가를 조선의 지식인들이 어떻게 생각했느냐를 먼저 따지는 것이 첩경이 아닐까 하는 생각이 듭니다. 〈공법회통公法會通〉의 범례를 보시기 바랍니다.

마지막으로 김 박사님께서 이 주제로 책을 쓰시게 된다면, 앞에 서양에서 '국가'를 어떻게 생각했는지를 쓰셨으면 합니다. 동서고금을 다루지 않으면 이제는 책이 되지를 않아요. 세계적인 학자들은 모두 동서고금을 훑어보니까요. 루이 14세가 'L'Etat c'est moi', 즉 '국가는 곧 짐이다'라고 했을 때, 그때 'L'Etat'는 우리가 말하는 '국가'가 아닙니다! 신료군들을 얘기하는 겁니다! 이렇게 마틴 같은 이들은 이러한 내용을 모두 다 알았거든요. 그러니깐 동서고금을 회통해서 써 주시기를 바랍니다.

사회자 ●●● 김종학 선생님 답변 부탁드립니다.

김종학 ●●● 도면회 교수님의 상세한 토론 감사드립니다. 첫 번째로, 제목에 있는 國/家와 國=家의 의미가 잘 설명이 안 됐다고 하셨는데, 제가 논문을 아직 다 쓰지 못해서 여러 가지로 비어 있는 부분이 있는 것 같습니다. 대한제국을 어떻게 볼 것이냐고 했을 때, 500년 장구한 역사를 지닌 조선왕조가 마지막으로 멸망하는 모습이 아니었는가! 그리고 마지막으로 멸망하는 모습에서 가장 특징적이었던 것은 성리학에서 터부시됐던 왕실이 곧 국가와 동일시되는 모습이었습니다. 그것이 저에게는 가장 의미심장하게 느껴졌습니다. 그렇다면 그렇게 된 이유는 무엇이고, 또 언제부터 그러한 조짐이 보이기 시작했는가? 이러한 문제의식에서 발표문을 준비했습니다. 國/家의 의미는 성리학적 관점에서 봤을 때 '國'과 '家'는 두 개의 중심을 갖는 타원형, '불가근불가원不可近不可遠'이라고 할까요? 그러한 균형감각을 유지해야 하는데, 그것이 대한제국기에 와서는 완전히 중첩이 되었다는 의미로 이러한 제목을 붙이게 되었습니다. 이와 함께 國과 家가 분리되어야 한다는 문제의식은 비단 보수적인 양반관료뿐만 아니라 임오군란 직후 기무처를 장악한 이른바 '온건개화파'와 갑신정변을 시도한 '급진개화파', 그리고 갑오개혁파와 독립협회 주동자 모두에게서 유사하게 발견된다는 점을 말씀드리고 싶습니다.

두 번째는 문호개방과 제반 비용에 관한 문제입니다. 결과적으로 봤을 때에는 문호개방이 정말로 비용이 많이 드는 사업이라는 것을 알게 됩니다. 하지만 처음부터 그것을 알고 했느냐? 이니셔티브initiative의 문제인데요. 그것은 결과와 약간 구분할 필요가 있지 않을까 합니다. 예를 들어 2차 수신사 김홍집이 갈 때 그가 받은 훈령에는 그의 사명이 차관교섭을 위한 예비교섭으로 명시돼 있었습니다. 그전에 두모진豆毛鎭에서 수세收稅를 하려다가 실패를 하고, 외국으로부터 차관을 얻을 때도 항상 관세수입을 담보로 요구하니까 그 예비협정을 하기 위해 나가게 되었던 것입니다. 대미수교와 관련해서도 《조선책략朝鮮策略》을 통해서 '러시아를 조심해야 한다'는 말이 들어왔고, 그러면 '미국과 동맹을 해야지' 하는 이런 안보적인 관점에서 지금까지 설명해 왔었는데, 사실은 고종 자신도 방아론防俄論에 대해선 회의적이었던 것 같습니다. 그보다는 김홍집이 일본에서 주일청국공사 하여장何如璋을 만났을 때 "지금 미국이 조선과 조약을 체결하려고 하는데, 이 기회를 놓치지 않고 체결을 하면 일본이나 중국에 비해서 유리한 좋은 조건으로 통상조약을 맺을 수 있다"는 이야기를 들은 것이 중요한 계기가 되었고, 결국 슈펠트Shufeldt 제독이 국교를 요청하는 국서를 다시 보내면 받아들이겠다는 식으로 대미수교가 결정되었습니다.

세 번째로 〈기무처절목〉에서 기무처가 군국기무처가 아니겠느냐고 하셨는데요. 제가 본 〈기무처절목〉 사료의 제1항에는 '기무처는 군기처의 전례에 따라서 설치한다'는 말이 있어요. 그런데 김윤식의 《음청사陰晴史》의 기사에도 '중국의 기무처를 모방해서 기무처를 설치했다'는 구절이 나옵니다. 따라서 이 〈기무처절목〉은 갑오개혁 때의 군국기무처는 아니고, 기무처의 설치규정을 기록한 것이 확실한 것 같습니다. 덧붙여 말씀드리면, 군기처라고 하는 것은 청나라 옹정제가 준가르準噶爾로 원정 가면서 기존의 최고 정무기관이었던 내각의 의사결정 과정이 지체되다보니 황제의 뜻을 받들어서 직접 수행할 수 있는 효율적인 군사기구가 필요했습니다. 거기서부터 '군기방軍機房'이라는 것이 시작되고, 이것이 나중에 '군기처軍機處'가 되면서 청나라 말기에는 최고 정무기관이 됩니다. 그런데 조선의 경우 기무처는 이와 반대로 모든 실권은 기무처 당상이 차지하고 국왕에게는 그 결정사항을 재가하는 역할밖에 주어지지 않았습니다. 훗날 갑오개혁 때와 비슷한 상황이 이미 10년 전에 벌어졌던 것입니다. 이런 것을 보면 군기처라는 이름은 결국 청나라를 의식해서 지은 것이 아닌가, 저는 그렇게 보고 있습니다.

다음은 만민공동회와 관련된 문제입니다. 사실 만민공동회는 대단히 해석하기 어려운 현상입니다. 송호근 교수님께서도 촛불시위, 촛불집회가 어떻게 사람들을 그렇게 동원했는가라는 질문에 대해 답변을 유보하신 측면이 있는데, 그 못지않게 만민공동회도 굉장히 신비한 현상이었습니다. 당시 경성 인구의 20분의 1 이상이 다 종로 사거리에 모였거든요. 이들이 불러서 왔겠습니까? 자발적으로 왔겠습니까? 잘 모른다는 거죠! 그런데, 《윤치호 일기》에서 그 출발점을 보면 독립협회 회원들이 러시아의 이권 침탈 등에 대한 우리의 의견을 알리기 위해 민民을 한번 불러 모아야겠다는 이야기를 합니다. 이에 대해 윤치호는 처음에 반대합니다. 군중을 불러 모으면 그 뒷수습을 할 수 없다는 이유였습니다. 아무튼 결론적으로 나중에 만민공동회가 어떻게 그렇게 커졌는가는 아직까지도 굉장히 신비로운 현상이고 연구가 더 필요한 부분이라고 생각합니다. 다만 한 가지 재미있는 현상은 나중에 만민공동회가 그야말로 싹 사그라져 버리게 되는데, 단순히 고종이 군대를 동원해 진압했기 때문만은 아니었던 것 같습니다. 제가 보기에 결정적인 계기는 독립협회가 박영효를 불러온다는 소문이 퍼진 데 있었습니다. 당시 박영효는 역적으로 통하고 있었습니다. 그러니깐 사람들이 다 모였다가 "박영효가 돌아온다", "이것은 박영효의 음모다"라는 소문이 퍼지니까 싹 다 돌아가 버린 것입니다. 그렇게 본다면 독립협회는 민(民)을 정치적으로 동원하는 데까지는 성공했지만, 그 심성에 각인된 전통적 의미의 국왕에 대한 충성심 내지 환상을 극복하지 못해 결국 실패했다고도 할 수 있을 것 같습니다.

충군애국담론이 신기선에 대한 반발로 나왔다는 부분은 제가 오해의 소지가 있게 쓴 것이 사실이고, 지적한 부분에 대해서는 추후에 수정하겠습니다. 당연히 조선왕조에서의 왕권이 갖는 무게를 인식하면서 쓰려고 했습니다.

다음으로 〈대한국국제〉가 〈한청통상조약〉의 체결과 관련해서 대외적 위신을 제고하기 위한 방편이 아니었겠느냐고 말씀해 주셨는데요. 〈대한국국제〉의 해석 부분은 사실 제가 도면회 교수님 논문을 보면서 많은 시사를 받았습니다. 〈대한국국제〉는 일차적으로 대내적 통치정당성과 연관해서 해석해야 한다고 생각합니다. 특히 교수님께서 그것은 역설적으로 당시 이때 고종 황제의 정치적인 정통성이 취약했음을 반증하는 것이라고 지적하신 부분에 대해 저는 충분히 공감하고 있습니다.

그리고 '왕권을 제한하려고 한 시도는 모두 개혁적이라고 할 수 있는가?'라는 질문에 대해 말씀드리면, 사실 제 의도는 그런 것은 아니었습니다. 제가 하고 싶었던 이야기는 오늘날 개화파로 분류되는 정치세력 내에서도 실제로는 서로 다른 정치적 목표가 혼재되어 있었고, 그것들이 심지어 상충하고 있었다는 것입니다. 그러면서도 그 기저에 잠복된 정치적 갈등의 핵심요인은 '왕권을 어떻게 할 것인가'라는 문제였다고 생각합니다. 이 부분은 제가 논문을 더 쓰면서 논리를 정돈해 나가겠습니다.

마지막으로 '군권', '신권'은 전통적으로 사용된 말이 아니라고 지적해 주셨습니다. 저는 제임스 팔레가 자신의 연구에서 조선의 정치시스템의 특징을 국왕과 양반관료들 간의 세력균형에 있었다는 설명을 하면서 처음 이 용어를 쓴 것으로 알고 있습니다. 저도 이 용어에 문제가 있다는 것은 알지만 다른 말을 찾기 어려웠습니다. 조선왕조는 건국할 때부터 왕의 자의적인 권력 행사를 막고, 포악한 군주나 자질이 떨어진 왕이 나와도 전체적인 정치시스템이 유지될 수 있도록 굉장히 정교하게 국왕의 권력 행사를 통제하는 기제를 발명했습니다. 미시적으로는 경연經

筵부터 크게는 정치제도에 이르기까지. 그러한 조선왕조의 정치 구조의 특징, 그리고 그것을 유지했던 군주와 신하 사이의 관계를 어떤 식으로 표현을 할 것인가? 그것을 제가 아직 찾지 못해서 '왕권'이나 '신권'과 같은 클리셰cliché를 쓰게 되었는데, 그 부분은 제가 좀 더 생각해 보겠습니다. 이상으로 답변을 마치겠습니다.

사회자 ●●● 네, 고맙습니다. 이 주제에 관한 토론은 나중에 시간 여유가 있을 것 같습니다. 이정선 선생님과 이주라 선생님의 발표에 대해서 김은경 선생님께서 토론해 주시겠습니다. 선생님은 숙명여자대학교 아세아여성연구원에 계십니다. 선생님께서도 한국사를 전공하셨습니다. 부탁드립니다.

김은경 ●●● 네, 안녕하십니까. 김은경입니다. 여러 선생님의 발표를 잘 들었고, 또 많이 배웠습니다. 좋은 자리에 불러주셔서 감사합니다. 저는 한국 현대사 전공이고, 주로 가족과 젠더 gender와 관련된 이슈들을 공부하고 있고, 최근에는 영화나 문화사와 관련된 부분에 관심을 가지고 공부하고 있습니다. 시간이 많이 없을 것 같아서 몇 가지를 여쭤 보려 합니다.
먼저, 이정선 선생님 논문 잘 읽었고요, 굉장히 중요한 주제를 연구하셨어요. 그래서 기쁜 마음으로 달려왔고, 저도 욕심을 갖고 있었던 주젠데 선생님이 먼저 좋은 연구를 해 주시면 제가 많이 배워서 후속 연구를 욕심내 볼 생각입니다. 논문이 아직 미완이기 때문에 선생님이 얘기하지 않은 부분에 대해서 너무 많이 얘기하는 것보다는 큰 틀에서 얘기를 하는 것이 맞겠다는 생각이고, 연결된 이야기이지만 크게 두 가지 정도 말씀드리고 싶습니다.

연구의 기본 시각과 포지션에 대한 건데요. 선생님의 글을 읽다 보니깐 국가의 가족 보호를 문제 삼고자 하는 지점이 새삼 궁금해졌습니다. 그러니깐, 한편에서는 국가의 가족 개입과 관여를 비판하고, 또 한편에서는 그것의 이중성을 지적하고 계신데……. 그것은 그 특성으로서—특히 가족의 수당 같은 경우는 이중성을 이야기를 할 만하죠—그 부분 충분히 동의하고요. 그런데, 미래적 전망을 이야기할 때에는 좀 다른 전망을 가지고 접근하는 게 맞지 않을까 하는 생각으로 글을 접했습니다. 선생님은 결론에서 '사회적 합의에 따라서는 가족과 국가를 보다 개인 친화적으로 만드는 매개가 될 수도 있다', 그리고 '가족에 대한 국가의 책임을 강조할수록 국가에 요구할수록 국가에 요구할 수 있는 기반이 생긴다'고 하셨습니다. 제가 생각하기로는 이것은 그동안의 여성운동이, 여성의 인권문제가 여성이 가족질서 내에서의 포지션들을 확보하는 문제로 계속 반복되는 그런 악순환들을 가져왔다고 생각하고, 그것들을 지금 이 시점에서 다시 새롭게 비판할 수 있어야 한다고 생각을 하는데……. 선생님이 만약 이런 논리라면, 이런 전망—가족에 대한 국가의 책임을 다시 중시한다면—을 가지고 이 주제를 접하신다면 가족, 국가의 관계에서 선생님께서 문제 삼으려고 하는 바가 뭔지 의문이 듭니다. 그러실 것 같지 않은데, 선한 가족을 보호하는 선한 국가를 바람직한 관계로 상상하시는 건가 하는 의문도 좀 들고요. 기본적으로 아직 헌법도 성(젠더)평등이 아니고 양성평등이지요. 기본적으로 국가가 보호하고 있는 가족이라고 하는 것이 이성애 중심의 가족이고, 여전히 부계중심적인 젠더 차별적인 가족, 즉 젠더 차별을 내장하고 있는 가족제도를 개인의 생존권과 인권을 주장하기 위한 단위로 인식하는 한 국가의 토대가 가족이라고 하는 프레임을 어떻게 벗어날 수 있을까? 이 경우 개인의 인권이라는 의제는 역시 가족의 구성원으로서의 국민의 권리로 제약될 수밖에 없는 것이 아닌가 하는 그런 생각이 듭니다. 그러한 문제들과 관련해서 국가권력이 가족을 보호하는 정책의 특성이 논쟁적이기보다는 디스크립티브descriptive하게 기술적으로 개괄적으로 설명되어 있어요. 그래서 가족 보호라고 하는 권력 기술을 국가의 개인, 가족에 대한 개입이 강화되었다는 방식으로, 차별적으로 개입했다, 라는 방식의 수준에서 언급하고 계신데, 이것은 국가권력과 가족에 대한 일면적인 이해가 아닐까! 그러니깐, 국가가 가족에 개입하는 것이 왜 문제인가? 이것이 차별적으로 지원하기 때문에, 보호가 차별적이기 때문이라는 것도 문제 삼을 수 있지만,

제가 생각하기에는 그것보다는 기본적으로 가족 규율과 국민 규율문제와 연계해서 논의해야 되는 것이 아닌가 합니다.

또, 가족과 관련된 인식이나 프랙티스practice들을 낳은 아비투스Habitus와 관련된 논의들이 필요하지 않을까 하는 생각이 듭니다. 가족 보호라고 하는 정책이 '이것은 가족보호 정책이다'라고 하며 내걸지는 않았지만 실제로 해방 이후에는 '생활보호법', '사회보장제도'라고 하는 것들은 개인이 아니라 가족을 단위로 하지요. 제가 인터뷰한 전쟁미망인들 몇몇 분도 그때 당시에 법률 혼주의가 원칙이기는 했지만, 실질적으로 사실혼 관계를 유지하고 사시는 분들이 많았는데 남편이 전쟁에서 사망했어요. 그 유족 보상금을 법률혼 관계가 아니니깐 받을 수 없어요. 주변에서 "너 이러고 있으면 시부모한테 다 뺏긴다" 이러니깐 죽은 남편의 호적에 올렸다는 거예요. 그런데, 그분들이 대부분 20대 초반이고 또 시집을 가야 되잖아요. 또 결혼해야 되는데 죽은 남편의 호적에 올려서 자식하고 살고 생계를 유지했다는 거죠. 사실 가족을 보호한다는 것이 한편으로 개인에게는 굉장히 가혹하죠. 그래서 실지로 이런 것들이, 개인의 생존이라고 하는 것들이 가족의 틀을 벗어나지 않고서 개인의 생존을 상상하기 어려운 것으로 만든다는 것이 저는 굉장히 중요한 측면인 것 같습니다.

또 하나, 민법에서 친권 조항문제도, 선생님이 지적하신 부분들도 굉장히 중요한데, 민법에서 친권 조항도 친권은 가족 구성원인 '아동을 보호한다'라는 것이 아니겠습니까. 그런데, 이것도 실제로는 국가와 자본의 아동에 대한 지배와 규율화와 굉장히 깊이 연루되어 있다는 것이죠. '아동을 보호한다'라고 하지만 실제로 아동이 영업을 할 수 있는 영업허가권, 이런 것들은 친권자에게 있어요. 호주戶主가 허가해 줘야 되는 거죠. 그래서 딸을 유곽에다 파는 것은 모두 호주입니다. 아니면 양아버지가 팔거나. 아동 노동력, 싼 저임금 노동력을 사용할 수 있도록 가족제도가 공모하는 거지요. 불량청소년을 단속하고 금주금연법을 시행할 때 친권자를 간접적으로 징계하는 방식으로 법을 시행하고 규칙들을 시행하거든요. 실질적으로 친권자가 대리 통치자인 것이죠. 그래서 국가나 자본의 시스템이 가족제도와 공모하고 있는 부분들이 굉장히 크고, 이것은 개인의 생존을 가족과 연계할 수밖에 없고, 이를 통해서 국민임을 다시 각인하는 각본으로 연계되는 부분들이 저는 중요하다는 생각입니다. 그래서 선생님의 기본적인 문제의식을 듣고 싶고요.

다른 하나는 시기 설정문제입니다. 연구 대상 시기가 40년대부터 60년대로 실제 정부 수립 이후 관련 정책에 대한 내용에서 새로운 논점은 거의 없고, 기존 연구에 기대고 계셔서 새로운 논점을 발견하기가 어렵습니다. 그런데, 선생님이 계속 공통점을 말씀하시지만, 저는 공통점보다 엄청난 큰 차별성이 있다고 생각하거든요. 그러니까 천황의 신민에서 주권을 가진 대한민국의 국민이 된 거예요. 민주공화국을 표방하고 이에 근거해서 새로운 민법을 제정했지요. 선생님이 여기서 김병로金炳魯의 전통 중시 발언을 쓰셨지만, 이것도 민법을 제정하는 데 있어서 내셔널 아이덴티티National identity를 구성하는 과정에서 굉장히 중요한 발언들이지만, 제가 생각하기에는 실제로 민법이 제정되는 데에 있어서 김병로보다 장경근張暻根이 훨씬 더 중요한 역할을 했어요. 사안私案부터 최종적으로 법사위 수정안까지. 실질적으로 통과된 것은 장경근의 계속적인 협상과 타협이 굉장히 중요했거든요. 선생님들도 잘 아시겠지만 김병로는 대표적인 민족주의자였고, 장경근은 자유당 강경파의 거두이며 대표주의자일 뿐만 아니라 3·15부정선거의 원흉이었죠. 반민특위를 해체시킨 장본인이기도 하고요. 굉장히 아이러니한 상황이죠. 민족주의자인 김병로보다 장경근이 훨씬 민주주의를 더 많이 얘기한다는 거죠. 제가 말씀드리는 것은, 장경근이 근대주의적 가족 질서를 훨씬 더 많이 이야기하죠. 저는 선생님이 김병로의 이야기를 가지고 전후戰後에 구성된 가족제도, 그것의 내셔널 아이덴티티와의 연루, 이것들도 중요하지만 실지로 민주공화국을 표방하면서 새롭게 담론 지형이 바뀌었다는 부분이 훨씬 더 중요할 거라고 생각합니다. 그래서 이것들이 좀 차별적으로 논의되어야 되는 것 아닌가? 기본적으로 국가의 가족 보호라고 하는 것은 민주주의 국가에서 국민주권의 실현으로 인식된다고 하는 부분에서 국가를 얘기했을 때 규율화 문제하고 굉장히 중요한 부분이라고 생각합니다.

그리고 인사조정법은 굉장히 중요하고요. 인사조정법 시행법 이후에 인사조정위원회 역할과 그 이전의 인사상담소에서 경찰의 역할들과 어떻게 달랐는지. 그리고 일본에서는 부인위원婦人委員들이 있었는데 조선에서는 어땠는지. 실지로는 대부분 어떻겠어요! 선생님이 상당 부분 많이 조정했다고 통계는 그렇게 나와 있지만 어떻게 조정을 했겠어요! 주로 여성들에게 '참고 살아라', '왜 이혼하냐', 남편이 성불구여서 못살겠다니까 '이혼하지 말고 참고 살아라' 하면서 다시 데려오잖아요. 그러니깐 실지로 그런 방식의 조정을 많이 했을 거라는 거죠. 그래서 부인위원이 있었는지도 궁금하고. 이것과 관련해서 인사조정위원 판결의 효과가 재판관들의 판결과는 어떤 차이가 있는지도 궁금했습니다.

이주라 선생님 발표에 대해서는 제가 적당한 토론자는 아닙니다. 그래도 다행히 제가 불륜에 대한 글을 쓰느라고 《명랑》 잡지를 보고 있는데 완전히 연애의 새로운 경지를 개척하고 있는 잡지라서 관심 있게 보고 있습니다. 60년대 선생님이 주요하게 분석하고 있는 소설들을 제가 보지 못해서……. 그럼에도 몇 가지 궁금한 점을 여쭤 보고자 합니다. 기본적으로 《명랑》이라고 하는 잡지의 성격, '명랑소설'이라는 장르, 그리고 '명랑'이라는 개념의 상호관계, 이런 것들이 좀 더 명쾌하게 정리가 되었으면 하는 아쉬움이 있습니다. 명랑소설을 통한 명랑 개념은 기본적으로 《명랑》이라고 하는 잡지의 특성에 좌우되는 측면이 크지 않을까? 《명랑》은 기본적으로 7S—섹스, 스토리, 스타, 스크린, 스포츠 등—이런 것을 표방하는 대표적인 대중잡지죠. 여기서는 명랑소설뿐만 아니라 애욕소설, 탐정소설 이런 것들이 등장하는데요. 제가 실제로 애욕소설들을 열독 중인데 혼외정사, 트랜스젠더, 동성애, 바이섹슈얼, 치정살인, 성기능 장애, 다자 연애관계 등 이런 것들이 등장하죠. 오히려 선생님이 뒤에서 일탈, 저항까지 60년대를 이야기하지만 실제로 제가 본 음란한 주체들보다는 건전한 주체들인 것 같아요. 그래서 명랑소설 장르뿐만 아니라 애욕소설, 추리소설, 탐정소설 기타 등등의 다른 장르들에서도 명랑함은 잡지를 관통하는 주된 감성이라고 생각합니다. 물론 조금 차이도 있다고 생각해요, 좀 전에 말씀드린 바와 같이. 그런데 잡지는 80년대 전두환정권이 들어서면서 사회 정화운동의 일환으로 폐간되었던 것으로 알고 있고요. 그랬던 만큼 국가가 권장하는 명랑성이나 건전성과는 좀 거리가 있습니다. 따라서 5·16군사쿠데타 이후 사회 보수화에도 여전히 그 명랑성이 유지되었다면 잡지의 특성과 관련되었을 가능성이 농후하다고 봅니다. 그런 점에서 명랑 개념을 생산한 매체 자체에 대한 분석이 선행되어야 하는 게 아닌가 합니다.

두 번째로는, 앞과 연관된 것인데요. 자극적인 소재를 통해서 상업적 이윤을 확대하고자 했던 것이 《명랑》 잡지의 판매전략이라고 생각하는데, 이것을 염두에 둔다면 선생님이 쓰신 표현 중에 의아한 부분들이 있습니다. '명랑이라는 개념이 대중의 욕망에 자발적으로 호응할 수 있는 어떤 지점과 닿아 있다' 혹은 '대중들의 자발적인 욕망이 투사된 명랑의 개념', 이런 표현들을 쓰고 계신데 이렇게 대중의 자발성으로 얘기하는 데에는 조금 신중해야 되는 것이 아닌가 하는 그런 생각이 듭니다. 대중의 욕망이라고 하는 것은 기본적으로 웃음이라는 감각의 상품을 구매하고 소비하는 시스템 속에서 형성되었을 가능성이 높기 때문에 그것을 자발적 욕망이라고 서술하기에는 조금 문제가 있다고 봅니다. 그리고 또 한 측면은 잡지 《명랑》은 서양의 유머 일러스트illust를 굉장히 많이 소개하고 있죠. 그러니깐 우리가 상호 텍스트성을 고려해 본다면 선생님이 뒤에도 쓰셨지만 이것은 한편으로는 굉장히 세속화된 교양, 유머감각 같은 거죠. 세속화된 방식으로 교양 차원에서 소화되는 한편, 서양 사람들의 일상을 상상하는 기제로 작동했던 것 같고. 그러니깐 현모양처와 다소 다른 캐릭터, 과잉 상상된 서양 주부, 여성인 거죠. 그럴 가능성이 높다고 봅니다. 〈위클리 주부〉라고 해서 월요일, 화요일, 날마다 바뀌는 남자들이 있어요. 이것이 '위클리 주부' 신조어다, 라고 하면서, 매일 매일 남자를 바꾸는 주부, 이런 삽화들이 많이 등장하거든요. 그래서 선생님이 말씀하시는 명랑에 접속한 대중의 욕망에 대해서 발표문에는 '60년대 중·후반 대중들의 욕망은 가부장 이데올로기나 현모양처 담론의 억압에 쉽게 동의하기보다 그것을 벗어난 개인의 세속적 욕망 추구나 개인의 자유로운 삶에 동경'으로 설명을 하시는데, 이것을 그냥 개인으로 이야기하기에는 너무 큰 개념이라는 거죠. 이 당시 상업적인 전략에 포섭된 주체 혹은 서양적인 것들을 상상하면서 그러한 명랑 감성을 소비하는 대중들을 이야기했을 때 '개인의 자유로운'이라고 하는 표현은 실제 소비되었던 맥락과는 동떨어진 것이 아닌가, 저는 그렇게 생각합니다.

한두 가지만 더 말씀드릴게요. 선생님이 명랑 개념에 접속한 대중의 욕망에 대해서 여러 가지 말씀을 하셨는데, 이것은 제 고민이기도 한데요, 답을 하지 않으셔도 됩니다. 선생님 논문뿐만 아니라 요즘 문학 연구에서 문화 연구를 하는 연구들에서 대체적으로 이런 표현들이 많이 보이는데……. 문화 소비 주체의 경험이나 욕망을 대중이라는 단일한 개념으로, 처음에 그것이 독서라든가 취미, 교양 이런 것들을 통해서 문화 소비 주체로서 대중이 형성되었다라고 하는 것들이 초기의 논의 속에서 의미가 있다는 것에 저도 분명히 동의합니다. 그것을 하나의 단일 개념으로 설명하면서 하나의 공통 감각으로 설명하는 방식을 이제는 넘어야 되지 않을까 하는 것이 개인적인 고민입니다. 실제, 문화 소비는 매우 개별적인 차원에서 발생하죠. 영화도 마찬가지고,

소설도 마찬가지고요. 그러니깐 이것은 문화 소비 주체를 하나로, 동일한 것으로 얘기할 수 없다는 것을 보여 주지요. 문학에서는 주로 이것들은 동일한 책, 문화적 텍스트를 소비하는 소비 주체를 단일한 소비 주체로 이해하지만, 실제로 소비의 맥락에서 영화 같은 경우에는 영화 소비자들, 청중들, 영화 수용자들 연구는 텍스트로서 단일하게 어떤 공통의 감각들로서 소비문제를 해석하고 있지 않거든요. 그래서 오히려 질적인 연구들이 훨씬 더 많습니다. 특히 문자를 통한 문화 소비는 제한된 계층에 한정될 수밖에 없지요. 그리고 자신의 경험을 언어화할 수단을 갖지 못한 하위 주체의 경험과 욕망은 일상 개념어 혹은 일상 개념으로도 사실은 잘 포착하기가 어렵지요. 대중으로 뭉뚱그려진 단일 주체의 경험 속에서 구성원의 다양한 경험들을 포괄하기에는 어렵지 않겠는가 하는 생각입니다.

그래서 제가 아까 말씀드렸듯이 이것들을 선생님이 이후 70년대 청년문화의 토양으로 이야기하신다면 더더군다나 아까 말씀하신 '자유로운 개인'은 큰 개념이라는 거죠. 그러면서 선생님이 '시민' 이야기 하시고, '일탈적이고, 저항적인 시민' 이야기를 하셨는데, 제가 본 불온한 주체, 음란한 주체들보다는 훨씬 건전하다는 거죠, 선생님이 일탈과 저항이라고 이야기하셨던 주체들보다. 그래서, 이것은 선생님이 말씀하시려는 70년대 청년문화로 연결되는 60년대의 젊은 시민들의 규율화 문제를 같이 고민할 수 있는 지점이라고 생각합니다. 선생님이 기존 연구를 비판하면서 선생님의 연구 포지션을 가지고 가시지만 실제로 상당 부분은 50년대와 60년 중·후반을 하나의 시대정신으로 뭉뚱그려 지나치게 단순화시키고 있어요. 이전에는 '모두가 화합할 수 있는 웃음이 가능했던 시기'라고 해서 50년대가 너무 아이디얼 ideal하게……. 그런데, 실제는 그렇지 않거든요. 〈로맨스 빠빠〉와 〈말괄량이 길들이기〉를 단순하게 비교하면서 가부장제가 더 강화되었다고 하는 것은 더 근거가 필요합니다. 5·16쿠데타 이후에 통제시스템이 더욱더 강화되는 것은 맞지만 젠더 정치가 같이 가는 것은 아니라고 생각하거든요. 선생님이 60년대 중·후반에 가부장제 질서가 더욱 강화되었다라고 말씀하시려면 근거가 필요하다고 생각합니다. 지나치게 단순화한 부분에 대해서 제가 의아했습니다. 이상입니다.

사회자 ●●● 다른 선생님들의 질문이 없으실 것으로 생각됩니다. 이정선 선생님, 이주라 선생님 두 분이 각각 5분씩 답변해 주시기 바랍니다.

이정선 ●●● 김은경 선생님, 꼼꼼한 토론 감사드립니다. 발표문이 논쟁적이기보다는 서술적으로 작성되었다고 지적하셨는데, 그러면서도 제가 오늘 선생님들과 이야기 나누고 싶었지만 포함시키지 못한 고민을 딱 짚어 주신 덕분에 종합토론이 풍성해질 것 같습니다. 그 질문은 뒤로 미루고 구체적인 질문들부터 답변 드리겠습니다. 먼저, 인사조정법의 경우, 구체적인 적용 사례를 제가 아직 확인하지 못했지만 선생님께서 말씀하신 것처럼 약자의 의견이 경시되기 쉬운 구조를 가졌다고 생각합니다. 인사조정위원이 '도의'와 '인정'을 가지고 판단한다고, 법률가나 판사뿐 아니라 소위 '덕망'이 있는 그 지역 사람들을 조정위원에 임명하게 했는데요. 이들은 당시 사람들의 통념이라고 할까요? '도의', '인정'을 운운하는 지배적인 가족이데올로기를 내면화하고 있을 가능성이 높은데, 이들이 매개가 되어서 당사자들에게 '화해하라'고 하는 거죠. 그렇기 때문에 저도 법률이 아니라 통념에 입각한 인사조정이 오히려 약자의 입장에서 판단하기 어려울 수 있고, 인사조정의 과정 또한 '화해'를 '강요'하는 것이며 그로써 갈등을 봉합시키는 제도라고 이해하고 있습니다.

다음으로 발표문이 다룬 시기에 대해서, 1940년대부터 1960년대까지 포괄적으로 다루면서 정책의 공통점을 강조한 것에 문제를 제기하셨는데요. 식민지민이었던 일제시기와 독립국가의 국민이었던 해방 이후의 상황에 차이가 있는 것은 물론입니다. 국민우생법이 조선인에게 적용되지 않았음을 언급한 것도 그 점을 염두에 두었기 때문이었습니다. 하지만 오늘날 국가의 의미를 다시 묻는다는 전체 심포지엄의 취지 아래에서 국가와 가족의 관계에 관한 글을 의뢰받았고, 저는 그에 대해 '국가의 가족' 혹은 '가족의 국가'라는 두 가지 틀을 설정해서 접근해 보았습니다. 이렇게 보면 해방 이전에도 이후에도 국가의 가족보호 정책은 '국가의 가족'이라는 점에서 연속성을 갖습니다. 국민 규율의 문제도 양상만 다를 뿐 속성은 동일하다고 봅니다. 사실 제가 원래 이 구도로 2017년까지 정리하려다가 역부족임을 깨닫고 1960년대에서 끊는 바람에 이러한 질문을 하게 되신 것도 같은데, 논문으로 정리할 때는 40년대에 집중해서 쓰려고 생각하고 있습니다.

마지막으로 오늘 주제와도 관련해서 가장 중요한 질문은, 국가의 가족 보호를 왜 문제시하는가, 혹은 국가와 가족의 관계에 관해서 제가 어떤 미래를 그리고 있는가 하는 부분일 텐데요. 저도 가장 고민했지만 답을 갖고 있지 못하기 때문에, 말씀하신 것처럼 사실을 기술하는 정도로 글을 마쳐버린 부분이 있습니다. 논의를 이어가기 위해 제 고민을 말씀드리자면, 발표문에서 '가족 보호'의 이중성이라 했을 때 이중성 역시 두 가지 측면이 있다고 보았습니다. 하나는 가족보호 정책을 도입한 목적이 '국가를 위한 가족'인가 아니면 '가족을 위한 국가'인가 하는 측면이고, 다른 하나는 국가가 가족을 동원하기 위해 도입한 가족보호 정책이라 하더라도 실제로는 가족이 스스로를 위해 국가를 활용하는 방식으로 전용될 수 있다는 측면입니다. 당시 자료들에서도 그러한 가능성이 발견되었습니다. 따라서 국가와 가족의 관계를 다시 사고한다고 할 때, '국가의 가족' 시각에서 만들어졌다고 기존의 것들을 무조건 배격하기보다는 활용할 수 있는 부분은 없을까 고민한 것입니다. 선한 가족을 보호하는 선한 국가를 바람직한 관계로 상정한 것은 당연히 아니고요. 기본적으로는 가족의 틀을 넘어선 개인뿐 아니라 국가의 틀을 넘어선 개인을 모색하는 입장입니다만, 언젠가 윗세대 분에게 '우리가 더 나은 국가를 만들기 위해서 얼마나 노력했는데 그걸 다 버리려 하느냐'는 한탄을 들은 적도 있고, 세계화의 추세 속에서 파편화되는 개인이 보호받기 위해 기댈 수 있는 실체가 여전히 국가라는 점에서도, 최근에는 기존의 것을 어떻게 다시 활용할 수 있을까를 고민하려는 편입니다. 결론 부분에서 사회적 합의에 따라서는 가족보호 정책이 가족과 국가를 보다 개인친화적으로 만드는 매개가 될 수도 있다고 한 것도 이 때문입니다. 국가가 개인을 포섭·통제하는 데 가족을 활용했다면, 역으로 개인이 가족을 활용해 국가를 다시 만들 수 있는 건 아닐까 하는 것이죠. 특히 제가 염두에 두었던 것은 혼인과 가족의 재개념화입니다. 지금은 제도상으로 '혼인'이라고 하면 이성 간의 결합을 뜻하고, '가족'도 소위 정상가족만 바람직한 것으로 상정하곤 하는데요. 그에 대해서 동성혼을 인정하라거나 정상/비정상의 편견을 없애고 가족의 다양성을 인정하라고 주장하는 운동들이 아마 비슷한 흐름이 아닐까 합니다. 그리고 가족을 벗어난 개인을 상상해야 한다고 이야기하는데, 사실 이건 가족을 2인 이상으로 전제하는 표현이거든요. 만약에 개념을 바꾸려는 운동들이 사회적 합의를 이끌어서 1인 가구도 가족으로 인정된다면, 개인을 기반으로 삼는 정책과 가족을 기반으로 삼는 정책이 동일한 효과를 가지게 될 것이고, 가족을 구성단위로 상정하고 있는 국가의 성격을 바꾸는 데 이런 방식이 더 현실적인 전술인 건 아닐까 하는 상상도 해봅니다. 다만 이러한 방식이 경계선을 유지한 채 보호의 대상이나 권리의 주체를 확장하는 데 그쳐서 누군가를 비보호·무권리의 영역에 방치해서는 안 되고, 안과 밖의 경계를 해체, 재구성하는 것으로 이어져야 할 텐데, 그것이 어떻게 가능할지는 좀 더 고민이 필요하다는 정도로만 말씀드릴 수 있을 것 같습니다. 이상입니다.

이주라 ●●● 네, 김은경 선생님 토론에 감사드립니다. 제가 이 시대를 공부한 지 얼마 안 되기 때문에 김은경 선생님께서 이번 토론에서 말씀하신 여러 전체적인 지형과 특징 등은 제가 이후에 주제 연구를 발전시켜 나가는 데 굉장히 많은 도움이 될 것 같고요. 그런 부분에서 선생님께서 지적해 주신 내용이 제게 거의 조언처럼 와 닿는 부분이 있어서 모두 다 수용할 만하고 그것을 바탕으로 해서 간단히 정리해 보겠습니다. 말씀하신 것처럼 여기에 나타난 개인의 욕망이라고 하는 것들이 개인의 자유로운 선택이랄지 이런 것들을 설명하기에 좀 어려운 부분이 있습니다. 이것이 잡지의 성격과 잡지 매체가 당시 상업문화가 가지는 맥락과 분명히 연결되고 있는 부분이 있고요. 그런 부분에서 잡지와 명랑소설이라는 장르와 명랑 개념이라고 하는 층위들이 각각 설명되면서 연결되는 관계를 만들어야 되는데, 말씀하신 것처럼 《명랑》이라고 하는 잡지가 대중오락 잡지였고, 그것으로 인해서 국가가 권장하는 건전성과 거리가 있는 부분들이 있어요. 그렇기 때문에 이 잡지를 읽는 계층이 그때 당시의 모든 대중이라고 말할 수 있는 부분과 좀 분리되는 계층, 감각이나 모두가 다 대중이라고 말할 수 없으나 분리되는 흐름을 만드는 부분이 분명히 있었다는 생각이 듭니다. 그것을 제가 도시의 청년 남녀라고 하는 계층으로 분리하고 싶었던 것 같고요. 여기에 대해서는 좀 더 세세한 분류나 특징들이 있어야 될 것 같습니다. 이러한 계층들이 《명랑》이라고 하는 잡지를 공유하면서 여기에서 나타나는 여러 가지 서양문화에 대한 동경이랄지 아니면 에로틱한 부분에 대한 일탈이랄지 이런 욕망들을 나타났어요.

한편으로 《명랑》이라는 잡지가 특히 60년대 후반으로 가면 성담론에 대한 소개와 처음에는 순정소설들이 다 애욕소설로 바뀌면서 탐정소설도 다 에로틱한 미스터리로 바뀌게 되는데요. 그런 부분에서의 일탈이 명확하게 나타나는데 그것과 대비되어서 '명랑소설이 건전하다'라고 하신 것은 당연하게 명랑소설이라고 하는 장르 자체가 가지고 있는 특징과 연결이 되는 것 같아요. 이것은 코미디 장르가 가지고 있는 속성과 연결되는데, 코미디 장르라고 하는 것이 어떤 하나의 목표를 지향하는 것이 아니라 항상 일탈과 포용이라고 하는 양가성을 균형있게 견지하는 부분에서 작동하는 측면이 굉장히 많거든요. 여기에서 또다시 1960년대 건전함과 접속하는 코미디 장르의 특징은 무엇이냐는 질문에 조금 더 설명을 해야 되지만, 이 부분에 대해서는 제가 조금 더 공부해야 되기 때문에, 그런 식의 어떤 일탈과 포용이라고 하는 경계선상에서 움직이는 장르이기 때문에 끝까지 일탈로 가지 못하는 부분들이 생겨나게 되요. 그것이 도시청년들의 완전한 일탈이라기보다는 명랑소설이나《명랑》을 중심으로 형성된 담론을 통해서 어느 정도 그 사회 속에서 정상적으로 살아갈 수 있는 주체로서 자리매김을 하게 됩니다. 그렇다고 하더라도 그들이 항상 보수적인 담론을 무조건적으로 수용하고 긍정하는 개인이었느냐 아니면 긍정하는 주체였느냐고 하는 부분에서 다르게 볼 필요가 있다는 생각이 들었습니다. 그 부분이 국가 이데올로기 차원, 담론의 차원에서 '계속 명랑하라'라고 명령하는 것과 대중문화 잡지에서 나오는 '명랑'이라고 하는 개념의 차이를 나타내는 부분이라는 생각입니다.

하지만, 이러한 흐름이 하나의 대중이라고 묶일 수 없는 것들이 이러한 맥락은 거의 이 사회에서 두드러지는 사회적 흐름으로 나타나기보다는 오히려 신파가 점점 강화되면서 보수적인 취향이나 옛날식의 슬픔과 애환, 나의 삶이 억울하다고 하는 느낌, 이런 것들이 점점 강화되는 흐름이 사실 대중문화의 전반적인 흐름으로 나타나게 되는데요. 그렇기 때문에 1968년이 되면 〈미워도 다시 한번〉이라고 하는 작품이 빵 터지게 되는 거죠. 〈미워도 다시 한번〉이라고 하는 작품이 모든 사람들의 인기를 얻게 되었을 때 대중문화를 보는 사람들은 그런 것들이 대중 감성의 숨겨졌던 지점들이 드러나는 부분이다, 라고 해석하게 됩니다. 1968년은 그런 방식의 신파가 터졌던 지점이지만 동시에 우리가 흔히 포크문화라고 하는 1970년대 청년문화가 가요계에서 등장하는 시점이기도 하기 때문에, 이런 식으로 대중을 볼 때 항상 뭉뚱그려서 보게 될 수밖에 없는 어떤 부분들도 있습니다. 그럼에도 어떤 신파적인 흐름이나 억압 속에서 울분과 슬픔, 자조 이런 것들만이 대중문화의 큰 흐름이라고 생각하지만, 사실은 그 외에 다른 계층들을 통해서 흐르고 있는 또 다른 감성의 미약한 지점 같은 것들을 볼 필요가 있지 않겠는가라는 생각이 듭니다. 그런 부분에서 제가 말하고자 하는 것들은 이제 충분히 문자 텍스트화, 영화나 가요 등 세련된 문화매체를 소비하는 사람들의 감성 부분인 것 같고요. 하지만 문자 텍스트나 이런 것들을 잘 향유하지 못하는 하위 주체들은 명백하게 신파라고 하는 흐름으로 갔고, 이런 부분에서 제가 말했던 흐름은 60년대를 설명할 수 있는 굉장히 작은 흐름의 한 부분인 것 같아요. 토론자 선생님께서 말씀해 주신 대로 계층적으로 집단적으로 매체별로 층위 차이가 나는 여러 가지 흐름들이 있었다, 라고 하는 것들을 충분히 생각해 볼 필요는 있을 것 같습니다. 그런데, 기존 연구들을 놓고 거기에서 다른 부분을 얘기하려고 해서 이 작은 부분들을 끌어 왔고요. 그런 지점에서 약간 50년대와 60년대를 단순화한 경향이 있는데, 제가 대중문화 쪽 논문을 계속 읽다 보니깐 그리 되었던 것 같아요. 그래서 다른 논문들과 자료들을 보면서 60년대에도 이렇게 단순하지 않을 수 있다는 것들을 좀 더 보충해 나가야 될 것 같습니다. 마치겠습니다.

사회자 ●●● 두 분 선생님 감사합니다. 아직 시간 여유가 있어서 우리는 충분히 명랑한 상태일 수 있습니다. 마지막 부분이 될 것 같은데요. 한림과학원의 장세진 선생님께서 강정인 선생님과 송호근 선생님의 발표에 대해 토론해 주시겠습니다. 토론문이 따로 준비되어 있으니 참고하시면 되겠습니다. 부탁드립니다.

장세진 ●●● 한림과학원의 장세진입니다. 시간이 없는 관계로 토론문을 읽겠습니다. 강정인 선생님의 글은 제목에 나타나 있는 것처럼, 196·70년대 박정희 정권의 국가주의를 세 가지 차원

―정치철학적 국가주의, 정치경제적 국가주의, 국제관계에서의 국가주의―으로 나누어 살펴보고 있습니다. 어쩌면 제가 저자의 의도를 상회하는 해석을 하는 것일 수 있겠지만, 글을 읽다보니 세 차원을 기술하는 어조와 뉘앙스가 서로 균질하지 않으며 조금씩 달라진다는 인상을 받았습니다. 물론, 세 차원에서 국가주의가 모두 동일한 평가를 받아야 한다는 어떤 당위를 제가 미리 갖고 있는 것은 아닙니다. 그럼에도 불구하고 어떤 차원에서 국가주의를 바라보느냐에 따라 박정희 시대의 국가주의에 대한 평가 자체가 상당히 달라질 수 있을 것 같다는 느낌을 받았습니다. 그래서, 사실은 선생님이 논문을 주셨을 때 굉장히 긴 논문이었거든요. 묘사적이고 기술적으로 논문이 진행되다 보니 선생님의 평가 부분이 선명하지 않았던 부분들이 있어서, 제 질문은 주로 평가 부분에 담긴 선생님의 의도에 대한 질문들입니다.

먼저, 첫 번째 차원이 정치적 국가주의에 관해서라면 이 글은 '국가주의의 신성화'를 비판하고 박정희 정권이 국가=민족=나(박정희)를 동일시하는 기제를 굉장히 선명하게 비판하고 있습니다. 반면에 이 비판적인 평가는 두 번째 경제적 국가주의에 와서는 상당히 희석되는 것 같은 인상을 받게 됩니다. 실제로, 이 글의 정치경제적 국가주의에 대한1) 서술은 박정희정권의 경제 정책에 대한 국가의 관여도가 단순한 개입 수준의 차원을 넘어서 아예 국가가 주체가 되어 경제 정책을 디자인하고 자원들을 계획적으로 배치한 상황, 그리고 그것이 낳은 가시적 성과들에 대한 기술들입니다. 그런데, 성과들이 길게 거론되다보니 자연히 이 글의 논조는 계획경제에 기초한 박정희의 국가통제 모델이 결과적으로 성공적이었다는 쪽으로 가게 되는 것 같습니다. 물론, 이 대목은 사실 평가가 쉽지 않은 부분인 것 같기는 합니다. 적어도 노동자 개개인이 아닌 네이션nation 단위의 관점에서 본다면, 이 모델은 알다시피 어쨌든 성공했습니다. 월러스틴 Wallerstein식으로 말을 한다면, 1960~70년대 세계체제에서 중심부 국가들의 공격적인 자유무역주의에 대항하여 반半주변 내지 주변부인 개도국이 국가 주도로 적극적으로 관세를 도입하고 자국의 생산력과 기술을 보호하는 시간적 유예와 보호 정책이 필요하다는 관점과도 선생님 논문의 경제적 국가주의를 기술하는 부분이 일맥상통해 보입니다.

그래서 여쭙고 싶습니다. 이 글이 세 가지 차원으로 각각 분리해서 박정희정권의 국가주의를 평가하는 방법론을 선택했을 때, 과연 어떤 효과를 의도하고 예상하신 것인지 궁금했는데요. 거칠게 말해서 이 시기 개발독재 모델이 정치 부문에서는 극약과도 같았지만, 경제 부문에서는 큰 성과를 낼 수 있었기에 부문별로 평가해야 한다는 뜻인지요? 실제로, 첫 번째 정치 부문에 관한 서술에서는 정치적 자유주의를 국가주의와 대비하시면서 강도 높게 비판하셨지만, 경제 부문에서는 경제적 자유주의를 통해서 국가주의를 비판하는 기술 대목이 빠져 있습니다. 그래서 이 글이 박정희 정권에 대해 대중들에게도 널리 퍼져 있는 일반적인 공과론―공과 과가 따로 있다라는 인식―을 넘어서는 새로운 문제 제기를 시도하신 것이라면, 그것이 어떤 내용인지 보충 설명을 부탁드리고 싶습니다.

두 번째는, 첫 번째 질문과 연장선상에 있습니다. 국제관계에서의 국가주의를 세 번째로 말씀하시고 계신데 세 차원 중에서 가장 긍정적으로 기술되어 있는 것 같습니다. 제가 받은 인상이라서 제대로 읽은 것인지 확인이 필요할 것 같습니다. 이 글을 읽다보면 만약 박정희 시대 자주국방―핵무기 개발 프로그램과 거의 동의어로 쓰였는데요―이 '온전히' 실현되었더라면 오늘날의 대한민국이 트럼프의 종잡을 수 없는 변덕과 '미치광이 전략'에 이처럼 고달프게 시달리지 않아도 될 것 같다는 인상을 받게 됩니다. 그러나 대외관계에서의 국가주의가 약화되지 않았더라면 이러한 일들까지도 과연 가능했을까요? 그 실현 가능성의 문제를 떠나서, 이러한 가정들은 결국 앞부분에서 길게 설명하신 현실주의 국제정치이론에 입각한 것으로 보입니다. 제 생각에 현실주의 국가이론―앞에 현실주의라는 말이 붙어 있는 것처럼 굉장히 현실적이기는 하지만―의 가장 큰 문제는 결국 대외관계의 주체 혹은 에이전트agent가 국가로 환원, 집중될 수밖에 없다는 것, 그래서 분단이나 통일, 평화와 같은 생명과 안전의 문제에 관해서 실질적인 당사자인 시민들의 의사 표명이나 참여는 다른 영역에 비해서 훨씬 더 크게 제한될 수밖에 없다는 점입니다. 단적으로, 학생과 시민들이 주도가 된 평화통일이라는 담론이 1972년 7·4남북 공동성명 직전까지도 정권 차원에서 결코 용납될 수 없는 용공의 언설이었다는 점을 상기해 보아도 그렇습니다. 그러한 점에서 보자면, 자유주의에 입각해서 정치적 국가주의를 강하게 비판한 앞부분의 논조와 상당히 모순되어 보이는데, 이 부분에 관해서도 보충 설명을 부탁드리고 싶습니다. 다음으로 송호근 선생님의 글에 대해 질문하겠습니다.

선생님의 글은 "한국에서 왜 국가는 이렇게 강고한가?"라는 질문에서 시작됩니다. 그리고 이 질문은 이 글의 흔들리지 않는 기본 전제이기도 합니다. 토론에 앞서 이 전제에 동의하는가 여부, 그리고 만약 동의한다면 구체적으로 어느 선까지인가 등의 문제를 생각해 볼 수 있겠지만, 일단 이 글의 논의를 따라가 보겠습니다. 이 글의 논지 전개에 따르면, 한국에서는 강력한 국가와 취약한 시민사회가 떨칠 수 없는 역사직 유산, 아까 말씀하신 것처럼 거의 '구조화'되어 있어서 세대를 거듭해 유전되고 있습니다. 바꾸어 말해, 이 상태는 국가와 시민사회를 연결하는 중간 영역인 정치사회적 결사체들과 그들의 결사체적 행동이 매우 박약한, 이 글의 표현대로라면 심각한 수준의 '결사체 결핍증적 사회'를 뜻하는 것입니다. 만약, 이것이 사실이라면 이러한 사회를 바람직하게 볼 사람은 거의 없을 것 같습니다. 비록 실제 정치 현실과 격차가 있다고는 해도, 주권재민의 민주주의란 대통령 일 개인이나 소수 엘리트의 일방적 정책 결정에 의해서가 아니라 시민들의 공정한 대표 선출과 함께 그들 자신의 직간접적인 자치(조직)에 의해 작동한다는 믿음과 명분을 토대로 존속해 온 역사적 정체polity이기 때문입니다. 그저 수동적인 방관자나 시혜의 대상으로서의 국민이 아닌, 참여하는 능동적 시민에 의한 민주주의이어야 한다는 이 글의 믿음에 저 역시 충분히 공감하고 동의합니다. 그럼에도 불구하고, 이 '보편적' 공리를 끌어내기 위해서 한국사회의 구체적 현재, 지금 촛불 이후의 시간을 진단하는 이 글의 몇몇 대목에서 저와 생각이 다른 부분들이 있었습니다.

첫 번째 질문은, 먼저 이 글은 정권은 바뀌었으나 권력의 행사방식은 바뀌지 않았다고 진단합니다. 강고한 국가주의가 '촛불저항운동' 뒤에도 여전히 작동하여 촛불의 주체였던 시민들이 정권이 내미는 국정과제를 그저 받아들이는 구경꾼의 입장으로 어느새 되돌아갔다는 것입니다. 그런데, 이 글에서 말하는 강고한 국가주의라는 것이 대통령 일인에게 과도하게 집중된 권력구조의 문제를 이야기하는 것이라면, 물론 이 지적은 타당합니다. 바로 그렇기 때문에, 정치권이나 상당수의 여론이 권력구조 개편을 위한 개헌에 찬성하고 이를 준비하고 있는 것이라고 생각합니다. 다만, 제가 여기서 말하고 싶은 것은 권력구조의 동일성을 근거로 지난 모든 정권들이 큰 차이가 없다고 말하게 되는 순간, 그 진술이 현재 시점에서 어떤 효과를, 특히 어떤 정치적 수행성을 발휘할까 하는 점입니다. 특히, 이와 관련하여 저와 생각이 가장 달랐던 부분은 촛불 이후의 시간을 완료시제로 정의하고 계신 대목입니다. 말하자면, 이제 이미 "정의로운 대한민국이 되었다"라는 것인데요, 과연 현재 상황이 그런 것인지 저는 의문이 듭니다. 왜냐하면, 현재 가시적으로 바뀐 것은 대통령과 대통령이 임명할 권한을 가진 공공기관의 몇몇 수장들이지 기관 전체를 실제로 움직이고 있는 관료조직이나 그들의 에피스테메epistēmē는 상당 부분 그대로라고 생각하기 때문입니다. 그러므로 여전히 지나치게 강고한 것은 대통령 권한 중심의 '국가주의'라기보다는 그 강하다는 대통령의 권한으로도 제대로 뚫지 못하는 대기업과 검찰, 사법부, 언론, 군부를 포함한 관료 행정 조직 등 기득권 집단의 견고한 카르텔과 무엇보다 기득권 집단의 이해관계를 자신의 것으로 내면화한 '국민'으로서의 낡은 감수성이 아닐까 합니다. 또한 결정적으로, 변화에 대한 두려움을 정치적으로 최대한 활용하고 있는 현재 보수 야당들의 조직적이고 필사적인 개혁 방해 내지 저지의 움직임들이 아닐까 생각합니다.

두 번째 질문은, 이 글을 보면 결론에서 '결사체 결핍증'의 한국

사회에 대한 처방책에 관한 것인데요, 처방책으로 제시하시는 것이 특정 이익을 옹호하는 전문가 단체 외에 전국적, 계급횡단적 단체에 가입하는 구체적이고 일상적인 시민의 실천을 제시하고 있습니다. 이것이 결코 나쁜 처방이 아니라는 데에 저도 동의하지만, 이 처방을 보면서 저한테 문득 떠오른 것은 "저녁이 있는 삶"이라는, 2012년 민주당 경선 당시 한 정치인이 내걸어서 유명해진 캐치프레이즈였습니다. 이것이 떠오른 이유는 시민적 실천을 보장하는 경제적 토대에 관한 것인데요. 사실 이 논문을 보면 정치적인 실천 부분에 초점이 가 있기 때문에 경제적인 측면에 대해서 얘기가 안 된 측면이 있는데요. 생계를 위해 늘 시간과 돈에 절박하게 쫓기는 처지에서 이런 실천들이 굳건하게 뿌리내리기는 아무래도 어려울 것 같습니다. 그러나 오해를 피하기 위해 미리 말씀드리자면, 이는 경제적 여유가 있어야만 시민적 실천이 있을 수 있다는 어떤 시간적 선후관계나 인과론을 이야기하기 위한 것은 아닙니다. 논의가 조금 거창해지지만, 오히려 제가 말하고 싶은 것은 여전히 세계를 휩쓸고 있는 소위 신자유주의라는 이데올로기에 관해서입니다.

일반적으로 신자유주의는 경제와 정치를 이원론적으로 분리하고 정치에 대한 경제의 우위를 강조하고 있는 것으로 알려져 있습니다. 그러나 신자유주의는 자신이 대외적으로 내거는 테제these와는 전혀 다른 방식으로 작동해 온 것이 공공연한 사실입니다. 요컨대, 20세기 후반에서 21세기 초반 신자유주의의 전 세계적 승리는 이 이데올로기로 무장한 정치인, 기업인, 언론, 학자 등 엘리트 집단의 헤게모니 블록이 만들어 낸 그야말로 정치적 행위의 결과이기 때문입니다. 그래서 저는 이 거대한 기존의 신자유주의 정치블록을 새롭게 대체하기 위해서는 선생님이 말씀하신 것처럼 시민적 정치 실천이 꼭 필요한데, 시민적 정치 실천의 정확한 목표 설정이 무엇보다 중요하다고 생각합니다. 그러한 의미에서 보자면, 지난 9년간 한국의 보수정권하에서 생생하게 목격할 수 있었듯이, 특정 소수집단에 의해 노골적으로 사유화된 국가의 공공성을 복원하는 일을 더 이상 늦출 수 없다는 생각을 하게 됩니다. 그래서 조금 큰 질문인데요, 자본주의가 더 이상 정상적으로 기능할 수 없을 정도로 양극화가 가파르게 진행되어 가는 이 시점에서 국가가 과연 어떤 역할을 할 수 있고 또 해야만 하는 것인지 의문이 들었습니다. 이 학술대회의 제목처럼 지금이야말로 다시 국가를 물어야 할 때가 아닐까 하는 생각이 들었습니다. 시간이 된다면 이 부분에 대해서는 강정인 선생님께도 같이 신자유주의 시대 국가의 역할이나 기능에 대해서 여쭤보고 싶습니다.

사회자 ●●● 장 선생님 고맙습니다. 두 분 선생님 발제문을 보니깐 굉장히 깔끔하게 정리가 되어 있는데, 답변도 역시 깔끔하게 저희들을 기쁘게 해 주시기를 부탁드립니다.

강정인 ●●● 사회자의 요청을 상회해서 잡다하게 답변을 하겠습니다. 농담입니다. (일동 웃음) 장세진 선생님께서 짧은 토론문에 함축적인 문제 제기가 있지만 일단 그것은 유보하고, 제 논문에 충실하게 몇 가지 문제점에 초점을 맞추어서 토론해 주신 것에 대해서 대단히 감사드립니다. 문제 제기에 대해서 제가 오늘 충분한 답변을 못 드리겠지만, 답변을 두고 두고 소화시키면서 고민을 하면 제 논문을 좀 더 좋게 고칠 수 있을 것 같아서 먼저 대단히 감사드립니다.

먼저, 질문 중에서 "세 차원에서 국가주의가 모두 동일한 평가를 받아야 한다는 어떤 당위를 세가 미리 갖고 있는 것은 아닙니다" 하시면서, 그럼에도 불구하고 제가 쓴 글에 대해서 서술의 논조라든가 뉘앙스를 보면 '정치적 국가주의를 논할 때는 대단히 비판적이고, 경제적 국가주의를 논할 때는 어느 정도 옹호하는 듯하고, 심지어 나아가서 대외적 국가주의를 논할 때는 더 높이 평가하는 것 같은 이러한 모순된 논조에 대해서 저의 글이 세 가지 국가주의에 대해서 일관된 논조가 있느냐? 아니면 모순된 평가를 융합할 수 있는 저 자신의 이야기를 할 수 있느냐'의 문제를 집중적으로 제기하시는 것 같고, 그 문제 제기가 상당히 날카롭고 잘 만들어져서 대단히 좋게 생각합니다. 정치적 국가주의에서는 비판하다가 경제적 국가주의에서는 옹호하는 저의 해석이 보통 일반적으로 논하는 것처럼 박정희의 공과를 논할 때 경제는 옹호하고 정치는 비판하는 일반적인 평가에 머무르는 거냐? 아니면 그것을 좀 더 초월할 수 있는 어떤 새로운 해석을 할 수 있느냐 인데……. 죄송합니다만 저도 초월할 수 있는 해석을 내놓기는 좀 어려운 것 같고. 이 글을 쓰면서 고민했던 것은 우리가 본능적으로 국가주의에 대해서 저항의식이 있고 거부감이 있는데, 국가 주도에 의한 경제발전에 대해서는 긍정적으로 평가한다는 점입니다. 따라서 국가 주도에 의한 경제발전을 일종의 국가주의로 포함시켜 이론화한다면 국가주의의 개념이나 작용 자체에서도 긍정적인 면을 발견할 수 있다고 생각합니다. 국가주의의 상징인 태극기를 들고 또는 군가를 부르거나 군복을 입고 맞불집회(이른바 태극기 집회)에 참여한 태극기 세대라든가 또는 완고한 보수세력의 경우에는 경제적 국가주의에 매달려서 특히나 박정희를 옹호하고 또 지지하는 세력이 많기 때문에 이 문제에 대해 어떤 식으로든 고민해야 한다고 생각합니다. 사실 국가 주도에 의한 경제발전으로 표출된 국가주의에 대해서는 당대는 물론 오늘날에도 많은 이들이 긍정적으로 평가할 것이라 생각합니다.

그렇기 때문에 이에 대해서는 국가주의를 일방적으로 배격하기보다는 뭔가 절충적인 해결책이 필요한 것이 아닌가, 라는 생각을 해봅니다. 아까 신자유주의 시대에 국가가 무엇을 할 수 있는 가에 대해서 어느 정도 국가가 공정성을 강화하기 위해 경제 영역에 개입해야 되는 것이 아니냐는 문제의식 역시 국가주의를 요청하는 발상입니다. 또한 얼핏 제가 인용한 글에서 박정희 대통령이 국가를 길들였다, 라고 했는데, 사실 여기서 고민해야 되는 문제는 '나치즘이나 파시즘 또는 일본의 초국가주의는 어떤 식으로 국가주의를 해체하면서 민주국가로 거듭났는가?'라는 것입니다. 이와 관련하여 동북아시아에는 전통적으로 국가주의가 매우 강한데, 중국이나 일본이나 한국의 오랜 전통을 고려할 때 우리가 국가주의를 서구처럼 민주국가를 통해 단시일에 극복할 수 있느냐는 좀 어려운 것 같습니다. 발표문에서 인용하면서 언급했던 것처럼 국가를 길들였던 박정희와 반대로 우리는 '국가주의를 청산하는 것이 아니라 반대방향으로 길들여야 하는 게 아닌가!'라는 생각이 듭니다. 이 말은 '어느 정도 국가주의와 함께 살아야 한다'라는 그런 고민을 말합니다. 명확한 답변은 없지만 좀 더 고민을 해보겠습니다.

자주적 대외관계에 대한 저의 옹호는 결론 부분에 글을 마무리하면서 북핵문제를 놓고 약간 감상적으로 쓰다 보니깐 비약을 했는데……. 물론 박정희 대통령의 핵 프로그램은 대단히 무모한 프로그램이었고, 북한과 달리 경제적 고립에 버틸 수 있는 맷집이 없는 남한에서는 절대로 가능한 일이 아닙니다. 그런데, 혹시 박 대통령이 핵개발로 미국을 위협하되 그것을 포기하는 대가로 미국의 안보 공약을 강화한다든지 또는 군 현대화를 추진한다든지 이렇게 했다면, 그것은 위험한 도박이긴 하지만 당시로서는 괜찮은 전략이었다는 생각도 듭니다. 두 번째로는 전두환 정권에 들어와서 아마 핵 개발을 포기하는 대가로 주한미군의 지속적 주둔에 대한 묵시적 합의가 있었는지 궁금하기도 합니다. 1980년 이후에는 미국에서 주한미군 감축이나 철수에 대한 이야기가 전혀 나오지 않았기 때문입니다. 설령 합의가 아니더라도 '미군 철수한다니까 핵 개발하겠다'는 박정희 선례로 인한 조바심 때문에 미국이 미군 철수 카드를 접었을 수도 있고, 만약 그렇다면 그런 상황은 박정희의 핵개발이 비록 실패로 끝났지만, 그래도 '의도되지 않은 이익'이라 할 수 있겠습니다. 하지만 핵개발 포기나 주한미군의 계속 주둔으로 인해 국가의 대외적 자주성을 확보하겠다는 의지가 전두환정권에 들어와 박정희정권에 비해 약해진 것 같은데 이에 대해서는 아쉬운 점이 있습니다.

그렇다고 한국의 안보 위협을 국가주의의 강화 나아가 독재의 강화로 전환시킨 박정희 대통령을 옹호하려는 것은 아닙니다. 다만 어떤 의미에서든 현실적인 안보 위협이 민주주의를 위협한다는 점을 부정하기는 어려운 것 같습니다. 2차 세계대전 이후 독일이나 이탈리아는 어떻게 그것을 극복했는가? 어떻게 말하면 서유럽에서는 나토NATO라는 집단안보체제를 통해 안보가 보장됨에 따라 (소련 등 공산권 국가에 의한) 대외적인 위협이 파시즘처럼 국가 강화 또는 독재로 전환하는 것을 방지했던 것 같습니다. 일본의 경우에도 재무장을 포기한 대가로 미일동맹과 미국의 핵우산에 안주하면서 소련이나 중국으로부터의 안보 위협이 일본의 국가주의나 파시즘을 강화하는 것을 미연에 방지한 것 같습니다. 한국의 경우에도 강고하게 형성된 국가주의를 민주화 이후에 약화시켜야 하는 과제에 직면해 있는데, 독일·이탈리아·일본 등이 강한 국가주의를 체계적으로 약화시킨 경험으로부터 배우려는 노력이 필요할 것 같습니다.

마지막으로 과거 경제발전에 있어서 국가 주도의 전통이 한국 사회에는 여전히 강하게 남아 있습니다. 국가주의가 시장의 왜곡 그리고 정경유착과 부정부패를 가져오는 것은 차단해야겠지만 사회적 약자를 배려하는 사회복지를 위해서 또 경제 부정의를 시정하기 위한 국가의 개입은 여전히 요청된다 할 수 있습니다. 특히 1997년 외환위기의 극복 과정에서 신자유주의적 개혁이 전격적으로 단행된 결과 그리고 2008년 미국발 금융위기의 전 지구적 확산과 더불어, 이제 일상화된 높은 실업률, 비정규직과 정리해고의 보편화, 실효성 있는 복지제도의 미비, 청년과 노인 빈곤 등으로 인해 사회적 취약계층의 삶이 절망적인 상황에 처하게 된 것은 비단 어제 오늘의 일이 아닙니다. 나아가 소수의 재벌에 경제력이 집중됨에 따라 경제력이 단순히 경제 영역을 넘어 정치·사회·문화까지 지배하고 있어서 젊은이들 사이에서는 '수저계급론', '헬조선'이라는 말까지 나오고 있습니다. 이러한 상황을 타개하고 공정하고 균형있는 사회를 회복하고 건설하기 위해서는 경제 영역에서 새로운 국가주의의 모델이 요청된다고 할 수 있습니다. 이를 위해서는 국가를 새롭게 개조하고 국가주의를 긍정적으로 보완해서 국가의 횡포를 방지하되 국가의 긍정적 기능을 적극 활용할 수 있는 대책 마련이 필요한 것처럼 보입니다.

결론적으로 국가주의의 세 차원에 대한 제 평가가 모순된다는 장 선생님의 지적은 상당히 합당하다고 생각됩니다. 논평하시는 장 선생님도 그 질문을 던지시지만 쉽게 답변하기 어려운 질문이라는 점을 잘 알고 계실 것입니다. 좋은 고민거리를 주셔서 열심히 생각해 보겠습니다.

송호근 ●●● 코멘트 아주 고맙습니다. 장세진 교수가 한국문학 전공이시죠? 코멘트하시는 것 보니깐 사회학과로 스카우트해야겠다는 생각이 듭니다. (일동 웃음) 그런데, 이 논문에서 어떤 뚜렷한 답을 내놓는 것은 아닌데 실험 형태의 블랙박스라고 할까요. 중요한 것은 Modern Governance를 어떻게 바꿀 것인가가 사실은 핵심 질문입니다. 시민 정치civic politics 안에 여러 가지

담론과 공론을 통해서 어떤 형태의 정부Governance가 있을 것인 가를 질문한 것인데, 장세진 교수의 토론은 그동안에 드러난 모순을 제거해 버려야 새로운 지평이 열리는 것이 아닌가로 나는 이해를 했거든요. 그러면, 이렇게 한번 이야기해 볼까요? 지금 우리가 이 정권에서 '적폐라고 얘기하는 그것을 모두 다 제거해 버렸다', 그야말로 '적폐를 청산해 버렸다'고 했을 때 청산하는 힘은 '과연 도덕적일까?'를 다시 점검해 보는 거죠. 첫 번째도 그렇고 두 번째도 그렇고 무장한 카르텔이 있고, 기업이나 언론, 학자도 못 들어가 있고 엘리트 집단이 딱 막고 있다, 첫 번째 우선 기득권 집단을 없애지 않으면 지평이 열리지 않는다, 그런데, 이것을 없앴는데, 없앤 결과는 과연 무엇일까? 없앤 주체는 도덕적일까? 전 세계의 정치변동과 개혁의 결과들을 보면 그렇게 멋진 신세계가 등장한 적은 거의 없습니다. 새로운 기득권이 등장하지요. 새로운 기득권이 등장하지 않게 이런 반복적인 트랩trap에 걸리지 않게 하는 방법이 무엇인가에 대한 사회과학적인 연구가 엄청나게 많이 나와 있는데. 답이 산뜻하게 나올 수 있는 것은 아직은 아닌 것 같다고 생각합니다. 그러니까 이 질문은 상당히 날카롭지만 그동안 사회과학에서 연구되었던 된 바를 쭉 일별해 보면 조금 다른 형태로 질문을 해 줬으면 좋지 않았을까 하는 생각을 얼핏 해 봤습니다.

같은 얘기지만 박근혜 전 대통령이 국가 개조를 했잖아요. 사실은 지금도 '국가 청산'이라고 나와 있습니다. 문재인 후보가 12월 15일에 '국가 청산 10대 과제'라고 얘기했습니다. 물론 정부가 출범한 다음에는 그런 얘기를 안 했지만 '국가 청소 10대 과제' 이런 표현을 썼거든요. 지금 하고 있는 것이 과연 정의로운가? 사실 civic politics 안에서 여러 담론과 공론을 거쳐야 한다는 생각이 듭니다. 물론 거기에는 기득권이 막고 있는 것들이 많이 있지요. 기득권이 막는 그 장벽들을 넘어가는 시민정치의 방식들이 있습니다. 말하자면 투쟁의 장을 활성화해야 된다는 것이 일반적인 생각입니다.

흔히 지금 장 선생님께서 걱정하는 바는 정치학적으로 표현을 하면 다원주의의 폐단을 얘기하고 있는 거죠. 다원주의는 엘리트 카르텔에 의해서 실제로 기득권의 이익이 보호되는 것이기 때문에 그것도 '신자유주의'적 바탕에서 당연한 결과가 발효되는 거죠. 그것을 극복하는 여러 가지 방식들이 유럽에서 시도가 됐고 그게 이른바 부분별 조합주의cooperatism일 수도 있고, 사회 전체의 조합주의cooperatism일 수도 있습니다. 그 안에 사회적인 지탄을 받는 사회 기득권이 안 들어가는 것은 아니에요. 기득권을 어떻게 견지하느냐의 문제가 현대 정치사회학의 가장 중요한 문제라고 생각합니다.

조금 다른 얘기를 해 보면, 기득권 안에는 여러 재벌들이 들어 있고 하잖아요. 삼성, 기득권이라고 하죠. 재벌 중심의 자본 집중을 어떻게 완화시킬 것인가? 이것은 상당히 좋은 도덕적인 질문들입니다. 그런데, 노사정위원회에 요사이 새로운 문제들이 등장하고 있잖아요. 그런데 실제로 노사정위원회에서 다루고 있는 것들이, 지금의 방향이 예컨대 노동시간을 단축한다든가 노동조합을 많이 만든다든가 임금문제를 생활임금으로 만들어 놓는다든가 이런 것들이잖아요. 상당히 도덕적이죠. 그런데, 그 내부에는 새로운 기득권들이 진을 치고 있을 가능성이 많이 있죠. 제가 작년 1년 동안 현대 연구를 해 보니깐 무시무시한 기득권이 있어요. 누구도 손을 댈 수 없을 만한 거대한 군단이거든요. 이런 경우에 '저녁 있는 삶'은 글쎄요. 어느 하나의 노선이나 시선으로 결정되지 않는다는 것이 문제죠. 그래서 이것을 모호하지만 civic politics 내부로 던져서 여러 형태로 점검한 끝에 무엇인가의 정책 노선을 선택하는 것이 가장 바람직하다. 물론 비용이 많이 들고 시간도 소요되고 하겠지만 내부의 숨겨져 있는 의도들이 드러나게 하는 방법이 무엇일까? 이것이 바로 이른바 democracy의 본질을 구현할 수 있는 방법이라고 저는 생각합니다. 요약하자면 이 질문은 맞는 질문이지만, 사실은 기존에 걸어 왔던 길의 대척점, 말하자면 상대편이 이쪽을 봤을 때 상대편이 이쪽에서 구축한 악을 없애지 않으면 실제로 선한 것이 생겨날 수 있겠는가 하는 질문인데, 그 질문은 정치학적으로 보건대 또 다른 폐단을 만들어 낼 가능성을 고려하지 않은 그런 질문이라고 저는 생각합니다.

말하자면 플라톤적인 질문이죠. 누가 선한 의도를 가지고 정말 많은 사람들에게 열렬한 환영을 받는 개혁을 했다고 치면, 그 사람을 어떻게 계속 통제할 수 있을 것인가? 답이 없는 거죠. 누가 그 통치자를 통제할 수 있을까? 이것이 민주주의가 끝끝내 견지해야 할 방법이라고 생각하고, 그것이 답은 될 수 없지만, 추상적인 공간이지만 어떤 형태의 Modern Civic Participation이라고 한다면 시민 참여의 어떤 양식을 만들어 낼 것인가? 이 문제를 논의하는 것이 지금 우리의 과제가 아닌가! 이런 형태로 답을 드리겠습니다. 고맙습니다. 강 선생님 더 하실 말씀 있으세요?

강정인 ●●● 제가 아까 장세진 선생님 토론에 답변을 못한 것이 있어서 덧붙였으면 합니다. 국가 주도 경제발전에 대해서 긍정적으로 평가하는데, 그렇다면 국가 주도 경제발전에서 억압당한 노동자나 수많은 민중의 문제는 '그런 식으로 용서되는 거냐?'고 상당하게 예리하게 질문을 주셨고 거기에 대해서 답변을 못해서 미안하게 생각합니다. 먼저 저는 국가 주도 경제발전에서 소외된 노동자나 민중이 직면한 처지가 정당하다고 옹호할 생각은 추호도 없습니다. 다만 미국과 같이 국가 주도에 의한 경제발전을 하지 않은 사회에서 자본가가 노동자한테 가한 폭력은 엄청납니다. 우리의 경우는 자본가 대신 국가가 직접 나서서 폭력행사를 대행했다고 할 수 있습니다. 그럼에도 불구하고 '구사대'라든가 이러한 자본가의 폭력이 없었던 것은 아닙니다.

두 번째로는 자본가의 구조적 폭력이 가장 중요하게 발휘되는 방식의 하나가 실업의 위험인데 국가 주도 경제발전에서 저임금으로 착취는 당했지만 실업의 위험이 크게 없었다는 점, 우리가 신자유주의에서 직면하고 있는 것이 국가가 부과하는 것보다 훨씬 악화된 근로조건이나 불안정한 고용이라는 점, 이런 문제도 함께 생각하는 것이 필요하다고 봅니다.

다음으로, 현실주의 국가관을 옹호하다 보면 현실주의 국가가 국민의 자유를 침해하는 것에 대해서 어떻게 생각하느냐? 또 그전에 국민이 평화통일을 주장할 때에는 용공이라고 탄압하다가, 나중에는 국가가 평화통일을 내세우기도 하는 것처럼, 현실주의 국가가 역시 대외적인 정책을 수립하는 과정에서 외교적인 문제를 가지고 국민들을 억압할 수 있는데 그 문제에 대해서도 고민해야 되지 않느냐는 질문을 제기했습니다. 이러한 문제제기에 대해서도 감사하게 생각합니다. 그런 사례를 생각하면서 국가 주도적 경제발전과 국가 주도의 자주국방이 가지고 있는 문제점에 대해서 좀 더 깊이 생각해 보겠습니다.

사회자 ●●● 네, 고맙습니다. 짧은 질문이라면 두어 분 질문을 할 수 있지 않을까 합니다.

청중 1 ●●● 간단하게 질문 하나 하겠습니다. 송호근 교수님, 제가 잘 몰라서 그런데요, 예를 들면 아까 국가주의, 보수의 개념 그리고 애국의 개념을 생각한다고 하면 미국의 트럼프 같은 경우는 국가주의, 보호무역을 주장해서 대통령에 당선이 된 것 같고, 일본도 중의원衆議院이 해산되어서 10월 22일에 선거가 있습니다. 제가 알기로는 공명당公明党과 합쳐서 한 310석 이상이 나올 것 같거든요. 그러다 보니 평화헌법 문제를 반대하는 사람들이 70퍼센트가 되는데, 아베가 평화헌법을 개정하려고 하는 데에도 불구하고 아베의 인기는 계속 올라가고 있단 말이죠. 러시아 푸틴도 마찬가지고. 주변 국가들은 모두 다 '보수', '국가주의' 혹은 '애국' 이렇게 하는 지도자들이 모두 대통령이 되고 있는데. 오늘 말씀하신 '한국에서는 왜 이렇게 국가는 강고한가'라는 면에 있어서 국가주의도 결국은 지금 제가 말씀드린 주변 나라들의 국가주의와 같이 보시는지? 아니면 우리의 국가주의는 조금 다른 것인지 그것을 묻고 싶습니다.

송호근 ●●● 이제 세계 평면으로 나갔네요. 예를 들어 트럼프의 천방지축, 강고하게 일종의 독주 형태인데. 독주 형태가 미국 전체로 가고 있느냐에 대해서는 저는 의견이 조금 다릅니다. 예를 들어서 세계적인 상황이 한쪽으로 몰리고 있기 때문에 미국의 중화책中和策이라고 할까요, 과거 미국의 힘을 헤게몬hegemon

을 회상하는 사람들의 선택이라고 저는 생각합니다. 그렇다고 해서 미국의 민주주의적 기초가 다 무너진 것은 아니고. 예를 들어서, 흔히 독일적 democracy라고 표현을 한다면, 각 지방에서 활동하고 있는 시민결사체들은 굉장히 활발하게 움직이고 있다. 그렇기 때문에 언제든지 복원이 가능하다. 복원이 가능한 상황에서, 예컨대 미국의 세계적인 헤게몬과 미국의 애국심이겠죠. 미국의 국가주의가 아닌 애국심과 헤게몬에 향수를 가지고 있는 층이 트럼프의 독주를 가능하게 만들고 있다고 저는 그렇게 생각합니다. 그런데, 그것이 항상 미국이 모두 그쪽으로 나간다는 말이 아니고, 언제든지 끌어내려서 미국의 본질 안으로 용해시킬 힘은 가지고 있다, 문제는 여기에 있는 거죠. 데모크라시 democracy에 사회적인 힘이 꿈틀대고 있고 살아 있느냐의 측면을 제가 말씀드리는 겁니다.

일본은 전혀 다르다고 생각합니다. 일본은 각 지역으로 가 보면 이른바 civic participation이 상당히 활발하지만, 이게 정치화 되는 고리는 다 끊어져 있어 중앙정부와 정당으로 시민적인 에너지가 쏟아지지 않고 전혀 연계가 안 되고 있는 상황이거든요. 그런데 이상하게 지역에 가 보면 굉장히 활발하게 움직이고 있어요. 이것은 일본의 역사적 발전에 고유한 패턴이라고 저는 생각합니다. 아베의 질주는 좀 걱정스러운 면이 많이 있습니다. 왜냐하면 정치권과 자본과 엘리트 집단, 극단적인 국수주의 집단의 결합으로 달려갈 가능성이 많기 때문에 우리가 일본이 군국주의 냄새를 많이 풍기고, 그리로 몰려가는 것에 대해서 시민사회가 잡아당겨서 그렇게 하지 말라고 말릴 수 있는 힘이 과연 있느냐? 저는 없다고 생각합니다. 그런 면에서 상당히 우려스럽죠.

한국은 무엇인가? 한국은 시민운동이 상당히 활발한데, 거꾸로 중앙집중화 되어 있고 지역은 약한 상태입니다. 이른바 대도시 서울 중심으로 명망가 중심으로 시민운동이 일어나고, 이 시민운동이 정당에 아주 큰 압박을 집어넣는 상태, 그리고 일반 시민들은 그것으로부터 유리되어 있는 상태죠. 그런 상태가 도처에 보이거든요. 좀 심하게 이야기하면 시민운동에 참여하고 있는 비율이 9퍼센트 정도 됩니다. 영국은 80퍼센트거든요. 그 말은 뭐냐면, 영국에서 아무리 극단적인 정치인이 나와도 다시 정상적으로 돌아가 수 있는 사회적 복원력이 대단히 크다. 한국의 경우는 몰려가면 그냥 그쪽으로 몰려가고 마는 거죠. 그런 의미에서 저는 지금 문재인 정부가 나름대로는 상당히 그런대로 잘 하고 있다고 보는데, 장세진 교수의 지직과는 날리, 그러나 이념적 친화성으로 선별적 동원을 할 수 있는 기미들을 많이 가지고 있다. 그런 의미에서 사회 전체, 촛불시위에서 봤듯이 무명의 시민들이 등장해서 그들의 요구들이 저 밑바닥에서 수렴되면서 올라오는 일체의 과정을 신설해 내지 않으면 또 다른 명망가들—시민운동이라고 하더라도—에 의해서 왜곡, 굴절될 위험이 상당히 많다고, 저는 말씀드리겠습니다.

사회자 ●●● 네. 딱 한 분 선생님의 30초짜리 질문 하나만 받을까요?

청중 2 ●●● 제가 오늘 앞부분과 뒷부분을 들으면서 다른 두 가지 것들, '국가주의', '자유주의', 아까 장세진 선생님이 얘기했듯이 '신자유주의'를 통해서 '자유'와 '평등', '정의'와 '사랑', 이렇게 양쪽 극단에 있는 것들과 '진보'와 '보수'처럼 항상 한쪽 사이드에서 공격하는 것이 계속 반복된다고 봅니다. 제가 송 선생님에게 궁금한 것은 이렇게 갈라진 것들을 통합할 수 있는 어떤 사고체계가 가능한 것인지? 두 모순되는 것들을 누군가가 통합해야 되는 것이 아닌가! 오늘도 들으면서 내 입장이 뭐지? 나는 어떤 것을? 자꾸 그런 생각을 하게 되는데, 제3의 길이 아닐지 모르겠지만 그런 차원에서 한 말씀 해 주셨으면 합니다.

사회자 ●●● 송호근 선생님 짧은 답변 부탁드립니다.

송호근 ●●● 이것은 정말 오랫동안 토론해야 될 주젠데, 저는 그냥 답만 드리면 불가능하다고 봐요. 그동안 제가 영국에서 본 감으로는 한국에서 통합체계는 불가능하다, 왜 불가능할까? 보수와 진보가 사실 외국의 경우에는 누적적으로 발전하는데 한국의 경우는 정권이 바뀌면 'back to square one', 원래 출발선으로 항상 돌아갔거든요. 그런데, 이런 습관은 어디서 나왔을까? 오소독스orthodox를 향한 끊임없는 질주, 끊임없는 갈망이 우리 20세기 내부의 역사가 만들어 낸 게 아닌가 싶고요. 또 하나는 지배종교가 없다는 게 결국은 이런 문제를 만들어 낸다는 판단이 듭니다.

사회자 ●●● 네, 고맙습니다. 질문이 많으시겠지만, 식사하시면서 여러 가지 대화를 더 하실 수도 있고요. 저도 광고 비슷한 말씀을 드려야 되겠는데. 송호근 선생님 발제문에도 우리 헌법 1조를 인용한 '모든 권력은 국민으로부터 나온다'는 말이 있는데, 이 '국민'이라는 말이 독일어 'volk'의 번역이라는 것은 사회과학자들은 대부분 다 알고 계시죠. 유진오 선생이 그렇게 번역하셨습니다. 그런데, 1907년에 안종화라는 역사학자가 아까 원장님이 말씀하신 요한 카스파 블룬칠리Johann Kaspar Bluntschli의《국가론》교과서를 번역하는데, 이때 보면 'Volk'의 번역어가 '국민'이 아니고 '민인民人' 또는 '인민人民'으로 되어 있습니다. 그야말로 'Volk'의 원뜻을 주목하여, 'Volk'라는 말이 원래는 '피플people'과 친화력 갖고 더 멀리는 '폴리스police'라는 말에 어원을 둔다고 보면 'Volk'는 어떤 의미에서는 시민하고 비슷한 뜻이지요. 그런데 우리는 아무튼 일본이 번역해 준 '국민'을 받아 가지고 이렇게 쓰고 있습니다. 바로 '국민인가, 시민인가'라는 이 물음을 주제로 가지고 우리가 다음번에는 한림과학원이 자랑하는 대한민국 유일의 개념 있는 학술지 《개념과 소통》의 10주년 기념호의 특집으로 삼을까 싶습니다. 이 특집 많이 주목해 주시기를 부탁드리겠습니다. 여러 선생님들 감사합니다. (일동 박수).

다시 국가를 묻는다

⊙ 2018년 2월 28일 초판 1쇄 인쇄
⊙ 2018년 3월 10일 초판 1쇄 발행
⊙ 기획   일송기념사업회
⊙ 글쓴이   김종학, 이정선, 이주라, 송호근, 강정인
⊙ 발행인   박혜숙
⊙ 펴낸곳   도서출판 푸른역사
            우) 03044 서울시 종로구 자하문로8길 13
            전화: 02) 720-8921(편집부) 02) 720-8920(영업부)
            팩스: 02) 720-9887
            전자우편: 2013history@naver.com
            등록: 1997년 2월 14일 제13-483호
ⓒ 일송기념사업회, 2018

ISBN   979-11-5612-107-1   93300

.